现代物流管理与实务

（第3版）

刘 华 王 月 主编
郑强国 尚羿豪 副主编

清华大学出版社
北京

内 容 简 介

本书根据国际物流产业发展的新特点,结合物流实际业务运营,系统地介绍了物流系统、物流采购、物流运输、仓储库存与配送管理、物流包装、装卸搬运、物流信息、第三方物流、电子商务与智慧物流等物流管理知识,并通过实践实训强化创新思维与应用能力培养。

本书具有知识系统、案例丰富、注重创新、集理论和实践于一体等特点,因而既可作为应用型大学及高职高专院校物流管理、工商管理等专业教学的首选教材,也可用于物流企业员工在职岗位培训,并为广大社会创业、从业者提供有益的学习指导。

本书封面贴有清华大学出版社防伪标签,无标签者不得销售。
版权所有,侵权必究。举报: 010-62782989, beiqinquan@tup.tsinghua.edu.cn。

图书在版编目(CIP)数据

现代物流管理与实务/刘华,王月主编.—3版.—北京:清华大学出版社,2021.12(2024.7重印)
职业教育现代物流管理专业系列教材　物流企业岗位培训系列教材
ISBN 978-7-302-58328-8

Ⅰ.①现… Ⅱ.①刘… ②王… Ⅲ.①物流管理－职业教育－教材 Ⅳ.①F252.1

中国版本图书馆 CIP 数据核字(2021)第 113817 号

责任编辑: 聂军来
封面设计: 傅瑞学
责任校对: 袁　芳
责任印制: 杨　艳

出版发行: 清华大学出版社
网　　址: https://www.tup.com.cn, https://www.wqxuetang.com
地　　址: 北京清华大学学研大厦 A 座
邮　　编: 100084
社 总 机: 010-83470000
邮　　购: 010-62786544
投稿与读者服务: 010-62776969, c-service@tup.tsinghua.edu.cn
质量反馈: 010-62772015, zhiliang@tup.tsinghua.edu.cn
课件下载: https://www.tup.com.cn, 010-83470410

印 装 者: 三河市龙大印装有限公司
经　　销: 全国新华书店
开　　本: 185mm×260mm　　印　张: 17.25　　字　数: 393 千字
版　　次: 2004 年 1 月第 1 版　　2022 年 1 月第 3 版　　印　次: 2024 年 7 月第 3 次印刷
定　　价: 49.00 元

产品编号: 089378-01

丛书编委会

主　　　任：牟惟仲
副　主　任：翁心刚　　林　征　　冀俊杰　　张昌连　　吴　明　　李大军
委　　　员：张建国　　车亚军　　田小梅　　刘徐方　　王海文　　刘　华
　　　　　　孙　军　　孙　旭　　田振中　　李耀华　　李爱华　　郑强国
　　　　　　刘丽艳　　宋鹏云　　王　艳　　林玲玲　　赵立群　　刘子玉
　　　　　　张劲珊　　董　铁　　罗佩华　　吴青梅　　于汶艳　　郑秀恋
　　　　　　温卫娟　　刘文歌　　李　青　　刘阳威　　李秀华　　罗松涛
　　　　　　卢亚丽　　王　月　　张凤霞　　梁艳智　　周惠昨　　尚羿豪
丛书主编：李大军
丛书副主编：刘　华　　王海文　　刘徐方　　郑强国　　田振中　　李爱华
专　家　组：翁心刚　　冀俊杰　　孙　旭　　李耀华　　孙　军　　吴青梅

序言

物流是国民经济的重要组成部分,也是我国经济发展新的增长点。加快我国现代物流发展,对于调整经济结构、促进产业升级、优化资源配置、改善投资环境、增强综合国力和企业竞争能力、提高经济运行质量与效益、实现可持续发展战略、推进我国经济体制与经济增长方式的根本性转变,具有非常重要而深远的意义。

在我国经济发展的新阶段,物流行业在国民经济中的地位将进一步提升。《中共中央关于制定国民经济和社会发展第十四个五年规划和二〇三五年远景目标的建议》对物流发展、供应链创新高度重视,明确提出要构建现代物流体系。现代物流"十四五"规划即将出台,现代物流体系建设加紧谋划、科学布局,物流业在国民经济中的基础性、战略性、先导性作用将进一步巩固提升。国家"一带一路、互联互通"经济建设的快速推进和全球电子商务的迅猛发展,不仅促进了我国物流产业的国际化发展,而且使我国迅速融入全球经济一体化的进程中,中国市场国际化的特征越发凸显。

物流既涉及国际贸易、国际商务活动等经济领域,也涉及交通运输、仓储配送、通关报检等多个业务环节。面对世界经济的迅猛发展和国际市场激烈竞争的压力,加强物流科技知识的推广应用、加速物流专业技能型应用人才的培养,已成为我国经济转型发展亟待解决的问题。

需求促进专业建设,市场驱动人才培养,针对我国高等职业教育院校已沿用多年物流教材陈旧和知识老化而急需更新的问题,为了适应国家经济发展和社会就业急需,为了满足物流行业规模发展对操作技能型人才的需求,在中国物流技术协会的支持下,我们组织北京物资学院、大连工业大学、北京城市学院、吉林工程技术师范学院、北京财贸职业学院、郑州大学、哈尔滨理工大学、燕山大学、浙江工业大学、河北理工大学、华北水利水电学院、江西财经大学、山东外贸职业学院、吉林财经大学、广东理工大学等全国20多个省市高职高专院校及应用类大学物流管理专业的主讲教师和物流企业经理,共同精心编撰了此套教材,旨在提高高等院校物流管理专业学生和物流行业从业者的专业技术素质,更好地服务于我国物流产业和物流经济。

本套教材作为普通高等教育院校物流管理专业的特色教材,融入了物流运营管理的最新实践教学理念,坚持以科学发展观为统领,力求严谨、注重与时俱进,根据物流业发展的新形势和新特点,依照物流活动的基本过程和规律,结合党的十九大报告为物流行业发展指明的方向,以物流效益质量提升为核心,按照物流企业对用人的需求模式,结合解决学生就业加强实践能力训练,注重校企结合、贴近物流行业企业实际,注重新设施设备操作技术的掌握,强化实践技能与岗位应用培养训练,并注重教学内容和教材结构的创新。

本套教材根据高等教育院校物流管理专业教学大纲和课程设置,各教材的出版对强化物流从业人员教育培训、提高经营管理能力,对帮助学生尽快熟悉物流操作规程与业务管理、毕业后能够顺利走上社会就业具有特殊意义;因而既可作为本科高职院校物流管理专业教学的首选教材,也可用于物流、商务贸易等企业在职员工培训。

中国物流技术协会理事长　牟惟仲
2020 年 10 月于北京

第3版前言

物流是流通的命脉,是国民经济的基础,也是国家经济建设的重要支撑,它已成为我国经济发展新的增长点,物流产业化进程在我国国民经济发展中占有重要的位置。高效合理的物流管理,对规范经营、完善服务、优化成本、提升物流企业竞争力等都具有积极的促进功能,对物流企业经济运行的质量和效益产生积极影响,并在国际大物流中发挥衔接、协调、枢纽等极其重要的作用;因此,越来越受到我国物流行业主管部门和物流企业的高度重视。

新时代新征程,党的二十大报告提出"从现在起,中国共产党的中心任务就是团结带领全国各族人民全面建成社会主义现代化强国、实现第二个百年奋斗目标,以中国式现代化全面推进中华民族伟大复兴。""构建优质高效的服务业新体系,推动现代服务业同先进制造业、现代农业深度融合。加快发展物联网,建设高效顺畅的流通体系,降低物流成本。"

全球新一轮科技革命的到来,为物流产业转型升级创造了重大机遇,智慧物流正在成为物流业转型升级的重要源泉。智慧物流通过连接升级、数据升级、模式升级、体验升级、智能升级和绿色升级全面助推供应链升级,这将深刻影响社会生产和流通方式,促进产业结构调整和动能转换,推进供给侧结构性改革,为物流业发展带来新机遇。

当今我国是全球第二大经济体,第一制造业大国,带动物流市场呈供需两旺态势,已成为全球最大的物流市场。同时消费型物流需求增长成为亮点,消费驱动型经济增长特征明显,我国社会消费品零售总额稳步增长,其中,网上零售额增长显著,持续扩大的消费带动物流高速增长。同时,我国物流效率近几年提升明显,社会物流总费用与GDP的比率下降0.3%~0.4%。另外,受企业降本增效的影响,近年来越来越多的物流企业加大技术装备改造升级力度,行业信息化、自动化、机械化及智能化趋势明显。

物流管理是物流系统中的重要组成部分,涉及物流运营中的各个环节。物流管理既是物流专业的核心基础课程,也是大学生就业从业所必须掌握的关键知识技能。"物流管理基础"在现代物流管理专业的课程体系中起着重要的先导性作用,承担着提高学生对物流基本知识技能的认识水平、培养学生职业兴趣和职业认同的任务。

当前,随着国家"一带一路、互联互通"总体发展的快速推进,面对物流市场国际化的迅速发展与激烈竞争,对从事现代物流管理人员素质的要求越来越高,社会物资流通和物流产业发展急需大量具有国际物流运营管理扎实理论知识与实际运作技能复合型的专门人才。为了保障我国全球经济和国际物流的顺利运转,加强现代物流管理从业者的应用技能培训、强化专业综合业务素质培养、增强企业核心竞争力、加速推进物流产业化进程、提高我国现代化物流管理水平,更好地为我国物流经济和物流教学实践服务,这既是物流企业可持续快速发展的战略选择,也是本书出版的真正目的和意义。

本书自2004年出版以来,因为写作质量高、突出应用能力培养、注重职业教育,所以深受全国各高等职业院校广大师生的欢迎,并于2007年评为北京市高等教育精品教材,于2008年被教育部评为"普通高等教育'十一五'国家级规划教材"。

本书于2008年再版,目前已经多次重印,此次第3版根据读者的意见和建议,编者审慎地对原教材进行了精心设计,包括结构调整、更换案例、补充知识等修改,使其更贴近现代物流产业发展实际,更好地为国家物流经济发展和教学服务。

本书作为高等职业教育物流管理专业的特色教材,全书共七章,以学习者应用能力培养为主线,严格按照教育部"加强职业教育、突出实践技能培养"的要求,根据国际物流产业发展的新特点,结合物流实际业务运营,系统地介绍了物流系统、物流采购、仓储库存与配送管理、物流运输、物流包装、装卸搬运、物流信息、电子商务与智慧物流等物流管理知识,并通过实践实训强化创新思维与应用能力培养。

由于本书融入了现代物流管理与实务最新的实践教学理念,力求严谨、注重与时俱进,具有知识系统、案例丰富、贴近实际、突出实用性、注重创新等特点,因此既可以作为应用型大学及高职高专院校物流管理、工商管理等专业教学的首选教材,也可以用于物流企业员工在职岗位培训,并为广大社会创业、从业者提供有益的参考和借鉴。

本书由李大军筹划并具体组织,刘华和王月为主编,由刘华统改稿,郑强国、尚羿豪为副主编,由孙旭教授审订。参加编写的人员有:牟惟仲(序言)、王月(第一章、第六章)、郑强国(第二章)、刘华(第三章、第四章)、张肖华(第七章)、尚羿豪(第五章、附录),李晓新负责文字和版式修改、课件制作。

在本书的编写过程中,我们参阅了国内外有关现代物流管理与实务的最新书刊、网站资料以及国家历年颁布实施的相关物流法规和管理规定,并得到物流业界及中国物流技术协会有关专家教授的具体指导,在此一并致谢。为配合教学,特提供配套电子课件,读者可通过扫描本书背面的二维码获取相关教学资源。因编者水平有限,书中难免有疏漏和不足,恳请专家、同行和读者批评、指正。

编　者

2023年5月

第2版前言

随着全球经济一体化进程加快,世界各国之间的贸易交往日益密切,随着我国入世后有关条款的逐步兑现,我国流通市场已经对外全面开放,中国市场国际化的特征越来越明显,这为我国国际物流市场开拓和物流企业发展提供了良好的契机。物流是流通的命脉,也是国家经济建设的关键环节,面对国际物流市场的发展与激烈竞争,物流在国民经济建设与物流产业化进程中将发挥出越来越重要的作用。加强物流从业人员技能培训与综合业务素质培养,已成为目前迫切需要解决的问题。

本书的再版顺应这一潮流,正是为培养大量物流运营与管理专门人才、解决物流企业发展对既掌握物流管理知识又懂得物流运营实际业务操作的专业技能型人才的急需教材。本书严格按照教育部关于"加强职业教育、注重实践教学、强化技能培养"等教育教学改革精神和要求,由长期从事物流教学与实践的主讲教师及具有丰富经验的企业人士共同编写,本书的出版对提高从业人员的业务素质、提升企业的服务质量和水平、促进我国物流业的健康发展都具有十分重要的意义。

为此本书从物流管理实务的角度吸收国外发展物流产业成功的经验,结合物流企业的实际操作流程进行精心编写。全书共七章,主要针对物流运营与管理各个工作环节和流程,具体介绍了物流采购、物流运输、物流仓储、物流配送、物流包装、物流装卸与流通加工等基本知识与实务,并通过企业物流运作管理的真实案例指导实训,达到学以致用、强化技能培养的目的。

本书自2004年1月出版以来,深受全国各高等职业教育院校广大师生的欢迎,已经重印了5次,并于2007年获得北京市教委"精品教材"的称号,这次再版是以第1版为基础,重新修订。与第1版比较,第2版压缩了部分章节的理论知识内容,以精练实用为原则,突出实践性,每章增加了小结,修订了案例讨论、思考题和实践课堂,内容更加充实、完整,更有利于教师教学和学生自学。

本书作为高等职业教育物流管理专业的特色教材,注重基础、注重知识体系完整、注重实践、注重操作技能和执行能力的培养,且全书采取新颖、统一的格式化设计。正是由于本书具有定位准确、理论适中、知识系统、内容翔实、案例丰富、贴近实际、突出实用性、适用范围宽泛及通俗易懂、便于学习和掌握等特点,因此本书既适用于物流管理、经营管理、市场营销、工商管理、电子商务等经济类相关专业各层次学历职业教育与教学,又可作为物流企业从业人员的岗位培训用书,对广大社会读者也是一本非常有益的科技读物。

本书由李大军进行总体方案策划并具体组织,刘华主编并统稿,林玲玲和葛文芳为副主编;本书由中国物流技术协会理事长、原内贸部科技司司长、高级工程师牟惟仲审定。参加编写人员有:崔晓文(第一章),刘华(第二章),罗松涛(第三章),周伟、葛文芳(第四章),林玲玲(第五章),董铁、李大军(第六章),邹海毅、卜小玲(第七章)。

在本书的编写过程中,我们参阅、借鉴、引用了大量国内外有关物流运营与管理等方面的书刊资料和业界的研究成果,并得到编委会委员牟惟仲、翁心刚、李守林、冀俊杰、储祥银、吴明、宋承敏、王纪平、丁建忠、林亚、鲁瑞清、孟乃奇、赵茜、张惠欣等有关专家、教授的具体指导,在此一并致谢。由于编者水平有限,书中难免有疏漏和不足,恳请同行和读者予以批评、指正。

编 者
2007 年 7 月

第1版前言

随着网络经济电子商务的迅速发展,物流已成为国际大贸易和社会商品流通的关键环节。我国长期以来存在"重商流、轻物流、重生产、轻流通"的问题,物流的理论研究及实践都比较落后,这已经成为影响我国实现经济跨越式全面发展的一个障碍。近年来,由于物流器具的进步、信息技术的应用和管理理念的变革,不仅使得现代物流的发展进入了全新的时期,而且正在逐步形成产业链。

现代物流的发展对于搞活商品流通、推动电子商务发展、促进经济增长发挥着极其重要的作用,主要表现在:第一,现代物流推动了商品经济的有效运转,对于解决商品生产与消费的矛盾发挥了积极作用;第二,现代物流极大地提高了流通效率,缩短了商品流通周期;第三,现代物流极大地降低了物流成本,为企业降低产品成本和提高经济效益发挥了突出作用;第四,现代物流产业的蓬勃发展促进了产业结构的调整,为企业寻找新的增长点提供了重要途径,体现了社会分工的基本原则。

21世纪,物流业将会成为我国经济发展的重要产业和新的经济增长点,为此我国各地区政府对发展物流十分关注,许多省市已经做出物流发展规划,积极建立物流园区和物流基地,如北京市的"三地一港"物流布局已初具规模。但是现代物流的发展趋势是信息化、自动化、网络化、智能化、柔性化,尤其是中国加入WTO,现代科学技术的发展和全球经济一体化步伐的加快,要求在我国物流的发展中时刻紧跟世界物流技术发展的前沿,利用先进技术改造我国仓储、运输、包装等流通环节场地、设施、器具及运营方式,以提高我国物流效率,增强我国物流企业在国际物流市场上的竞争能力,加快我国物流现代化的步伐。同时,物流复杂性和快速发展的客观形势又要求我们在理论上深入研究、积极实践。

为此本书从物流管理实务的角度吸收国外发展物流产业成功的经验,再结合物流企业的实际操作流程,精心编写了如下内容:第一章 物流管理概论;第二章 采购供应管理;第三章 运输管理;第四章 仓储管理;第五章 配送管理;第六章 包装、装卸与流通加工;第七章 企业物流运作实例。本书的特点如下:第一,集合性。本书打破了目前物流系列教材的常规模式,运用了集合的手法将物流管理系统中的主要环节如采购、运输、仓储、配送、包装装卸、流通加工汇集成册,突出实务与实践,便于集中培训用书,又利于在一本书中了解物流管理的全貌。第二,实用性。本书的每一部分内容都与企业的实际物流管理及运作有密切的关联,从而突破同类教材过于理论化、空洞化、说教化等模式。此外,本书每一章节都附有国内外不同角度的案例介绍和分析,使学生能够理论联系实际,物流从业人员能够开阔视野,取长补短,为企业提高物流运作水平、降低物流成本有所借鉴。第三,可操作性。本书的七章均以模块设计的思想来安排内容,各章节既为统一整体又各自独立。同时章节设计也是以大多数企业物流管理及岗位操作设置为基本框架,非常有利于各类型企业、部门集中或者独立进行培训。第四,通俗性。本书紧密结合中国企业物流运营的实际状况,行文力求通俗易懂,简明扼要,并附有图表,既便于物流管理专业高职学生学习与掌握,又利于一般物流操作人员领会使用。

本书是针对物流管理专业高职高专学生的特点,针对物流行业岗位职责和操作技能要求而编写的教材。本书知识面宽、操作性强、理论难度适中、自成体系,不仅适合作为专科学生的必学用书,也非常适合作为物流培训教材。对于自学能力较强,强烈要求掌握新知识、新技能的人,该系列教材是非常有益的科技读物。

本书由刘华主编并统稿,李大军、邹海毅为副主编,参加编写工作的人员有:李大军(第一章),刘华(第二章),罗松涛(第三章),周伟、葛文芳(第四章),林玲玲(第五章),董铁(第六章),邹海毅(第七章),全书由吴明审订。

在编写本书的过程中,我们翻阅和参考了大量与物流运营管理有关的书刊、文件及资料,深入连锁企业、物流配送中心,走访了作业和管理人员,收集了一些有关物流运营与管理的典型案例,力图献给读者最新、最前沿的知识和最充实的内容。希望此书能够对读者有所帮助。由于编者水平有限,书中难免存在疏漏和不足,敬请社会各界专家和广大读者批评、指正。

编　者
2004 年 1 月

目录

第一章　物流管理导论 … 1
- 第一节　物流概述 … 2
- 第二节　物流管理 … 9
- 第三节　物流系统 … 18
- 第四节　物流企业 … 25

第二章　采购供应管理 … 33
- 第一节　采购与供应管理概述 … 34
- 第二节　供应商选择与管理 … 44
- 第三节　采购量的核算 … 53
- 第四节　采购方法 … 61

第三章　仓储与库存管理 … 77
- 第一节　仓储与库存管理概述 … 78
- 第二节　仓储管理经营要素 … 81
- 第三节　仓储作业管理 … 90
- 第四节　库存控制 … 111

第四章　运输管理 … 126
- 第一节　物流运输基础知识 … 128
- 第二节　物流运输方式选择 … 133
- 第三节　物流运输路线规划 … 143
- 第四节　物流运输优化 … 148
- 第五节　物流运输成本管理 … 152

第五章　配送管理 … 165
- 第一节　配送与配送中心 … 167

第二节　配送作业……………………………………………………………175
　　第三节　配送的成本管理与绩效评估…………………………………………184

第六章　包装、装卸搬运、流通加工……………………………………………200
　　第一节　包装……………………………………………………………………201
　　第二节　装卸搬运………………………………………………………………211
　　第三节　流通加工………………………………………………………………216

第七章　智慧物流……………………………………………………………………228
　　第一节　物流信息………………………………………………………………230
　　第二节　物流信息技术…………………………………………………………232
　　第三节　物流管理信息系统……………………………………………………241
　　第四节　供应链的构建与优化…………………………………………………244
　　第五节　物联网…………………………………………………………………253

参考文献………………………………………………………………………………260

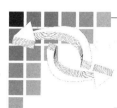

第一章

物流管理导论

◆ **学习目标** ◆

- 理解物流的概念、分类与作用。
- 从成本、服务、供应链的角度掌握物流管理的意义。
- 了解物流企业的内涵、第三方物流的利弊,掌握物流系统的模式与运行机制。

【引导案例】

从超市的货架上随手取下一瓶洗发水,你能想到这瓶洗发水的原材料是如何采购、运输的吗?原材料经过生产线的组装加工成成品后,到你拿到手中为止,中间究竟又是被多少辆卡车运转到多少个物流配送中心?历经多少道批发商、销售商以及经过多少人的手才被送上超市货架?更重要的是,怎样才能更经济地完成原料与成品的采购、仓储、运输、配送,这就需要用到物流与物流管理的知识。

近年来,人们走在城市街头,经常可以看到车身上标有"××物流"字样的货车呼啸而过,还可以看到挂有"××物流公司"的标牌日渐增多,"物流热"似乎一夜之间风靡大江南北,如何提高物流效率、降低物流成本成为企业关注的重点。

案例导学

物流、物流企业到底在社会中扮演了什么样的角色?起到了哪些作用?本章将对现代物流的全貌进行概括,从物流概念、物流功能、物流管理、物流系统等方面加以介绍。

第一节 物流概述

一、物流的定义

(一) 商流与物流

1. 流通活动

政治、经济、文化构成了人类社会,经济活动中包括生产、流通和消费三部分,要理解物流,首先要了解流通,如图 1-1 所示。从人类进化的朦胧之时到自给自足的农业社会生产方式,再到大规模生产的工业社会,人类就一直存在两种基本活动——生产与消费,而连接生产与消费的纽带就是流通。

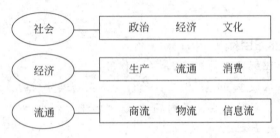

图 1-1 社会、经济、流通的关系

在商品经济初期,由于产品的种类、数量较少,生产与消费间的交换关系以直接方式进行,流通处于初级形态,如"一手交钱,一手交货"。但随着社会的全面发展,生产方式多样化、分工专业化、生产规模化,尤其是现代经济全球化的发展等大大增加了产品的种类和数量,生产地点与消费地点逐渐分离,流通走向更高级、更复杂的阶段。

2. 商流与物流的统一与分离

流通过程要解决两方面的问题:一是产成品从生产者所有转变为用户所有,即物的所有权转移的活动,是解决所有权的更迭问题,称为商流;二是实现物的流转过程,即解决对象物从生产地转移到使用地,以实现其使用价值的问题,称为物流。

商流与物流共同构成了流通活动的主要内容。下面以电视机的生产、销售为例,讨论它的商流与物流。

1) 商流与物流的统一

如图 1-2 所示,电视机零件供应商将零配件销售给电视机生产厂,零件的所有权转移到电视机生产厂,接着电视机生产厂将电视机生产好以后卖给分销商,电视机的所有权就转移到了分销商手中,分销商又卖给零售商,零售商又卖给消费者,所有权随着电视机的转移而转移,这种买卖交易中,电视机的所有权几次发生转移,我们把这几次转移过程就称为商流。电视机零件通过包装、运输到了电视机生产厂,电视机经过储存、装卸、运输到了分销商,分销商再配送到零售商,最终才到达消费者手中,这种实物的转移过程就称为物流。

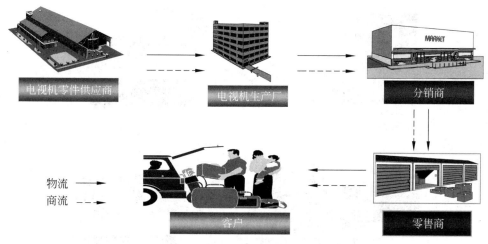

图 1-2 商流与物流相统一的示意图

商流与物流都是流通的组成部分,两者相辅相成、互相补充。一般认为,商流是物流的前提,物流是商流的保证。物流不是先于商流而存在的,相反,只有实现了买卖行为之后,才会有物流,同时,在商流确定后,如果没有物流,买卖行为也无法最终实现。

2) 商流与物流的分离

随着商品经济的发展,商流与物流结合在一起的情况虽然仍然存在,但是商流与物流又具有不同的活动内容和规律。如果物流与商流完全一致,则会存在一定的不合理性,如商流一般要经过一定的经营环节来进行业务活动,而物流则不受经营环节的限制,它可以根据商品的种类、数量、交货要求、运输条件等,使商品尽可能由产地通过最少环节,以最短的物流路线,按时保质地送到用户手中。

"商物分离"就是指将商流与物流各自按照自己的规律和渠道独立运动,即将物流设施与有关物流的功能从商业流通领域中分离出来,设置物流据点,集中处理若干流通据点的物流业务,如图 1-3 所示。

实行"商物分离"的基本原则是降低物流费用、提高物流效率。商流搞活了,能加快物流的速度,给物流带来活力,而物流的畅通无阻能使商品源源不断地送到消费者手中,充分发挥了它们各自的规律性与有效性,从而推动商品流通向更现代化的方向发展。但是"商物分离"需具备一定条件,如商品标准化,合同标准化,保证总公司、工厂、配送中心及批发站之间信息交换协调统一的完善的信息系统等。

(二) **物流的概念**

1. **物流概念溯源**

应该说作为物质资料流通活动组成部分的"物流",其历史与商品经济的历史一样久远,也就是说从商品经济开始以来就有"物流"了。但是,将物流作为现代企业经营的基本职能之一,对物流活动实施系统化的科学管理则是 20 世纪 50 年代前后才开始的。

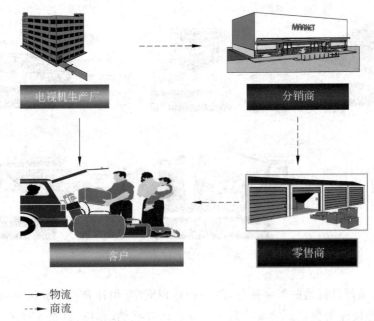

图 1-3 商流与物流相分离的示意图

物流的概念最初产生于西方发达国家。1935 年,美国销售协会将实物分配(physical distribution,PD)的概念表述为:物流是包含于销售之中的物质资料和服务从生产地到消费地流动过程中伴随的种种经济活动。

在第二次世界大战期间,美国根据战争供应的需要,建立了"后勤"(logistics)理论,运用到战时的物资运输、补给、屯驻等管理活动中。此时的"后勤"主要是指将战时物资装备的生产、采购、运输、配给等一系列活动作为一个整体进行运作,以保证以最低的费用、最快的速度、最好的服务为作战部队提供最好的后勤保证,争取战争的最后胜利。

第二次世界大战之后,后勤理论被引入社会经济活动领域,人们称为"工业后勤"或"商业后勤"。这时,"后勤"包括了商品生产和流通过程的物流。从此以后,物流的概念在全世界被迅速推广并广泛使用。

20 世纪 50 年代,日本从美国引进物流的概念,将其译为"物的流通",之后日本学者首次用"物流"取代"物的流通",并发展完善了物流的科学研究和实践。中国最早引进"物流"名词是在 1979 年,中国物资经济学会代表团参加在日本举行的第三届国际物流会议,代表团回国后在《国外物流考察报告》中第一次把日本的"物流"名词引入中国。

2. 物流的具体概念

《中华人民共和国国家标准:物流术语(GB/T 18354—2006)》将物流定义为:物品从供应地向接收地的实体流动过程。根据实际需要,将运输、储存、装卸、搬运、包装、加工、配送、信息处理等基本功能实施有机结合。

1) 物流是物品物质实体的流动

物流的对象只能是可以移动的物品,即动产,而不可能是不动产;而商流的对象则包括动产和不动产。

2) 物流是物品由提供地向接收地的定向流动

物流不仅是物品物质实体的流动,而且只能是由提供地向接收地的定向流动。例如,汽车零部件由生产地(提供地)向汽车制造厂、修理厂和汽车配件商(接收地)流动,最终向顾客(最终消费者)流动,而绝不可能倒过来流动。即使是废弃物和退货的流动,也是由废弃物的提供者、退货的顾客(在这里他们是物品的提供者)向接收废弃物或退货的地方流动。换言之,物流的方向性是非常明显的,只能是由提供地向接收地的流动。

3) 物流是若干活动的有机结合

物流包括包装、装卸、搬运、运输、仓储、保管、流通加工和物流信息处理等基本活动,并且是这些活动的有机构成。物流绝不是单纯的运输活动,也不是装卸、搬运、包装等活动的简单组合,而是这些活动的有机构成。

4) 物流具有普遍性

物流具有普遍性,是指物流存在于各种产品(包括服务)从生产到消费的全过程,或者说存在于社会经济生活的方方面面。

二、物流的分类

按照物流系统的作用属性及作用的空间范围,可以从不同的角度对物流进行分类,具体如图 1-4 所示。

(一) 按照物流活动在企业中的作用分类

生产企业物流构成如图 1-5 所示,流通企业物流构成如图 1-6 所示。

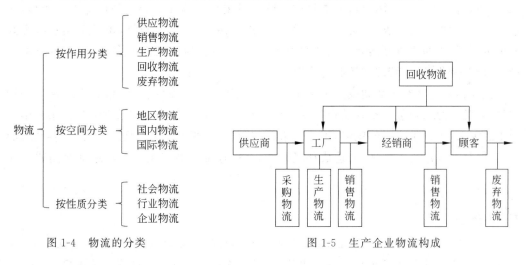

图 1-4 物流的分类　　　　　图 1-5 生产企业物流构成

1. 供应物流

提供原材料、零部件或其他物料时所发生的物流活动称为供应物流,也就是物资生产者、持有者到使用者之间的物流。对于制造企业而言,是指因生产活动所需要的原材料、

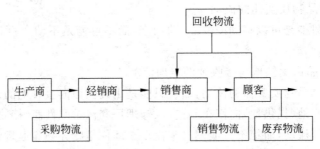

图 1-6 流通企业物流构成

燃料、半成品等物资的采购、供应等活动所产生的物流；对于流通企业而言，是指交易活动中，从买方角度出发的交易行为中所发生的物流。

2. 销售物流

企业在出售商品过程中所发生的物流活动称为销售物流，是指物资的生产者或持有者到用户或消费者之间的物流。对于制造企业而言，是指售出商品；对于流通企业而言，是指交易活动中，从卖方角度出发的交易行为中所发生的物流。

3. 生产物流

企业生产过程中发生的涉及原材料、在制品、半成品、产成品等所进行的物流活动称为生产物流。生产物流是制造企业所特有的，它和生产流程同步。原材料、半成品等按照工艺流程在各个加工点不停顿地移动、流转形成了生产物流。如果生产物流发生中断，生产过程也将随之停顿。

4. 回收物流和废弃物流

在生产及流通活动中，有一些材料是要回收并加以再利用的。例加，作为包装容器的纸箱、塑料框、酒瓶等就属于这一类物质。还有可用杂物的回收分类和再加工。例如，旧报纸、书籍可以通过回收、分类，再制成纸浆加以利用；金属的废弃物，由于金属具有良好的再生性，可以回收重新熔炼成为有用的原材料。回收物流品种繁多，流通渠道也不规则，且多有变化，因此管理和控制的难度大。

废弃物流是将经济活动或人民生活中失去原有使用价值的物品，根据实际需要进行收集、分类、加工、包装、搬运、储存等，并分送到专门处理场所的物流活动。如开采矿山时产生的土石，炼钢生产中的钢渣，工业废水，以及其他一些无机物垃圾等，已没有再利用的价值；但是如果不妥善处理，会造成环境污染，而就地堆放会占用生产用地甚至妨碍企业生产。

小贴士

废弃物流本身没有经济效益，但是具有不可忽视的社会效益。为了减少资金消耗，提高效率，更好地保障生活和生产的正常秩序，对废弃物流合理化的研究也是必要的。

（二）按照物流活动的空间范围分类

物流按照物流活动的空间范围可以划分为地区物流、国内物流和国际物流等。

1. 地区物流

地区有不同的划分原则。例如,按省区划分,可划分为北京、天津、河北等 34 个省、直辖市、自治区及特别行政区等;按地理位置划分,可划分为长江三角洲地区、河套地区、环渤海地区、珠江三角洲地区等。

地区物流系统对于提高该地区企业物流活动的效率,以及保障当地居民的生活福利环境具有不可缺少的作用。研究地区物流应根据地区的特点,从本地区的利益出发组织好物流活动。如某城市建设一个大型物流中心,显然对提高当地物流效率、降低物流成本、稳定物价是有积极作用的;但是,也会引起由于供应点集中、货车来往频繁而产生废气、噪声、交通事故等问题。因此物流中心的建设不单是物流问题,还要从城市建设规划、地区开发计划等方面统一考虑,妥善安排。

2. 国内物流

物流作为国民经济的一个重要方面,也应该纳入国家的总体规划。我国物流业是社会主义现代化事业的重要组成部分,全国物流系统的发展必须从全局着眼,对于因为部门分割、地区分割所造成的物流障碍应该清除。在物流系统的建设投资方面也要从全局考虑,使一些大型物流项目能够尽早建成,为经济建设服务。

3. 国际物流

当前世界的发展主流是国家与国家之间的经济交流越来越频繁,如果一个国家不投身于国际经济大协作的交流之中,那么本国的经济技术也得不到良好的发展。工业生产和服务也走向了社会化和国际化,出现了许多跨国公司,一个企业的经济活动范畴可以遍及各大洲。国家之间、洲际之间的原材料与产品的流通越来越发达。因此,国际物流的研究已成为物流研究的一个重要分支。

(三) **按照物流系统性质分类**

物流按照系统性质可以分为社会物流、行业物流、企业物流等。

1. 社会物流

社会物流一般是指流通领域发生的物流,是全社会物流的整体,所以也称为大物流或宏观物流。社会物流的一个标志是:它是伴随商业活动发生的,也就是与物流过程和所有权的更迭相关。

2. 行业物流

同一行业中的企业虽然在市场上是竞争对手,但是在物流领域中却常常可以互相协作,共同促进行业物流系统的合理化,行业物流系统化的结果是使参与的所有企业都得到相应的利益。

3. 企业物流

企业是一种从事商务活动,即为满足顾客需要而提供产品或服务,以营利为目的的经济组织,区别于经济领域的其他主体如政府和居民。一个制造企业要首先购进原材料,然后经过若干工序的加工,最后形成产品销售出去。一个运输企业要按照客户的要求将货物运送到指定地点。在经营范围内由生产或服务活动所形成的物流系统称为企业物流。

📖 **典型案例**

华为松山湖供应链物流中心是华为全球物流供应网络中的典型代表,也是华为供应、物流体系,从被动响应走向主动感知,向敏捷供应、智慧物流转型的结晶之一。

在松山湖自动物流中心建成之后,华为启动了智慧物流与数字化仓储项目,旨在通过构建实时可视、安全高效、按需交付的物流服务能力,主动支撑交付保障,提升客户体验,改善物流运营效率。截止目前,项目已经初步实现了物流全过程可视,打造了收发预约、装车模拟、RFID 数字化应用等系列产品,已经取得了上千万元的收益。

(资料来源:华为智慧物流[EB/OL].2019-04-22.[2020-07-11].https://e.huawei.com/cn.)

三、物流的作用

(一)物流的效用

物流可以创造物品的空间效用、时间效用和形质效用。

1. 物流可以创造物品的空间效用

在生产和消费之间必然存在着空间上的隔离,即生产地和消费地的隔离。生产地的确定可以有两种方法:一种是在产地建厂,另一种是在消费地建厂。但随着经济的快速发展和世界经济一体化的进程不断加快,原料供给和产品供应模式产生了巨大变化。很明显,上述情况中的运输都是与物流有关的运输,这种运输在解决空间隔离的同时产生了物品的空间效用。

2. 物流可以创造物品的时间效用

我们将生产商品的时间与使用商品的时间之间的不同视为物品的时间隔离。例如,农副产品都有生产季节的限制,所谓春种秋收,而人们一年之中天天都需要粮食和副食,所以就需要储存粮食等农副产品。再如,商品的销售往往有淡旺季之分,为了保证在旺季有足够的货源供应市场,就需要合理的库存,这也是一种生产时间与使用时间之间的不同。在这里,作为物流主要环节之一的储存不仅解决了生产和使用之间的时间隔离,同时创造了物品的时间效用。

3. 物流可以创造物品的形质效用

标准化生产与日益突出的个性化需求之间的差异,使生产与使用之间存在着功能的隔离。为了解决这个矛盾,可以采取柔性化生产和流通加工两种途径,而后者是物流的功能之一。

流通加工是在商品从生产领域向消费领域流动的过程中,对商品所进行的加工,如鱼肉禽类的冷冻和分割、家用电器的组装、钢板的切割、圆木的开裁、卷材钢板的展平等,使商品发生形状或性质上的改变。流通加工在满足消费者的多样化需求的同时,还创造或提高了商品的附加值,这就是物流创造的物品的形质效用。

(二)物流在微观经济运行中的作用

企业是国民经济的细胞。在社会主义市场经济下,企业是市场的重要组成部分,企业生产经营采取资金循环的形式,由购买(供应)、生产和消费三个阶段构成。在这种经济运行中,物流的作用主要表现在以下三个方面。

(1) 物流是企业生产连续进行的前提条件。在现代企业生产经营中,物流贯穿于从生产计划到把产成品送达顾客手中的整个循环过程之中,并紧紧围绕着物品使用价值的形态功能更替和价值的转移。不论是供应物流、生产物流还是销售物流,如果出现阻塞,企业整个生产经营系统的运行就必然要受到影响。因此,物流是企业生产连续进行的前提条件。

(2) 物流是商流的必要条件。物流是保证商流顺畅进行,实现商品价值和使用价值的物质基础。没有物流过程,商流就不能最后完成,包括在商品中的价值和使用价值就不能真正实现,而且物流能力的大小,直接决定着整个流通的规模和速度。如果物流效能过小,整个市场流通就不会顺畅,就不能适应整个市场经济发展对物品快进快出、大进大出的客观要求。

(3) 物流可以降低成本、创造利润。物流合理化有大幅度降低企业经营成本的作用,对改善我国经济运行的环境,降低和解决企业的困难有重要作用。同时降低经营成本也间接创造了利润,并且有些物流活动,如连锁配送、流通加工等,都可以直接成为企业利润的新来源。

(三) 物流在宏观经济运行中的作用

1. 物流是联结社会生产各个部门有机整体的纽带

物流是社会经济大系统的动脉系统,是联结社会生产各个部门成为一个有机整体的纽带。任何一个社会(或国家)的经济,都是由众多的产业、部门、企业组成的,物流像链条一样把众多的不同类型的企业、复杂多变的产业部门以及成千上万种产品联结起来,成为一个有序运行的国民经济整体。

2. 物流的发展对社会经济发展的制约作用

物流的发展对商品生产的规模、产业结构的变化以及经济发展速度具有制约作用。一方面,流通规模必须与生产发展的规模相适应,这是市场经济运行的客观要求。而流通规模的大小在很大程度上取决于物流效能的大小,包括运输、包装、装卸、储存等。另一方面,物流技术的发展能够改变产品的生产和消费条件,从而为经济的发展创造了重要的前提。

3. 物流的改进是提高经济效益的重要源泉

物流成本已成为生产成本和流通成本的重要组成部分。如果对物流领域在管理和技术上加以改进,将是"大幅度降低成本的宝库",通过采取合理组织运输、减少装卸次数、提高装卸效率、改进商品包装和装卸工具来减少物品损耗等措施,降低物流费用,将成为企业"第三利润"的源泉。

第二节 物 流 管 理

一、物流管理概述

(一) 物流管理的定义

《中华人民共和国国家标准物流术语(GB/T 18354—2006)》中的物流管理定义是:为了以最低的物流成本达到用户所满意的服务水平,对物流活动进行的计划、组织、协调与控制。

(二) 现代物流管理的特征

1. 现代物流管理以实现顾客满意为第一目标

现代物流是基于企业经营战略基础上从顾客服务目标的设定开始，进而追求顾客服务的差别化战略，在现代物流中，顾客服务的设定优先于其他各项活动。

2. 现代物流管理以企业整体最优为目的

现代物流所追求的是费用最省、效益最高，是针对物流系统最优而言的。如果企业物流仅仅追求"部分最优"或"部门最优"，将无法在日益激烈的企业竞争中取胜。从原材料的采购到商品向消费者移动过程中的各种活动，不只是部分和部门的活动，而是将部分和部门有效结合发挥出综合效益。

3. 现代物流管理注重整个流通渠道的商品运动

以往我们认为物流管理的对象是"销售物流"和"企业内物流"，即从生产阶段到消费者阶段的商品的实体移动，而现代物流的管理范围已经远远超出了这一区域，包括了从供应商、制造商、分销商到消费者的供应链之间的物资流及相关的信息流、资金流的管理。

4. 现代物流管理既重视效率又重视效果

现代物流管理与传统物流管理相比有许多变化。首先，在物流手段上，从原来重视物流的机械、机器、设施等硬件要素转向重视信息等软件要素。在物流领域方面，从以运输、储存为主的活动转向物流部门全体，也就是包含采购、生产、销售领域或批发、零售领域的物流活动扩展。其次，现代物流不仅强调物流服务水准的提高，更重视环境、交通、能源等社会需求的对应。

5. 现代物流管理是对商品运动的全过程管理

现代物流是将从供应商开始到最终顾客整个流通阶段所发生的商品运动作为一个整体来看待的，因此，这对管理活动本身提出了相当高的要求。

6. 现代物流管理重视以信息为中心

在经营管理要素上，信息已成为物流管理的核心，没有高度发达的信息网络和信息技术的支持，如条形码、EDI、GIS、GPS等，经营是无法实现的。

二、物流成本管理

(一) 物流成本的定义

物流成本是指物流活动中所消耗的物化劳动和活劳动的货币表现。它是产品在实物运动过程中，如包装、装卸、搬运、运输、储存、流通加工、物流信息等各个环节所支出的人力、财力、物力的总和。也可以说，物流成本就是完成各种物流活动所需的费用。物流成本虽然是一种必要的耗费，但此种耗费不创造任何新的使用价值。因此，物流成本是社会财富的一种扣除。外国学者认为，物流成本是降低成本的最后边界，称物流为"第三利润源"。为此，所有企业都在谋求降低物流成本的途径。

物流成本管理则是对所有这些成本进行计划、分析、核算、控制与优化以达到降低物流成本的目的。加强物流成本管理对降低物流成本、提高物流活动的经济效益具有非常重要的意义，对国家与企业都具有现实与长远的作用。

（二）物流成本的特点

物流成本和其他成本比较，有许多不同之处，但是最突出的只有两点，即物流冰山和效益背反（交替损益）。

1. 物流冰山

物流的"冰山"说是由日本早稻田大学西泽修教授提出来的。他在专门研究物流成本时发现，当时的财务会计和会计核算方法（由于其分门别类设立账目）不可能掌握物流费用的实际情况。

为此，人们对物流费用的了解存在空白，甚至有很大的虚假性，很像沉在水面下的冰山，露出水面的那部分仅仅是冰山的一小部分，而沉在水面下的是我们看不到的、有很大挖掘潜力的部分，如图1-7所示。

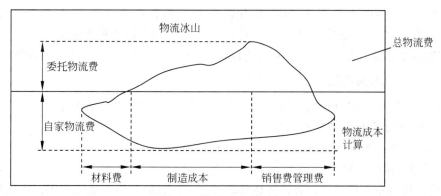

图1-7 物流冰山说图解

西泽修教授用物流成本的具体分析说明，物流领域的方方面面对我们来说不清楚和未知的东西太多了，"冰山"的水面以下的部分，正是物流需要开发的领域，也是物流的潜力所在。

2. 效益背反

效益背反是物流成本的另一个特点。在物流管理中，要使任何一个要素增益，必将对其他要素产生减损的作用，这就是物流效益背反。下面从两个方面进行介绍。

1) 物流成本与客户服务水平的效益背反

物流成本与物流服务之间是一种此消彼长的关系，二者的关系适用收益递减原则。在服务水平较低的阶段，如果增加 a 个单位的成本，则服务水平将提高 b 个单位；在服务水平较高的阶段，同样增加 a 个单位的成本，则服务水平仅提高 c 个单位，且 $c<b$，如图1-8所示。

无限度地加快物流服务，会导致物流成本迅速上升，且物流服务的效率并没有太大提高，甚至会下降。处于竞争状态的企业通过有效地利用物流成本，在物流成本一定的情况下，实现物流服务水平的提高；或在降低物流成本的同时实现较高的物流服务水平。

2) 物流与其他部门的效益背反

企业的各部门活动处于一种相矛盾的体系中，要实现某部门的利益，必然会使其他部门的利益受损，如销售部门为提高客户满意度，保持一定数量的库存和尽可能备齐各种商品以

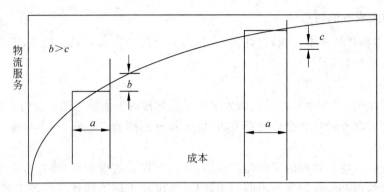

图 1-8　物流服务与成本的关系

避免缺货的可能,势必导致库存成本的增加;制造部门愿意对同一产品进行大批量的生产,这样可以降低单位产品的成本费用,但是这样会增加库存数量,使库存成本增加。为实现成本最小化,需要协调各部门之间的关系,使各部门有机地结合起来,追求企业最佳经济效益。

(三) 物流成本的控制

物流成本控制是指对物流各环节发生的成本进行有计划、有步骤的管理,压缩不必要的成本,以达到预期设定的成本目标。

1. 物流成本控制的基本内容

1) 运输费用的控制

运输费用是指承运单位向客户提供运输劳务所耗费的费用。运输费用占物流费用比重较大,一般来说,运输成本占总物流成本的40%左右,是影响物流费用的重要因素。控制方式有加强运输的经济核算、防止运输过程中的差错事故、做到安全运输等。

2) 储存费用的控制

储存费用是指物品在储存过程中所需要的费用。控制方式主要是加强仓储各种费用的核算和管理。

3) 装卸搬运费用的控制

装卸搬运活动是衔接物流各环节活动正常进行的关键,它渗透到物流的各个领域。装卸搬运费用是物品在装卸搬运过程中所支出费用的总和。控制方式有对装卸搬运设备的合理选择、防止机械设备的无效作业、合理规划装卸方式和装卸作业过程,如减少装卸次数、缩短操作距离、提高被装卸物品纯度等。

4) 包装费用的控制

包装起着保护产品、方便储运、促进销售的作用。据统计,包装费用约占全部物流费用的10%左右,有些商品特别是生活用品,包装费用高达50%。控制方式有:选择包装材料时要进行经济分析;运用成本核算降低包装费用,如包装的回收和旧包装的再利用;实现包装尺寸的标准化、包装作业的机械化;有条件时组织散装物流等。

5) 流通加工费用的控制

在物品进入流通领域以后,按照用户的要求进行一定的加工活动,称为流通加工,由此而支付的费用为流通加工费用。控制方式有:合理确定流通加工的方式;合理确定加工能力;加强流通加工的生产管理;制定反映流通加工特征的经济指标。

2. 控制物流成本的基本思路

1)从流通全过程来降低物流成本

对于一个企业,控制物流成本不仅是本企业的事,即追求本企业物流的效率化,而且应该考虑从产品制成到最终用户整个供应链过程的物流成本效率化,即物流设施的投资或扩建与否要视整个流通渠道的发展和要求而定。

小贴士

有些厂商是直接面对批发商经营的,因此,很多物流中心与批发商物流中心相吻合,从事大批量的商品输送,然而,随着零售业中连锁便民店、折扣店的迅猛发展,客观上要求厂商必须适应这种新型的业态形式,展开直接面向连锁零售店铺的物流活动。

在这种情况下,需要改造供应链,建立新型的、符合现代流通发展要求的物流中心或自动化设施,这些投资尽管从本企业来看增加了物流成本,但从整个流通过程来看,却大大提高了物流绩效。

2)通过实现供应链管理降低成本

在供应链物流管理体制下,仅仅本企业的物流具有效率是不够的,它需要企业协调与其他企业(如部件供应商等)以及顾客、运输业者之间的关系,实现整个供应链活动的效率化。

3)借助现代信息系统降低物流成本

借助现代信息系统一方面使各种物流作业或业务处理能准确、迅速地进行,另一方面能由此建立物流经营战略系统,这无疑从整体上控制了物流成本发生的可能性。

4)通过效率化的配送降低物流成本

企业要实现效率化的配送,就必须重视配车计划管理、提高装载率以及车辆运行管理。

5)削减退货成本

退货成本也是企业物流成本中一个重要的组成部分,它往往占有相当大的比例。

小贴士

销售额100万元的企业,退货比率为3%,即3万元的退货,由此而产生的物流费用和企业内处理费用一般占到销售物流的9%～10%,因此,伴随着退货将会产生3000元的物流费。由于退货商品物理性、经济性的损伤,可能的销售价格只为原来的50%,因此,由于退货而产生的机会成本为15 000元。

综合上述费用,退货所引起的物流成本为18 000元,占销售额的1.8%。以上仅假定退货率为3%,如果为5%时,物流费用将达到30 000元,占销售额的3%。由此可以看出,削减退货成本十分重要,它是物流成本控制活动中需要特别关注的问题。

6)利用一贯制运输和物流外包控制成本

将从制造商到最终消费者之间的商品搬运,利用各种运输工具的有机衔接来实现,运用运输工具的标准化以及运输管理的统一化,来减少商品周转、转载过程中的费用和损失,并大大缩短商品在途时间。

三、物流服务管理

（一）物流服务的定义

物流服务不仅是指物流活动中某个具体的服务结构和服务内容，而是各种具体服务的综合。物流服务是一种过程，是通过节省成本费用为供应链提供重要的增值利益的过程。

物流服务管理是一种了解和创造客户需求，以实现客户满意为目的，企业全员、全过程参与的经营行为和管理方式。它包括营销服务、部门服务和产品服务等几乎全部服务内容。物流服务管理的核心理念是：企业全部的经营活动都从满足客户的需要出发，以提供满足客户需要的产品或服务作为企业的责任和义务，以客户满意作为企业经营的目的。

物流服务的本质是满足顾客的需求，包括：有顾客需要的商品（保证有货）；可以在顾客需要的时间内送达（保证送到）；达到顾客要求的质量（保证质量）。

（二）物流服务的内容

物流是实现销售过程的最终环节，但由于采用不同形式，使一部分特殊服务变得格外重要，因此，企业在设计物流服务内容时应反映这一特点。概括起来，物流服务内容可以分为以下两个方面。

1. 传统的物流服务

传统的物流服务包括运输服务、储存服务、装卸搬运服务、包装服务、流通加工服务、物流信息处理服务等。

2. 增值性物流服务

1）增加便利性的服务

如推行一条龙的门到门服务、提供完备的操作或作业提示、省力化设计或安装、代办业务、24小时营业、自动订货、传递信息和转账、物流全过程追踪等都是对电子商务销售有用的增值性服务。

2）加快反应速度的服务

快速反应已经成为物流发展的动力之一。推广增值性物流服务方案，优化物流中心网络，重新设计适合电子商务的流通渠道，以此来减少物流环节、简化物流过程，提高物流系统的快速反应性能。

3）降低成本的服务

企业可以通过采用比较适用但投资较少的物流技术和设施设备或推行物流管理技术，如运筹学中的管理技术、单品管理技术、条形码技术和信息技术等，以提高物流的效率和效益，降低物流成本。

4）延伸服务

物流服务向上可以延伸到市场调查与预测、采购及订单处理，向下可以延伸到配送、物流咨询、物流方案的选择与规划、库存控制决策建议、货款回收与结算、教育与培训、物流系统设计与规划方案的制作等。这些延伸服务最具有增值性，但也是最难提供的服务，能否提供此类增值服务现在已成为衡量一个物流企业是否真正具有竞争力的标准。

（三）物流服务管理的意义

物流服务是企业物流系统的产出，从顾客角度看到的是企业提供的物流服务而不是抽象的物流管理。物流服务是支撑市场组合的地点要素，更重要的是，良好的物流服务有助于发展和保持顾客的忠诚与持久的满意，物流服务的诸要素在顾客心目中的重要程度甚至高过产品价格、质量及其他有关的要素。

对于市场组合四要素而言，产品和价格较容易被竞争对手模仿，促销的努力也可能被竞争者赶上。提供令顾客满意的服务或处理顾客抱怨的高明手法则是企业区别于竞争对手、吸引顾客的重要途径。在短期内，企业物流服务不容易被对手模仿。

根据专家的估计，企业 65％ 的销售来自老顾客，而发展一个新顾客的费用平均是保留一个老顾客所需费用的 6 倍；从财务角度分析，用于物流服务的投资回报率要大大高于投资于促销和其他发展新顾客的活动。

物流在降低成本方面起着重要作用，而降低物流成本必须在一定服务水平的前提下考虑，从这个意义上来说，物流服务水平是降低物流成本的依据。物流服务起着联结厂家、批发商和零售商的纽带作用。

四、供应链管理

（一）供应链的概念与特点

1. 供应链的概念

供应链是围绕核心企业，通过对信息流、物流、资金流的控制，从采购原材料开始，制成中间产品以及最终产品，最后由销售网络把产品送到消费者手中的将供应商、制造商、分销商、零售商直到最终用户连成一个整体的功能网链结构模式。

供应链就是通过计划、获得、储存、分销、服务等这样一些活动在客户和供应商之间形成的一种衔接，从而使企业能满足内外部客户的需求。

例如一个顾客走进沃尔玛零售店购买雀巢奶粉，供应链始于顾客对奶粉的需求，顾客首先就会访问沃尔玛零售商店。沃尔玛的奶粉存货由成品仓库或者分销商用卡车通过第三方供应。雀巢公司为分销商供货，雀巢的制造工厂从各种供应商那里购进原材料，这些供应商可能由更低层的供应商供货。这一供应链如图 1-9 所示，图中箭头反映实体产品流动的方向。

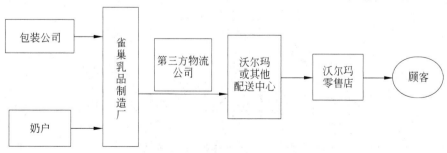

图 1-9　雀巢奶粉供应链

中华人民共和国国家标准《物流术语》将供应链定义为：生产及流通过程中，涉及将产品或服务提供给最终用户活动的上游与下游组织所形成的网链结构。

供应链是一个范围更广的企业结构模式，包含所有加盟的节点企业，从原材料的供应开始，经过链中不同企业的制造加工、组装、分销等过程直到最终用户，如图1-10所示。

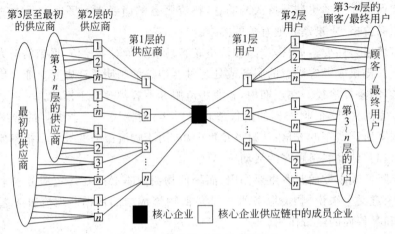

图 1-10　供应链系统的分层结构

这个概念强调了供应链的战略伙伴关系，从形式上看，客户在购买商品，但实质上客户是在购买能带来效益的价值。各种物料在供应链上移动是一个不断采用高新技术增加其技术含量或附加值的增值过程。

2. 供应链特点

从供应链的结构模型可以看出，供应链是一个网链结构，由围绕核心企业的供应商、供应商的供应商和用户、用户的用户组成。一个企业是一个节点，节点企业和节点企业之间是一种需求与供应关系。供应链主要具有以下特征。

1) 复杂性

因为供应链节点企业组成的跨度（层次）不同，供应链往往由多个、多类型甚至多国企业构成，所以供应链结构模式比一般单个企业的结构模式更为复杂。图1-11所示的供应链涵盖了整个物流（从供应商到最终用户的采购、制造、分销、零售等职能）领域过程。各企业在法律上都是独立的，它们之间形成了基于供应、生产和销售的多级复杂交易关系，在经济利益上不可避免地存在着冲突和矛盾。

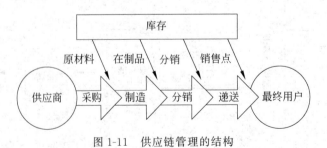

图 1-11　供应链管理的结构

2）动态性

供应链管理因企业战略和适应市场需求变化的需要，其中节点企业需要动态地更新，这就使得供应链具有明显的动态性。同时，供应链成员之间是合作与竞争关系，一旦成员企业经济实力发生改变，其在网络中的地位也随之发生变化，从而造成成员间关系的动态变化。

3）面向用户需求

供应链的形成、存在、重构，都是基于一定的市场需求而发生的，并且在供应链的运作过程中，用户的需求拉动是供应链中信息流、产品/服务流、资金流运作的驱动源，因此供应链也称为需求链。

4）交叉性

节点企业可以是这个供应链的成员，同时又是另一个供应链的成员，众多的供应链形成交叉结构，增加了协调管理的难度。

5）层次性

各企业在供应链中的地位不同，其作用也各不相同。按照企业在供应链中地位的重要性的不同，各节点企业可以分为核心主体企业、非核心主体企业和非主体企业。主体企业一般是行业中实力较强的企业，它拥有决定性资源，在供应链管理中起主导作用，它的进入和退出直接影响供应链的存在状态。

在一个供应链中，居于中心位置的是核心主体企业，它是供应链业务运作的关键，它不仅推动整个供应链运作，为客户提供最大化的附加值，而且能够帮助供应链上的其他企业参与到新的市场中。

（二）供应链管理的含义、目标与特征

1. 供应链管理的含义

供应链管理就是企业对供应链的流程进行计划、组织、协调和控制，以优化整条供应链，目的是将客户需要的产品通过物流送达客户，整个过程要尽量降低供应链的成本。

2. 供应链管理的目标

供应链管理的目标是供应链整体价值最大化。供应链管理所产生的价值是最终产品对顾客的价值与顾客需求满足所付出的供应链成本之间的差额。供应链管理是使整个供应链的资源得到最佳配置，为供应链企业赢得竞争优势和提高收益率，为客户创造价值。供应链管理强调以客户为中心，即做到将适当的产品或服务按照合适的状态与包装，以准确的数量和合理的成本，在恰当的时间送到指定地方的确定客户手中。

3. 供应链管理的特征

1）以满足客户需求为根本出发点

任何一个供应链都是为了满足客户的需求，并在满足顾客需求的过程中为自己创造利润。在供应链管理中，顾客服务目标优先于其他目标，以顾客满意为最高目标。供应链管理必须以最终客户需求为中心，把客户服务作为管理的出发点，并贯穿供应链的全过程，把改善客户服务质量、实现客户满意作为实现利润、创造竞争优势的根本手段。

2）以共同的价值观为战略基础

供应链管理首先解决的是供应链伙伴之间信息的可靠性问题。如何管理和分配信息

取决于供应链成员之间对业务过程一体化的共识程度。供应链管理是在供应链伙伴间形成一种相互信任、相互依赖、互惠互利和共同发展的价值观和依赖关系。

供应链战略需要供应链上的企业从整个供应链系统出发,实现供应链信息的共享,加快供应链信息传递,减少相关操作,简化相关环节,提高供应链的效率,降低供应链成本,在保证合作伙伴合理利润的基础上,提升企业竞争能力和赢利能力,实现合作伙伴间的双赢。

3) 以提升供应链竞争能力为主要竞争方式

在供应链中,企业不能仅仅依靠自己的资源来参与市场竞争,而要通过与供应链参与各方进行跨部门、跨职能和跨企业的合作,建立共同利益的合作伙伴关系,实现多赢。供应链管理是跨企业的贸易伙伴之间密切合作、共享利益和共担风险,加强企业间的合作已成为必然趋势,供应链管理顺应了新的竞争环境的需要,改变了企业的竞争方式,将企业之间的竞争转变为供应链之间的竞争。

4) 以广泛应用信息技术为主要手段

信息流的管理对供应链的效益与效率是一个关键的因素。信息技术在供应链管理中的广泛应用,大大减少了供应链运行中的不增值活动,提高了供应链的运作绩效。

供应链管理应用网络技术和信息技术,重新组织和安排业务流程,进行集成化管理,实现信息共享。只有通过集成化管理,供应链才能实现动态平衡,才能进行协调、同步、和谐运作。

5) 以物流的一体化管理为突破口

供应链管理把从供应商开始到最终消费者的物流活动作为一个整体进行统一管理,始终从整体和全局上把握物流的各项活动,使整个供应链的库存水平最低,实现供应链整体物流最优化。

物流一体化管理能最大限度地发挥企业能力,降低库存水平,从而降低供应链的总成本,因此要实现供应链管理的整体目标,为客户创造价值,为供应链企业赢得竞争优势和提高收益率,供应链管理必须以物流的一体化为突破口。

6) 以非核心业务外包为主要经营策略

供应链管理是在自己的"核心业务"基础上,通过协作的方式来整合外部资源以获得最佳的总体运营效益,除了核心业务以外,几乎每件事都可能是"外源的",即从公司外部资源整合。企业通过非核心业务外包可以优化各种资源,既可提高企业的核心竞争能力,又可参与供应链,依靠建立完善的供应链管理体系,充分发挥供应链上合作伙伴的资源和优势。

第三节 物流系统

一、物流系统概述

(一) 物流系统的含义

物流系统是指由两个以上互相区别又互相联系的单元结合起来,以完成物品的实体流动为目的的有机结合体。

物流系统的构成要素分为两大类，一类是节点，另一类是线路，也就是说，仓库、物流中心、车站、码头、空港等物流据点以及连接这些据点的运输线路构成了物流系统的基本要素，这些要素为实现物流系统的目的有机结合在一起，相互联动，无论哪个环节的哪个要素的行动发生了偏差，物流系统的运行就会发生紊乱，也就无法达成物流系统的目的。

（二）物流系统的构成要素

与一般的管理系统一样，物流系统是由人、财、物、设备、信息和任务目标等要素组成的有机整体。从物流的具体运作角度对物流系统的要素划分为功能要素、支撑要素、物质基础要素等。

1. 物流系统的功能要素

物流系统的功能要素指的是物流系统所具有的基本能力，这些基本能力有效地组合、联结在一起，以完成物流系统的目标。一般认为物流系统的功能要素有运输、储存保管、包装、装卸搬运、流通加工、配送、物流信息等。

在上述功能要素中，运输及保管分别解决了供给者及需要者之间场所和时间的分离，分别是物流创造"场所效用"及"时间效用"的主要功能，因而在物流系统中处于主要功能要素的地位。

2. 物流系统的支撑要素

物流系统处于复杂的社会经济系统中，物流系统的建立需要有许多支撑手段，要确定物流系统的地位，要协调与其他系统的关系，这些要素必不可少。物流系统的支撑要素主要包括体制、制度、法律、规章、行政、命令、标准化系统。

3. 物流系统的物质基础要素

物流系统的建立和运行需要有大量技术装备手段，这些手段的有机联系对物流系统的运行有决定意义。

（1）物流设施，包括物流站、货场、物流中心、仓库、公路、铁路、港口等。

（2）物流装备，包括仓库货架、进出库、流通加工、运输、装卸机械等设备。

（3）物流工具，包括包装工具、维护保养工具、办公设备等。

（4）信息技术及网络，根据所需信息水平不同，包括通信设备及线路、传真设备、计算机及网络设备等。

（5）组织及管理，它是物流网络的"软件"，起着联结调运、协调、指挥各要素的作用，以保障物流系统目的的实现。

4. 物流系统各要素的冲突性

最主要的表现是物流系统要素具有"效益背反"的特点。从现代物流的角度出发，效益背反可以理解为改变物流系统中任一要素都会影响到系统中的其他要素；系统中任一要素的增益都将对系统的其他要素产生减损作用。

在一个物流系统中存在着广泛的效益背反的关系，如表1-1所示。典型的效益背反关系可以归纳为：物流服务水平和物流成本之间存在效益背反关系；构成物流系统的各子系统之间存在效益背反关系；各子系统的活动费用之间存在效益背反关系；个别职能和个别费用之间存在效益背反关系等。

例如，"零库存"的实施可使得库存子系统成本降低，但会增加运输的次数，提高运输成本。在物流系统设计时，必须综合考虑各子系统的综合影响，以在物流总体下取得系统内部的均衡。

表 1-1　物流系统要素关系表

要　素	主要目标	采取的方法	可能导致的后果	可能给其他要素造成的影响
运输	成本等于最小运费	批量运输；集装整车运输；铁路专线运输	交货期集中；交货批量大；待运期长；运输费用降低	在途库存增加；平均库存增加；末端加工费用高；包装费用高
储存	成本等于最小储存费	缩短进货周期；降低每次进货量；增加进货次数；在接近消费者的地方建仓库；增加信息沟通	紧急进货增加；送货更加零星；储存地点分散；库存量降低甚至达到零库存；库存费用降低	无计划配送增加；配送规模更小；配送地点更分散；配送、装卸搬运、流通加工、物流信息成本增加
包装	破损最少、包装成本最小	物流包装材料强度高；扩大内装容量；按照特定商品需要确定包装材料和方式；物流包装容器功能更多	包装容器占用过多空间和容量；包装材料费增加；包装容器的回收费用增加；包装容器不通用；商品破损降低但包装费增加	包装容器耗用的运费和仓储费用增加；运输车辆和仓库的利用率下降；装卸搬运费用增加
装卸搬运	降低装卸搬运费，加快装卸速度	使用人力节约装卸搬运成本；农民工进行装卸搬运；提高装卸搬运速度，"抢装抢卸"	装卸搬运效率低；商品破损率高；不按要求堆放；节省装卸搬运费	待运期延长；运输工具和仓库的利用率下降；商品在途和在库耗损增加；包装费用增加；重新加工增加；流通加工成本增加
流通加工	满足销售要求，降低流通加工费	流通加工作业越来越多；为了节约加工成本，采用简陋设备	在途储存和在库储存增加；增加装卸环节；商品重复包装	商品库存费增加；装卸搬运费增加；商品包装费增加
物流信息	简化业务，提高透明度	建计算机网络；增加信息处理设备，如手持终端采用条形码；增加信息采集	增加信息处理费；方便业务运作；提高客户服务；信息安全性和可靠性影响到系统运作要求	无不良影响

二、物流系统的模式

物流系统的输入、输出、处理（转化）、限制（制约）、反馈等功能，根据物流系统的性质，具体内容有所不同，一般情况如图 1-12 所示。

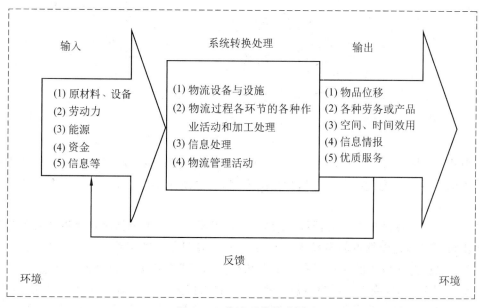

图 1-12　物流系统模式图

在流通领域里，物流过程可以看成一个由生产经流通到消费的各物流要素相互作用和相互依存的过程体系。在生产领域里，物流过程是一个不断投入原材料、机器设备、劳动力，经过加工处理，满足社会需要的投入与产出系统。

就物流过程的每一环节来讲，也同样是一个投入与产出的系统。每个环节都要从外界环境吸收一定的能量、资源（人、财、物），并以输入形式投入，经过转换处理，直接或间接地产出一定的产品或劳务，再以输出的形式向外界提供，满足社会的某种需要。

因此，物流系统仍是一个从环境中不断输入要素，经过转换处理，不断输出产品或劳务的循环过程，这就是物流系统的基本模式。

物流系统的环境是物流系统模式中不可缺少的组成部分。物流系统的环境是指物流系统所处的更大的系统，它是物流系统处理的外部条件，是物流系统必须接受的条件，物流系统与其环境之间的相互作用具体表现为物流系统输入、输出、处理（转化）、限制（制约）、反馈等功能。

三、物流系统的运行机制

（一）物流系统的运行模型

构筑物流系统必须要明确规定物流据点的功能，使物流据点功能与物流系统的目的相一致。下述几个物流系统运行模型代表了物流系统的基本类型。

1. 模式 A

模式 A 如图 1-13 所示。

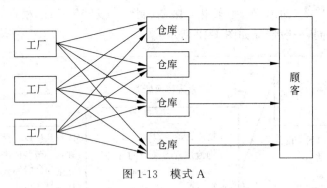

图 1-13　模式 A

模式 A 属于一种后处理性质的物流模式，企业物流尚处在分散管理阶段，根据生产、营销等部门的想法配置库存。在这种情况下，物流系统还不存在，只是有许多仓库，它具有以下特征。

（1）仓库一般设在支店或销售点附近，反映了销售人员希望将库存就近放置的想法。但是销售据点与物流据点的布局原则不同，这种配置只是反映了营业方面的要求。

（2）这些仓库放置的库存反映了工厂和销售部门希望有利于自己的某些想法。如销售人员为避免缺货，希望尽可能多留一些库存，而销售人员并不对库存负有责任，因为考核营业员业绩的指标是销售量，因此他们对于过剩库存不会产生抵触，更不会有意识地去消除。

从以上种种现象可以看出，采用模式 A 的企业，其物流经营管理的意识还没有形成，物流处在一种缺乏"秩序"的混沌状态，存在很多问题。

2. 模式 B

模式 B 如图 1-14 所示。

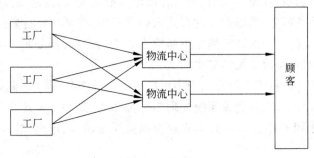

图 1-14　模式 B

模式 B 是在企业出现物流经营管理部门以后采用的一种物流运作模式。它是将众多营业网点的仓库集约化，设置物流中心，营业据点与物流据点实现物理上的分离。

模式 B 同模式 A 相比有了很大进步，由于分散的仓库实现了集约化配置，简化了物流线路，物流中心的作业环境、作业效率得到改善。

然而,如果从物流系统化的角度衡量,模式 B 离物流系统化还有一定差距。因为物流中心的库存也是根据工厂或销售部门认为对自己有利的方式配置的,物流部门本身并没有掌握库存配置的主导权。

小贴士

如果认为建立了物流中心就意味着实现了物流系统化,将会使物流经营管理走入误区。

3. 模式 C

模式 C 如图 1-15 所示。

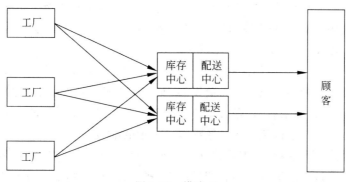

图 1-15　模式 C

模式 C 相对于模式 B 又进了一步,虽然模式 C 也无法掌握和控制库存的主导权,但是,由于引入了双重区域处理系统,对库存进行了区分,因此可以在一定程度上排除生产和销售部门由于按照有利于自身利益配置库存对物流产生的影响。

4. 模式 D

模式 D 如图 1-16 所示。

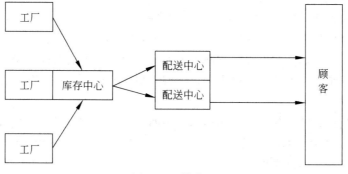

图 1-16　模式 D

模式 D 是根据双重区域处理系统的原则对物流据点重组后的模型,也是物流系统的基本模型。模式 D 将物流中心的多余库存集中到库存中心,实现了物流中心从"仿佛没有多余库存的状态"向"实际上没有多余库存状态"的转变,真正的物流系统到了这个阶段才开始出现。

这里需要说明一点的是,前面反复强调的物流系统实际上只是停留在销售物流系统的层面上,如按照大物流系统来看,物流系统还要延伸到原材料的供应和产品生产领域,应该根据市场的需求动向及时调整采购和生产计划,库存配置完全以市场需求为依据。

因此,库存中心除具备向配送中心补充库存以及提高配送中心作业效率的功能之外,还应该具备根据市场的销售动向反馈信息的功能。配送中心的库存是接近市场需求的最小库存,可以看作市场的晴雨表。

(二) 推进物流系统化的方法

物流系统推进方法是指将物流从一种"混沌"的状态转变到有秩序的系统化状态的方法。在这种制约条件下,关键问题就是如何推进现行物流向系统化转变。

1. 提高物流作业效率,推进物流系统化

一般来说,企业在致力于物流的改善,朝着效率化推进时,是以存在着阻碍物流合理化和效率化的过剩库存和积压库存为前提的,而且这些库存是根据生产、营销部门的想法来配置的,从物流的角度来看,存在着不合理的部分。物流成本增加的一个主要原因就是在缺少物流主体的情况下构筑的物流系统具有一定的虚假性。

改变这种物流不合理状况,需要建立能够对库存量和库存的配置起控制作用的物流系统。这是一种通过排除过剩库存和积压库存,提高经营效率,通过库存的适当配置,保证顾客对商品的可得性的管理,对于物流系统来说库存控制是其不可缺少的重要功能。

2. 提高物流作业效率,排除库存障碍

一般来说,企业的物流中心或仓库会有许多库存,其中包括过剩库存或尚无销路的库存。由于仓库存货量大,而作业场所和保管空间相对变小,增加了物资装卸搬运的次数和距离。从物流作业的角度来看,这些多余库存就成为高效率从事物流作业的障碍,而解决的办法就是在物流系统上将多余库存隔离,即将库存分为两个处理领域的所谓"双重区域处理系统",这样物流作业活动就会处于一种有秩序的状态。

3. 提高物流作业效率,导入双重区域处理系统

导入双重区域处理系统的关键是库存区分,将物流系统上的必要库存和非必要库存区分开。必要库存与非必要库存的判断主要考虑订货周期的长短以及安全库存大小等因素。例如判断的结果是保持3天的库存,那么超过这个水准的库存从物流服务上看就属于过剩库存。

双重区域处理系统实际上是将库存划分为两个区域,一个是配送中心,一般需要保留3天的库存,构筑效率化的作业系统;另一个是库存中心,用来放置积压库存、出库频率低的库存以及超出需要的过剩库存。

通过以上这些步骤的实施,迈出了物流系统化的第一步,同时也提高了仓库内的作业效率。

第四节 物流企业

一、物流企业概述

物流企业是指至少从事运输(含运输代理、货物快递)或仓储的一种经营业务,并能够按照客户物流需求对运输、储存、装卸、包装、流通加工、配送等基本功能进行组织和管理,具有与自身业务相适应的信息管理系统,实行独立核算、独立承担民事责任的经济组织。

(一)物流企业的分类

1. 根据提供的不同物流服务种类划分

1) 运输型物流企业

运输型物流企业以从事货物运输服务为主,包括货物快递服务或运输代理服务,具备一定规模;可以提供门到门运输、门到站运输、站到门运输、站到站运输服务和其他物流服务;企业自有一定数量的运输设备;具备网络化信息服务功能,应用信息系统可对运输货物进行状态查询、监控。

2) 仓储型物流企业

仓储型物流企业以从事仓储业务为主,为客户提供货物储存、保管、中转等仓储服务,具备一定规模;企业能为客户提供配送服务以及商品经销、流通加工等其他服务;企业自有一定规模的仓储设施、设备、自有或租用必要的货运车辆;具备网络化信息服务功能,应用信息系统可对货物进行状态查询、监控。

3) 综合服务型物流企业

综合服务型物流企业从事多种物流服务业务,可以为客户提供运输、货运代理、仓储、配送等多种物流服务,具备一定规模;根据客户的需求,为客户制定整合物流资源的运作方案,为客户提供契约性的综合物流服务;按照业务要求,企业自有或租用必要的运输设备、仓储设施及设备;企业具有一定运营范围的货物集散、分拨网络;企业配置专门的机构和人员,建立完备的客户服务体系,能及时、有效地提供客户服务;具备网络化信息服务功能,应用信息系统可对物流服务全过程进行状态查询和监控。

2. 根据物流运输渠道划分

1) 陆路运输企业

陆路运输企业包括从事公路和铁路运输为主的物流企业,例如汽车运输公司、铁路运输企业。它们为客户提供整车运输、零担运输等服务。

2) 水路运输企业

水路运输企业包括从事内河和海洋运输为主的物流企业,如中国民生实力集团有限公司既从事内河航运物流服务,又从事近海和远洋航运物流服务。还有一些物流企业专门从事内河航运物流服务或专门从事海洋运输物流服务。

3) 航空运输企业

航空运输企业是以从事航空运输为主的物流企业,如中国的南方航空公司、东方航空公司等都是用飞机载物的方式为客户提供物流服务。

4) 邮政物流企业

邮政物流企业是以邮政线路为客户提供物流服务的物流企业,如广州邮政、北京邮政等都属于邮政物流企业。

5) 管道运输企业

管道运输企业主要是用管道来运输物品,并为客户提供物流服务的企业。

3. 根据物流服务对象划分

1) 自营型物流企业

自营型物流企业是由供方或需方根据其经营活动的需要,为本企业提供物流活动服务的自建自营型物流企业。例如海尔集团最初的物流企业,所有权仍然归海尔集团总公司,也主要是为本企业物流活动服务的。

2) 第三方物流企业

第三方物流企业是由供方与需方以外的第三方完成物流服务的物流企业。它是物流专业化的一种物流企业形式。如中国储运总公司、中外运公司、马士基物流公司等都是第三方物流企业。

(二) 物流企业的运作模式

不同的市场定位决定不同的运作模式,选择切实可行的物流运作模式,是物流企业有效开展物流服务业务、突出核心竞争力的重要一环。物流运作模式主要有传统外包型物流运作模式、战略联盟型物流运作模式、综合集团型物流运作模式、软件技术及信息服务型运作模式,如表1-2所示。

表1-2 物流企业的运作模式

模 式	含 义	优 点	缺 点
传统外包型物流运作模式	物流企业为生产商或经销商提供部分或全部物流业务	以契约形式与客户形成长期合作关系,保证了自己稳定的业务量,避免了设备闲置	不能满足需求多变的物流客户的要求
战略联盟型物流运作模式	物流服务供应商之间就包括运输、仓储、信息服务等方面以契约形式结成战略联盟,内部信息共享,相互间协作,形成物流网络系统	扩大物流配送服务的地理覆盖面以及服务内容,实现信息共享、技术的共享、业务能力的共享	联盟成员是合作伙伴关系,实行独立核算,彼此间服务租用,因此有时很难协调彼此的利益,在彼此利益不一致的情况下,要实现资源更大范围的优化就存在一定的局限
综合集团型物流运作模式	组建综合物流公司或集团,为客户提供综合物流服务	大大扩展了物流服务范围,对上游客户可提供原材料的及时运输、产品代理和物流系统设计等,对下游客户可全权代理配送业务	综合物流项目必须进行整体网络设计,还要确定每一种设施的数量、地理位置、各自承担的工作,其操作难度较大

续表

模式	含义	优点	缺点
软件技术及信息服务型运作模式	为客户提供个性化的物流系统流程设计及管理方案，或为其定制物流管理软件，或通过发达的信息网络系统，为客户及其他资产型物流企业提供及时有效的物流信息	不需进行物流设施、设备等资产的投资	企业的发展受制于物流专业人才及信息网络技术人才的水平，而且在招聘、培养、留住人才方面有一定的难度

二、第三方物流

（一）第三方物流的含义

"第三方物流"的概念是20世纪80年代中后期由美国物流管理协会首先提出的，它源自管理学中的业务外包，所谓业务外包，是企业利用外部的资源为自己的生产经营服务，将一些物流业务承包给第三方物流企业去完成。

第三方物流是相对于"第一方"发货人和"第二方"收货人而言的，它通过与第一方和第二方的合作提供专业化的物流服务，不拥有商品，不参与商品的买卖，而是为客户提供以合同为约束、以结盟为基础的系列化、个性化、信息化的物流代理服务。

第三方物流使物流从一般制造业和商业等活动中脱离出来，形成能开辟新的利润源泉的新兴的商务活动，在全球范围内得到了蓬勃发展，受到了物流产业界和理论界的广泛关注。尤其是在供应链管理中，企业是选择自营物流服务还是外购物流服务已成为企业不能回避的决策之一。

中华人民共和国国家标准《物流术语》将第三方物流定义为："独立于供需双方，为客户提供专项或全面的物流系统设计或系统运营的物流服务模式。"

（二）发展第三方物流的利与弊

1. 发展第三方物流的正面效应

1）有利于促进物流社会化、专业化

我国长期实行计划经济，生产、流通、消费各环节互相分割，各物流有关行业、部门、企业均自成体系，独立运作的思想理念和运作模式根深蒂固，严重影响物流效率。为此，大力发展第三方物流，是实现物流社会化和专业化的重要手段。作为第三方物流企业，凭借自己专业的设施与设备、先进的信息处理平台、庞大的物流网络及丰富的专业知识和经验，可以有利于提高货主企业的物流水平与效率，从而降低货主企业的成本。

2）有利于企业优化资源配置，发展核心业务

现代物流领域的设施、设备、信息系统等的投入是相当大的，而且由于物流需求的不确定性和复杂性，导致投资有巨大风险。采用第三方物流服务可以避免这些投资风险，实现资源优化配置，将有限的人力、财力集中于核心业务，如产品的研发、市场拓展、工艺改进和产品制造。

3) 有利于减少库存

过去企业往往需要采取高库存的策略，以防止缺货和快速交货，然而，如今借助第三方物流企业策划的物流计划和适时运送手段及强大的信息系统，可以实现以信息换库存，既能减少无效库存数量、缩短库存时间，又能加快存货流动速度，从而最大限度地盘活库存、减少库存、改善企业的现金流量、实现成本优势。

4) 有利于降低物流成本

专业的第三方物流服务提供者利用规模生产的专业优势和成本优势，通过提高各环节能力的利用率节省费用，使企业能从分离费用结构中获益。如采用第三方物流可以为企业节省购买车辆、对物流信息系统等的投资，还节省了有关员工的开支。

5) 有利于提高信息处理和挖掘能力

采用第三方物流服务，可以利用第三方物流的信息技术、信息分析、管理优化的能力，将原始数据转为可指导工作的信息，进而有助于更快地响应市场需求变化，适应产品生命周期越来越短的挑战。

不难看出，使用第三方物流可能给客户企业带来多方面的利益，但这并不意味着使用第三方物流有百益而无一害，事实上，使用第三方物流也存在明显的负面作用。

2. 发展第三方物流的负面效应

1) 降低物流的控制能力

由于企业物流交给第三方物流企业来完成，这样会致使企业对物流的控制力大大降低，具体表现在双方协调出现问题的情况下，可能会出现物流失控的现象，即第三方物流企业不能完全理解并按客户企业的要求来完成物流业务，从而降低客户服务指标；另外，在沟通不充分的情况下，容易产生相互推诿的局面，影响物流的效率。

2) 增加客户关系管理的风险

使用第三方物流服务，客户关系管理存在很大的风险，主要体现在以下两个方面。

第一，削弱了同客户的关系。由于生产企业通过第三方物流企业完成产品的递送甚至售后服务工作，从而大大减少了同客户直接接触的机会，因而减少了直接倾听客户意见和密切客户关系的机会，这对建立稳定的客户关系无疑是非常不利的。

第二，客户资料有被泄密的危险。众所周知，在激烈的市场竞争中，客户就是上帝，客户资料是企业最重要的资源之一，如果客户资料被泄露，其后果是难以想象的。尽管在第三方物流服务关系中，相互对对方的信息保密是重要的合作基础，但信息越是在更多的企业间共享，其泄密的可能性越大，因为第三方物流企业不仅自己要掌握信息，有时候还不得不同众多的第二方物流企业共享客户信息。

3) 增加企业战略机密泄露的危险

物流是企业战略的重要组成部分，从采购渠道的调整到市场策略，从经营现状到未来预期，从产品转型到客户服务策略，第三方物流企业通过执行物流任务得到了相关的信息，然后借助先进的信息处理平台对有关数据进行分析、挖掘，可得到鲜为人知的企业战略秘密，从而大大增加了企业核心战略被泄露的危险。

4) 出现连带经营风险

一般企业会与第三方物流企业建立长期的合作关系，双方一旦合作成功，要解除合作关系往往成本很高。但如果第三方物流因为自身经营不善,可能将直接影响客户企业的经营,特别在和约解除过程中,客户企业要选择新的物流服务商,并建立稳定的合作关系,往往需要很长的磨合期,有的甚至超过半年,在磨合期内,客户企业将不得不面对新服务商因不熟悉产品、信息系统结合不好等造成的服务失败。这种连带经营风险应当引起足够的重视。

总之,第三方物流将凭借规模经营优势、专业化优势、知识人才优势和个性化服务优势,有效地为企业节省投资和费用、减少库存、降低风险、提供增值服务,使货主企业专注主业,增强核心竞争力,全面提升企业形象,平衡优化总成本,从而成为货主企业有效获得竞争优势的重要战略伙伴。

(三) 第三方物流运作模式

1. 传统外包型物流运作模式

传统外包型物流运作模式是第三方物流企业独立承包一家或多家生产商或经销商的部分或全部物流业务。第三方物流企业以契约形式与客户形成长期合作关系,保证了自己稳定的业务量,避免了设备闲置。这种模式以生产商或经销商为中心,第三方物流只完成承包服务,不介入企业的生产和销售计划。

目前我国大多数物流业务就是这种模式,这种模式最大的缺陷是生产企业与销售企业以及与第三方物流之间缺少沟通的信息平台,会造成生产的盲目和运力的浪费或不足,以及库存结构的不合理。

2. 战略联盟型物流运作模式

第三方物流包括运输、仓储、信息等若干经营者,以契约形式结成战略联盟,内部信息共享和信息交流,相互间协作,形成第三方物流网络系统,联盟可包括多家同地和异地的各类运输企业、场站、仓储经营者,理论上联盟规模越大,可以获得的总体效益越大。

在信息处理方面,可以共同租用某信息经营商的信息平台,由信息经营商负责收集处理信息,也可连接联盟内部各成员的共享数据库(技术上已可实现)实现信息共享和信息沟通。联盟内部各实体实行协作,某些票据联盟内部通用,可减少中间手续,提高效率,使得供应链衔接更顺畅。这种方式联盟成员是合作伙伴关系,实行独立核算,彼此间服务租用,因此有时很难协调彼此的利益,在彼此利益不一致的情况下,要实现资源更大范围的优化就存在一定的局限。

3. 综合物流运作模式

第三种模式就是组建综合物流公司或集团。例如上海华宇物流集成物流的多种功能——仓储、运输、配送、信息处理和其他一些物流的辅助功能,组建完成各相应功能的部门,综合第三方物流大大扩展了物流服务范围,对生产商可提供产品代理、管理服务和原材料供应,对经销商可全权代理为其提供配货送货业务,可同时完成商流、信息流、资金流、物流的传递。

综合物流项目必须进行整体网络设计,即确定每一种设施的数量、地理位置、各自承担的工作。其中信息中心的系统设计和功能设计以及配送中心的选址流程设计都是非常重要的问题。综合物流是第三方物流发展的趋势,组建方式有多种渠道,但也容易出现重复建设、资源浪费问题。

小贴士

根据中国仓储协会对国内物流供求状况调查所得，工商企业采用第三方物流的比例较低，只有 20%～30%，远低于欧美国家，说明第三方物流在我国的发展较落后，处于发展初期，呈地域性集中分布，近 80% 的收益都来自长江三角洲和珠江三角洲地区。

 **案例讨论**

宝洁公司削减全球存货

总部位于美国俄亥俄州辛辛那提市的美国宝洁公司(P&G)是世界最大的日用消费品公司之一，全球雇员近 10 万，在全球 80 多个国家设有工厂及分公司，所经营的 300 多个品牌的产品畅销 160 多个国家和地区，其中包括洗发、护发、护肤用品、化妆品、婴儿护理产品、妇女卫生用品、医药、食品、饮料、织物、家居护理及个人清洁用品。

在中国，宝洁的飘柔、海飞丝、潘婷、舒肤佳、玉兰油、护舒宝、碧浪、汰渍和佳洁士等已经成为家喻户晓的品牌。宝洁公司尽管已经建立了家化产品的帝国，仍然居安思危，兢兢业业，在其日常经营活动中坚持以降低存货水平作为降低供应链成本的主要手段。

多年来，与其他企业一样，集制造商、供货商和批发零售商为一身的美国宝洁公司在经营管理方面坚持创新，其中包括积极推行准时货物递交、卖售管理存货活动、增加精确市场预报、市场营销积极应对、制订销售经营规划合作原则等。尽管这些措施卓有成效，甚至促成产品市场营销成绩非凡，却无法从根本上保证存货水平与产品市场供销业绩保持同步，常常发生产品供过于求或者供不应求，甚至出现企业家最不喜欢看到的产品在市场内积压或者脱销等极端情况。

问题就出在传统存货管理的具体操作规范往往十分教条，总是落后于时代发展步伐，尤其是宝洁公司那样的跨国跨洲的全球性企业供应链几乎每周和每月向世界各地延伸和扩大，承包和外包制造商、供应商、批发零售商与日俱增，产品的有效期和多重配送渠道各有不同，因此宝洁公司必须以不断创新的精神，着力重新评估其存货管理程序和操作技术，也就是说，按照市场规律坚持创新改革的存货管理系统，根据需要加大投资，引进物流供应链专业人才和存货管理科学技术设备，其重中之重就是运用电子软件等科学手段最大优化存货。

宝洁公司积极投资和持续扩大信息技术基础设施功能，招聘优秀经营管理人才充实企业机构各个层面，全面汇集、更新、充实和分析供应链存货信息以及市场动态，及时做出反应和正确解决有关存货的各种问题。为此必须做到以下几点。

(1) 突出重点。凡是企业内部和跨企业项目的经营管理均必须集中落实到供应链网络优化；而且重点突出在存货操作上不排斥多层次或者多级别。

(2) 强调清晰。凡是需要解决的存货问题必须首先搞清楚是什么类型，是原材料、零部件、成品、半成品还是其他？或者各项都有？各个项目存货水平的准确数据是什么？应该保持的存货水平是什么？正在处理的存货是否属于存货战略一部分？存货问题属于个案、战略性、战术性、结构性还是政策性问题等，均必须搞清楚。

(3) 确保深度，杜绝肤浅。凡是需要优化经营管理的企业必须确保优化达到一定的深度,因此必要的信息技术、调查分析和抽样检验等操作规程必须跟上,达到必要的标准高度。

(资料来源:宝洁削减全球存货[EB/OL].2018-06-05.[2020-06-11]. http://old.chinawuliu.com.cn/.)

讨论题:

(1) 宝洁公司为什么要优化存货?
(2) 宝洁公司如何优化存货,降低供应链成本?

本章思考题

(1) 物流与商流的关系是什么?
(2) 物流的效用有哪些?
(3) 简述物流成本控制的原则。
(4) 简述控制物流成本的基本思路。
(5) 什么是物流成本的效益背反?试举例说明。
(6) 简述影响物流服务水平的因素。
(7) 简述物流系统的模式。
(8) 企业如何选择第三方物流或自营物流?
(9) 物流企业如何根据自身优势和客户需求选择适当的物流运作模式?

实践课堂

一、构建物流系统

某公司是一家生产休闲食品的企业,生产厂设在上海,但其产品的销售市场主要在乌鲁木齐、西安、昆明、广州、深圳、北京、天津、苏州、杭州、南京、武汉、长沙、哈尔滨、沈阳、大连、长春。

现公司决定重建物流系统,其中要在全国建立三个配送中心,即产品的分拨库,请为其选择节点和线路。

二、选择物流要素

请根据本省的交通情况(全国地图或本省地图),分析该省有哪些地方属于交通枢纽(可作为物流的节点)。

要求:

(1) 地点(具体位置)。
(2) 说明其交通位置(周边线路)的优势。

三、分析物流构成

1) 资料一

明光电子器件厂(长虹的供应商、长虹电视机厂、国美电器城长虹的销售商、消费者购买长虹电视机)。

要求:根据以上资料,请以图的形式描述长虹电视机厂的物流构成。

2) 资料二

北京三元乳品厂、京客隆超市、消费者。

要求：根据以上资料，请以图的形式描述商业企业的物流构成。

3）伊利乳品厂的生产物流流程

原奶通过管道传送到原奶储存罐，传送过程中牛奶的温度在 20 分钟之内从 38℃下降到 10℃，原奶储存罐再将牛奶温度从 10℃ 降到 1~4℃。

牛场检验人员进行微生物、理化检验后，牛奶又从原奶罐通过管道输送到终端奶罐。经再次检验，牛奶从终端奶罐通过管道输送到奶槽车，由奶槽车将牛奶运往工厂，运输过程中，奶槽车将牛奶温度始终保持在 1~4℃。

奶槽车到加工厂经抽检后，将牛奶用管道输送到储奶罐，再次对杂菌抽检，合格后，再将牛奶通过管道传送到加工厂的配料间，进行低温巴氏消毒，然后经由管道传送到包装间，通过自动机器包装，做成一盒盒鲜奶，再经由检验人员进行最后一次抽检，合格后送到仓库，然后装车送到销售点。

要求：根据资料分析伊利乳品厂的生产物流流程，并画出流程图。

四、设计物流方案

位于某地的某学院向某地的图书大厦急购 50 本教材，图书大厦准备从六家物流服务公司中选出一家公司为其完成此派送业务，现向六家公司询价，并要求提出物流解决方案，以确保服务。（假设公司对小件物品不配车辆。）

要求：每组模拟一家物流公司，报出方案。

(1) 公司名称。

(2) 价格（成本、利润，其中利润率不低于 30%）。

(3) 时间。

(4) 实施方案（文字或图进行描述）。

(5) 服务承诺（文字描述）。

(6) 组员名单。

第二章 采购供应管理

◆ 学习目标 ◆

- 了解采购与采购管理的含义,理解采购流程与采购战略。
- 了解供应商的选择途径与考评方法,以及供应商关系管理的意义。
- 掌握采购量的核算方法。
- 熟悉几种典型的采购方法与技术。

【引导案例】

众所周知,公司的根本目标是追求利润最大化,增加利润的方法之一就是增加销售额。假设某公司购进 5 万元的原材料,加工成本为 4 万元,若销售利润为 1 万元,需实现销售额 10 万元。如果将销售利润提高到 1.5 万元而利润率不变,那么销售额就需达到 15 万元。这意味着公司的销售能力必须提高 50%,这是非常困难的。

同理,在加工成本相同的情况下,可以通过有效的采购管理使原材料成本降低为 4.5 万元,节余的 0.5 万元就直接转化为利润,从而同样获得 1.5 万元。即降低 10% 的采购成本相当于增加销售额 50%。

案例导学

采购不同于一般意义上的买卖,上面的案例说明了良好的采购将直接增加公司利润和价值,有利于公司在市场竞争中赢得优势。所以本章从采购、采购管理的基础概念入手,分析采购流程、采购战略、供应商管理、采购方法等内容,最终实现采购成本的降低。

第一节 采购与供应管理概述

一、采购与采购管理的含义

采购是现代企业物流管理、供应链管理中的一个至关重要的环节。

(一) 采购的含义

一般认为,采购是指单位或个人基于生产、销售、消费等目的,购买商品或劳务的交易行为。根据人们取得商品的方式不同,采购可以从狭义和广义两方面来进行区分。

狭义的采购是指以购买的方式,由买方支付对等的代价,向卖方换取物品的行为过程。即所谓的"一手交钱,一手交货"或"银货两讫"。

广义的采购是指以各种不同的途径,包括购买、租赁、借贷、交换等方式,取得物品或劳务的使用权或所有权,以满足使用的需求。对于企业而言,采购是从组织外部获取资源的活动过程。所谓组织外部,就是指涉及市场、供应商及其他企业、组织等主体;所获取的资源是有偿的,包括物料、产品、工程和服务等。

(二) 采购的特征

1. 所有采购都是从资源市场获取资源的过程

无论是生活还是生产,采购的意义就在于能解决所需要但是又缺乏的资源问题。这些资源既包括生活资料,也包括生产资料;既包括物资资源(如原材料、设备、工具等),也包括非物资资源(如信息、软件、技术、文化用品等)。采购的基本功能就是帮助人们从资源市场获取所需要的各种资源。

2. 采购既是一个商流过程,也是一个物流过程

采购就是将资源从资源市场的供应者手中转移到用户手中的过程。在这个过程中,一是要实现将资源的所有权从供应者手中转移到用户手中;二是要实现将资源的物质实体从供应者手中转移到用户手中。前者是一个商流过程,主要通过商品交易、等价交换实现商品所有权的转移;后者是一个物流过程,主要通过运输、储存、包装、装卸、流通加工等手段实现商品空间位置和时间位置的转移,使商品实实在在地到达用户手中。

采购过程实际上是这两个方面的完整结合,缺一不可。只有这两个方面都实现了,采购过程才算完成了。因此,采购过程实际上是商流过程与物流过程的统一。

3. 采购是一种经济活动

采购是企业经济活动的主要组成部分。所谓经济活动,就是要遵循经济规律,追求经济效益。在整个采购活动过程中,一方面,通过采购获取资源,保证企业正常生产的顺利进行,这就是采购的效益;另一方面,在采购过程中也会发生各种费用,这就是采购成本。

要追求采购经济效益的最大化,就要不断降低采购成本,以最少的成本获取最大的效益。而做到这一点的关键就是要努力追求科学采购。科学采购是实现企业经济利益最大化的基本利润源泉。

(三) 采购管理

采购管理是指为保障企业物资供应而对企业采购进货活动进行的管理活动。

1. 采购管理的职能

企业作为国民经济的一个基本细胞,承担着为社会提供产品或服务的功能。但是企业在不断形成自己的产品和服务时,除了企业已有的物力资源外,还需要不断地从市场获取各种资源,特别是各种原料、设备、工具等,这就需要进行采购。而这方面的工作就是由采购管理来承担的。就物资采购的具体职能来说,一方面,它要实现对整个企业的物资供应;另一方面,它是企业联系整个资源市场的纽带。

2. 采购管理的目标

1) 适时适量

适时适量是物资采购非常重要的目标之一。采购适时适量,就是要求采购做到既保证供应,又使成本最小。

2) 保证质量

保证质量是要保证采购的货物能够达到企业生产所需要的质量标准,保证企业生产的都是质量合格的产品。

3) 费用最省

费用最省是物资采购要始终贯穿于方方面面的准绳,在物资采购中的每个环节、每个方面都要发生各种各样的费用,因此在物资采购的全过程中,要运用各种各样的采购策略使总的采购费用最小。

3. 采购管理的内容与过程

企业采购管理的基本任务有三个,一是要保证企业所需的各种物资的供应;二是要从资源市场获取各种信息,为企业物资采购和生产决策提供信息支持;三是要与资源市场供应商建立友好且有效的关系,为企业营造一个宽松有效的资源环境。其中,第一项是最重要、最根本的任务。

为了实现采购管理的基本模式,采购管理需要有一系列的业务内容和业务模式。采购管理的基本内容和模式如图2-1所示。

二、采购流程

(一) 采购流程图

在企业建立一个高效的采购系统是保证市场经营活动正常进行的重要环节。因此,采购流程设计一定要科学合理,反映采购活动内在的逻辑联系,并且为应用现代计算机系统进行管理奠定基础,如图2-2所示。

(二) 采购程序

采购程序通常包括以下九个步骤。

1. 提出需求

任何采购都产生于企业中某个部门的确切的需求。负责具体业务活动的人应该清楚地知道本部门独特的需求:需要什么、需要多少、何时需要。这样,采购部门就会收到这个部门发出的物料需求单。有些采购申请来自生产或使用部门,有些采购申请来自销售或广告部门,对于各种各样办公设备的采购要求则由办公室的负责人或公司主管提出。

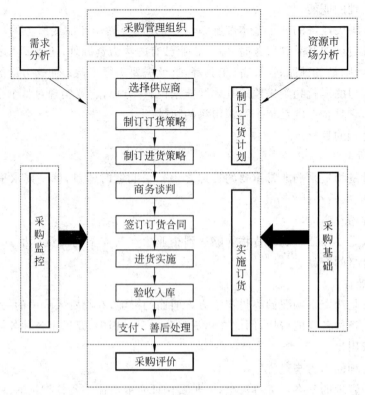

图 2-1 采购管理的基本内容和模式

通常,不同的采购部门会使用不同的请购单,如表 2-1 及表 2-2 所示。

表 2-1 企业请购单

编 号	年 月 日	共 1 页
FNJ0202		第 1 页

项次	料号	品名规格	单位	单价	金额	备注

表 2-2 企业的成批请购单

产品名称	生 产 数 量				开 工 日 期		
项次	请购材料	单位用量	标准用量	库存量	供应本批数量	请购数量	核准数量	备注

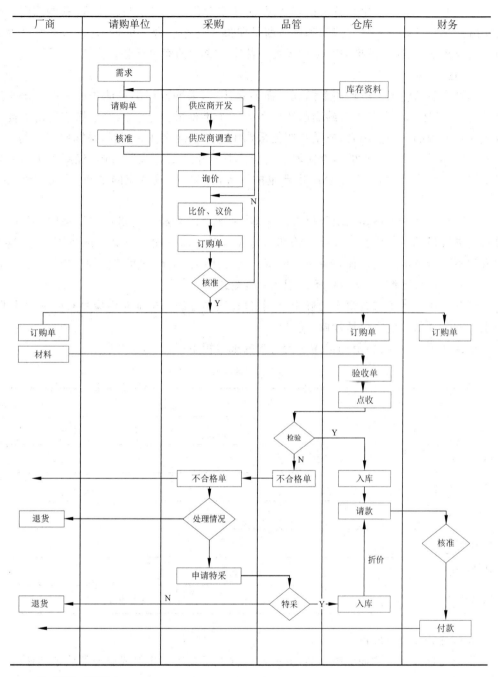

图 2-2 采购流程图

采购部门还应协助使用部门预测物料需求。采购部经理不仅应要求需求部门在填写请购单时尽可能采用标准化格式以及尽可能少发特殊订单,而且应督促其尽早地预测需求,以免出现太多的紧急订单。

由于未了解价格变化和整个市场状况,为了避免供应终端的价格上涨,采购部门必须要发出一些期货订单。采购部门和供应商早期参与合作会带来更多的信息,从而可以避免或削减成本,加速产品推向市场的进度并能带来更大的竞争优势。

2. 描述需求

如果采购部门不了解使用部门到底需要些什么,采购部门不可能进行采购。出于这个目的,就必然要对需要采购的商品或服务有一个准确的描述。准确地描述所需的商品或服务是采购部门和使用者,或是跨职能采购团体的共同责任。同时,采购部门和提出具体需求的部门在确定需求的早期阶段进行交流具有重要的意义。否则,轻则由于需求描述不够准确而浪费时间;重则会产生严重的财务后果并导致供应的中断、公司内部关系恶化。

由于在具体的规格要求交给供应商之前,采购部门是经手的最后一个部门,因此,需要对它进行最后一次检查。如果采购部门的人员对申请采购的产品或服务不熟悉,这种检查就不可能产生实效。任何关于采购事项的描述的准确性方面的问题都应该请采购者或采购团队进行咨询,采购部门不能想当然地处理。

采购的成功始于采购要求的确定,应制订适当的办法来保证对供应品有明确的要求,更重要的是让供应商完全地理解。

在很多企业中,物料单是描述采购需求的最常用单据,如表2-3所示。

表 2-3 物料单

物　料　单	
日　　期	
编　　号	
金　　额	
需求描述	
申请部门	
特殊说明	
需求日期	申请人签字

3. 选择和评估供应商

供应商选择是采购职能中重要的一环,它涉及了高质量物料或服务的确定和评价,企业应选择信誉好且产品质量、交货期等有保证的供应商,并开始和供应商联系。

4. 确定价格和采购条件

这是采购的关键,表2-4所示为企业产品询价单的样本。价格洽谈的过程是一个反复的讨价还价的过程,并就质量、数量、交货期、货款支付方式、违约责任等进行洽谈,在互利共赢的基础上签订采购合同,实现成交。

表 2-4　产品询价单

产品询价单	编号：

单位　　　先生：
1. 本公司因业务需要拟向贵公司洽购下列物品(见附件)，请速予报价以作进一步联系。
2. 来函或来电请至本公司采购部电话，并请惠示贵公司联络人员及电话。
3. 附件：(含物品名称、数量及品检说明)

　　　　　　　　　　　　　　　　　　　　　　　××公司采购部
　　　　　　　　　　　　　　　　　　　　　　　　年　月　日

5. 发出采购订单

对报价进行分析并选择好供应商后，就要发出订单，具体格式如表 2-5 所示。

表 2-5　企业订购单

编号	订购单	共 1 页
FNJ0203		第 1 页

年　月　日						
厂商：				地址		
电话：				请购单号		
项　次	材料编号	品名及规格	单　位	数　量	单　价	合　计
交货日期						
交货地点						
注意事项						

6. 跟单和催货

采购订单发给供应商之后，采购部门应对订单进行跟踪和催货。企业在采购订单发出时，同时会确定相应的跟踪接触日期，一些企业甚至会设一些专职的跟踪和催货人员。

跟单是对订单进行的例行跟踪，以便确保供应商能够履行其货物发运的承诺。如果产生了问题，例如质量或发运方面的问题，采购方就需要对此尽早了解，以便及时采取相应的行动。跟踪需要经常询问供应商的进度，有时甚至有必要到供应商那里去走访。通常，为了及时获得信息并知道结果，跟踪是通过电话进行的；现在，一些公司也使用由计算机生成的简单表格，以查询有关发运日期和在某一时点采购计划完成的百分比。

催货是对供应商施加压力，以便对方按期履行最初所做出的发运承诺、提前发运货物或加快已经延误的订单涉及的货物发运。催货应该只是用于采购订单中的一小部分，因为如果采购部门对供应商能力已经做过全面分析，那么被选中的应该是那些能遵守采购合约的、可靠的供应商。而且，如果公司对其物料需求已经做了充分的计划工作，如果不是特殊情况，就不必要求供应商提前发运货。

7. 货物的验收

采购合同上应明确产品验证体系，该验证体系应在采购合同签订之前由供应商和采购方达成协议。下列方法的任何一种均可用于产品验证。

(1) 采购方信赖供应商的质量保证体系。

(2) 供应商提交检查检验数据和统计的流程控制记录。

(3) 当收到产品时由采购方进行抽样检查或检验。

(4) 在发送前或在规定的流程中由采购方进行检查。

(5) 由独立的认证机构进行认证。

采购方必须在采购合同上明确指出最终用户是否在供应商的场地进行验证活动，供应商应提供所有设施和记录来协助检验，如表 2-6 所示。

表 2-6 材料检验报告表

材料编号	收料单编号	品名规格	检验部门	质量规范编号	送验编号
检验项目					
检验标准					
检验结果					
说明					
采购处理结果	经理批示	厂(处)长意见		资材部门说明	

8. 支付货款

发票要由采购部门来核查，因为采购部门是交易最初发生的地点，如果有什么差错，采购部门可以立即采取行动。

9. 记录

经过以上所有步骤以后，对于一次完整的采购而言，剩下的就是更新采购部门的记录。这一步就是把采购部门与订单有关的文件副本进行汇集和归档，并把企业想保存的信息转化为相关的记录，如表 2-7 所示。

表 2-7 进货记录表

编号	料号	品名规格	厂商	数量	消单	备注

三、采购战略

(一) 采购战略的含义

采购战略规划是指采购部门为了实现企业的整体战略目标,在充分分析企业所处的外部宏观环境和供应商所处行业环境以及企业内部微观环境的基础上,确定采购管理目标,制定采购战略并组织实施的一个动态管理过程。

这一概念强调两点:采购战略是全过程管理,不仅涉及战略的制定与规划,而且要对战略实施过程进行有效管理;采购战略的实质是变革,因此它不是静态的、一次性管理,而是根据外部环境的变化和内部条件的改变,不断进行创新的动态管理过程。

> **小贴士**
>
> 战略一般分为三个层次:企业总体战略、经营(事业部)战略和职能战略。采购战略属于职能战略,它为企业总体战略目标的实现提供支持和保障。

(二) 采购战略的制定过程

企业采购战略制定是一个基于构建采购管理理念,确定采购目标,选择采购策略,最终形成采购战略规划的过程。

1. 确立采购管理理念

理念即企业的经营哲学,是指企业为其经营活动方式所确立的价值、信念和行为准则。采购管理理念是企业为采购管理工作确立的价值观。一般用一句或几句话,简洁明了地概括表达采购工作的地位或希望达到的境界等,主要体现在以下三个层面上:供应管理的基本立足点——存在的意义;组织运作的基本方针——行动的方式;采购管理所提供的价值——具备独特的能力。

2. 树立采购战略目标

采购战略目标是采购管理部门的经营管理活动在一定时期内要达到的具体指标,包含采购目的、衡量实现采购目的的具体指标、应该实现的采购指标、实现采购目标的时间表四个方面。

企业战略目标是一个体系,采购目标只是其中的一环,所以必须与总体战略协调,同时,还要进一步分为长期目标和具体目标。通常,长期目标主要突出企业采购管理的战略重点和方向性问题,例如开发并优化供应网络体系、以最低的成本采购保质保量的物品、加强供应链管理、提高采购的柔性和建立并保持高水平的采购队伍等。

企业的采购供应实践活动为我们提供了一系列的管理范式,我们应向这些世界级企业看齐,逐步缩小与它们的差距,制定较高水准且切实可行的采购战略目标。表 2-8 所示为简单地对一般企业和世界级企业做了一些采购战略目标上的比较。

表 2-8 一般企业和世界级企业采购战略目标比较

项　目	一 般 企 业	世界级企业
每个采购商的供应商数目	34	5
采购成本占采购的比例/%	3.3	0.8

续表

项　　目	一般企业	世界级企业
采购的交货时间/周	15	8
订货所花的时间/分钟	42	15
送货延误的比例/％	33	2
废弃材料的比例/％	1.5	0.0001
每年短缺的数目	400	4

3. 制定采购战略策略

企业为实现采购战略目标需要制定相应的采购策略,包括采购物品战略定位、自制与外购决策、供应商发展战略、采购成本战略、采购人员发展战略等。在采购战略的制定过程中,以下问题需要采购部门主动解决。

(1) 采购成本模型和物料结构的优化。

(2) 供应商的选择和管理。

(3) 新物流技术在企业的应用。

(4) 政治环境和商业环境对采购的影响。

(5) 跨国采购中的货币和关税的风险管理。

(6) 供应链的价值分析(成本、质量、效率和服务的平衡)。

(7) 电子商务在供应链管理中的应用。

(8) 避免物流活动中的环境污染。

4. 执行采购战略方案

最后所制定的采购策略还要转换成行动计划,即执行方案。该方案一般采取列表的方式,包括工作内容及目标、量化指标、时间进度安排和行动负责人等。

一个完整的采购战略规划体系从理念、目标、策略、方案自上而下,从定性到定量,从抽象到具体。采购管理理论是规划的起点,而执行方案是规划的最终具体落实。采购战略规划体系分为理念、目标、策略、方案四个层次。

5. 评价采购战略规划方案

从企业的业务环境入手,通过采购数据的整理和分析,找出问题点,结合已经具有高度先进性的优秀企业实践和每个企业独有的内部环境,提出改进建议,然后根据改进项目的优先级和实施的难易程度,以及项目的效益进行分析,最终确定采购管理变革的实施建议和进程。

(三) 采购战略的选择

1. 采购物品战略定位

企业所需采购的物品很多,对于大中型企业来说,可能有成千上万物品。若采取相同的方法来管理,就要考虑最复杂和最困难的情况,从而采取最繁杂的管理方法,进而加大了采购环节的管理成本。为了保证生产经营活动的顺利进行,又要尽可能降低采购成本,应依据物品在企业中的重要性和对供应商的依赖性进行战略定位,其分类模型如图 2-3 所示。

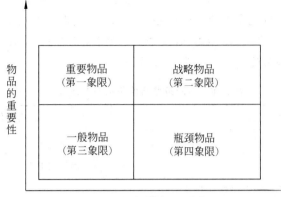

图 2-3 采购物品的定位模型

从图 2-3 中可以看到,各种物品根据其重要性和依赖性的高低分成四类:战略物品、重要物品、一般物品和瓶颈物品。

第一象限是低风险和复杂度及高价值的物资,将其定义为重要物品,这类物品需要扩大寻源范围,通过招标降低采购成本。

第二象限物品是高风险和复杂度及高价值的,将其定义为战略物品,这类物资需要和少数关键供应商结成战略性合作关系,实现采购总成本的优化。

第三象限是低风险、简单且低价值的一般物品,可以通过标准化和自动化的采购流程简化采购过程,降低采购成本。

第四象限是高风险和复杂度且低价值的物品,称其为瓶颈物品,对于瓶颈类物品有两种解决办法,一是不断开发新的供应商;二是修改自己的需求,将这类瓶颈物品转化为其他物品。

在以上四类物品中,战略物品是企业采购战略的重点。这四类物品的特点及供应策略如表 2-9 所示。

表 2-9 各类物品的特点及供应策略

项　目	战 略 物 品	重 要 物 品	一 般 物 品	瓶 颈 物 品
物品特点	价值高、质量要求高	价值较高、数量多	价值低、数量较多	价值较低、数量少
物品类型	主机、部件	原材料	零件、办公用品	辅料、配件
采购战略	一体化、联盟	长期合作伙伴	一般交易关系	一般交易关系
管理特点	供应链管理	目标价格管理	管理成本最小化	替代、备用方案
供应商数目	少	较多	很多	极少
采购方式	远期合同	集中竞价	网上采购、间接采购	远期合同
库存水平	中等或零库存	较低	低或零库存	较高

2. 自制策略与外购策略

自制与外购决策是生产企业采购战略中的重要决策内容。生产企业在开发生产新产品时,或自身生产能力和成本改变时,或供应商的竞争能力和成本改变时,需要进行自制与外购决策。这项决策首先要同企业的核心业务相适应,同企业的总体战略相适应;还要受产品技术水平、工艺水平、生产能力、开发能力、投资能力、与供应商关系等诸多因素的影响。自制策略与外购策略的比较如表 2-10 所示。

表 2-10　自制策略与外购策略的比较

自制策略的优势	外购策略的优势
避免了与供应商的交易费用	减少库存成本
便于生产流程的协调	保证可替代资源
利用剩余人力和设备资源做出边际效益	致力于企业的核心业务
获得稳定的质量	降低投资风险
增加或保持企业规模	有利于获得规模效益
专门设计商业机密不易泄漏	易于增强效率和创新性

随着专业化程度的提高,越来越多的企业将精力集中在自己的核心业务上。特别是随着经济全球化、技术现代化进程的加快,外购的比例呈现不断扩大的趋势。

第二节　供应商选择与管理

一、供应商管理的概念

供应商对企业的物资供应起着非常重要的作用,采购管理就是直接和供应商打交道,从供应商那里获得各种物资,因此采购管理的一个重要工作是要搞好供应商管理。

供应商管理是对供应商的了解、选择、开发、使用和控制等综合性的管理工作的总称。其中,了解是基础,选择、开发、控制是手段,使用是目的。供应商管理的目的,就是要建立一个稳定可靠的供应商队伍,为企业生产提供可靠的物资供应。

从传统的供应商管理发展到现代供应商管理,企业在供应商管理方面有了很大的创新。在对物流管理越来越重视的今天,优秀的企业将供应商管理提高到战略的高度,并且在实践中不断寻求更好的方法。传统供应商管理与现代供应商管理的比较如表 2-11 所示。

表 2-11　传统供应商管理与现代供应商管理的比较

比较内容	传统供应商管理	现代供应商管理
供应商数目	多数	少数
供应商关系	短期的买卖关系	长期的合作伙伴关系
企业与供应商的沟通	仅限于采购部与销售部之间	双方多部门沟通
信息交流	仅限于订货、收货信息	共享众多信息

续表

比较内容	传统供应商管理	现代供应商管理
价格谈判	尽可能低的价格	适宜的价格,更多的选择标准
供应商选择	凭采购员经验	完善的程序和战略标准
供应商对企业的支持	基本没有	有
企业对供应商的支持	基本没有	有

二、供应商管理的内容

1. 供应商初选

依据供应商的一些基本信息,如市场信誉度、合作的意愿、财务状况、地理位置等基本因素,对已有的和潜在的供应商进行分析并分类,以识别关键供应商。

2. 供应商审核

在初选的基础上,依据一定的审核标准对选定的供应商做进一步的认定审核。

3. 供应商考评

供应商考评是一项很重要的工作。它分布在各个阶段:在供应商的选择过程中需要考评;在供应商的使用阶段也需要考评,不过每个阶段考评的内容和形式并不完全相同。

4. 供应商关系管理

建立不同层次的供应商网络,通过减少供应商的数量,致力于与关键供应商建立合作伙伴关系。

三、供应商选择的方法与对策

(一)供应商选择的方法

1. 直观判断法

直观判断法根据调查了解各供应商情况,通过征询意见、经验判断、综合分析来选择供应商。这种方法较易掌握,但缺乏定量分析,所以一般还应与其他方法一起使用。

2. 综合评分法

综合评分法即合理规定各选择标准的权数,然后根据统计资料,分别计算各准供应商相关因素的得分,选择其中得分最高者。

3. 采购成本比较法

当准供应商的产品质量和交货时间都能满足采购企业的要求时,便可进行采购成本比较,即分析不同的价格和采购中各项费用支出,从中选择采购成本最低的为最佳供应商。

4. 招标法

招标法由采购企业提出采购(招标)条件,各供应商进行竞标,然后采购企业决标,与提出最有利条件的供应商签订购销协议。一般在采购数量大、供应企业多时采用这种方法选择最佳供应商。招标可以是公开的,也可以是指定竞争招标。公开招标对投标者的资格不予限制;指定竞争招标则由采购企业预先选择若干供应商,再进行竞标和决标。招标法竞争性强,采购企业能在更广泛的范围内选择供应商,获得有利的供应条件。

5. 协商选择法

协商选择法由采购企业先选出供应条件较为有利的几个供应商,同他们分别进行协商,再确定合适的供应者。一般在可供单位较多、采购企业一时难以抉择时,采用此方法。和招标法比较,协商选择法因双方能充分协商,在产品质量、交货日期和售后服务等方面有保证,但由于选择范围有限,不一定能得到最便宜、供应条件最有利的供应来源。当采购时间紧迫、投标单位少、竞争劲头小时,协商选择法比招标法更为合适。

(二)供应商选择过程中常见的问题与对策

供应商选择过程中常见的问题与对策如表 2-12 所示。

表 2-12 供应商选择过程中常见的问题与对策

问 题 点	对 策
缺乏有系统、有计划的制度	宜先建立一套开发供应商的标准作业办法、流程及计划
选择供应商时间过长	建立或落实开发供应商的时限或家数
缺乏有组织性的开发供应商	宜设立专责人员推动组织,并由主办单位召集相关各方共同协办与参与
"多头马车"或缺乏客观的开发供应标准	指定主办单位并制定供应商的评选标准
缺乏开发供应商的正确观念	宜规划教育训练,进行全员共识建设
开发供应商的人员专业性不足	加强专业的访查技能训练
供应商的情报不足	建立供应商情报收集及管理系统,定期检查及更新
采购人员不会自动开发供应商,只求工作轻松,抱着"多做多错,少做少错,不做不错"的心态	灌输"多做不错,不做大错"观念,并设定开发供应商的目标
对供应商开发的产品,觉得不适用,需学习说"不"的艺术	建立公开、公平、公正的原则和奖惩办法

 **相关链接**

波导对供应商的选择

波导股份有限公司一直致力于选择最好的供应商。如某供应商是给 MOTO、诺基亚长期供货的,波导尽量与他接触,使其能够为波导供货。但要选择一家完全符合波导心意的供应商,其过程也是艰辛的。

"我们一直在寻找行业里面前三名的供应商来供货,这是波导的一个硬性指标。"有了硬性指标,才有产品质量。选好一家供应商后,波导并不马上与其签订协议,而是要了解该供应商以往与别的手机厂家合作时的商业信誉,以及其自身的资质,其中包括质量体系、供货能力等方面的因素,然后才进行评估考核。

在初步符合波导的要求后,供应商会给波导递交样本,进入小规模试用期,合格后再进入批量试用期。在完全符合这些环节之后,双方才会确立长期的合作项目。

"我们在选择供应商、给他们提要求的同时,反过来也给他们一定的承诺。"如果双方合作得好,就会形成长期的战略合作关系。特别是一些主要的供应商,波导会把很大的采购业务交给他们。这样就避免了竞争对手要采购同样的产品时供应商优先满足他们,从而给波导造成损失。

一般情况下,波导会把采购总量的60%～70%交给主要的长期供货商。波导会把所有符合其标准的元器件供应商集中到一起进行选择,选择标准包括了手机功能、产品的质量保证体系、系统稳定、供货能力等方面。

(资料来源:佚名. 供应商选择与管理[EB/OL]. 2017-10-17.[2019-09-26].https://wenku.baidu.com.)

四、供应商的考评

供应商的考评是指对现有供应商(签订正式合同之后)的日常表现进行定期监控和考核,这种考核应当比试运作期间更全面。传统对供应商的考评工作,一般只停留在对重要供应商的来货质量进行定期检查,没有一整套的规范和程式。

一般来说,供应商的考评主要依据以下四个指标。

(一)质量指标

产品质量是用来衡量供应商的最基本的指标。每一采购方在这方面都有自己的标准,要求供应商遵从。产品质量的检查可采用全检或抽检的方式。供应商质量指标主要包括来料批次合格率、来料抽检缺陷率、来料在线报废率、供应商来料免检率等,现分别叙述如下。

$$来料批次合格率 = \frac{合格来料批次}{来料总批次} \times 100\%$$

$$来料抽检缺陷率 = \frac{抽检缺陷总数}{抽检样品总数} \times 100\%$$

$$来料在线报废率 = \frac{来料总报废数(含在线生产时发现的)}{来料总数} \times 100\%$$

$$来料免检率 = \frac{来料免检的种类数}{该供应商供应的产品总种类数} \times 100\%$$

其中,以来料批次合格率最为常用。

此外,也有一些公司将供应商质量体系纳入考核。例如,如果供应商通过了ISO 9000质量体系认证或供应商的质量体系审核达到某一水平则为其加分,否则不加分。

还有一些公司要求供应商在提供产品的同时也要提供相应的质量文件,如过程质量检验报告、出货质量检验报告、产品成分性能测试报告等,并按照供应商提供信息完整、及时与否给予考评。

(二)供应指标

供应商的供应指标是评价供应商的交货表现及其管理水平的指标,其中最主要的是准时交货率、交货周期、订单变化接受率等。

1. 准时交货率

$$准时交货率 = \frac{按时按量交货的实际批次}{订单确认的交货总批次} \times 100\%$$

2. 交货周期

交货周期是指自订单开出之日到收货之时的时间长度,一般以天为单位来计算。

3. 订单变化接受率

订单变化接受率是衡量供应商对订单变化反应灵敏度的一个指标,是指在双方确认的交货周期中供应商可接受的订单增加或减少的比率。订单变化接受率公式为

$$订单变化接受率 = \frac{订单增加或减少的交货数量}{订单原定的交货数量} \times 100\%$$

(三) 经济指标

供应商考核的经济指标主要是考虑采购价格与成本。与质量指标和供应指标不同的是,经济指标往往都是定性的,难以量化,而前两者则是量化的指标。下面介绍经济指标的具体考核点。

(1) 价格水平。企业可以将自己的采购价格与本企业所掌握的市场行情比较或根据供应商的实际成本进行判断。

(2) 报价行为。主要包括报价是否及时,报价单是否客观、具体、透明。

(3) 降低成本的态度与行动。供应商是否自觉自愿地配合本公司或主动地开展降低成本活动,制订成本改进计划、实施改进行动,是否定期与本公司审查价格等。

(4) 付款。供应商是否积极配合、响应本公司提出的付款条件、付款要求以及付款办法,供应商开出付款发票是否准确、及时,是否符合有关财税要求。有些单位还将供应商的财务管理水平与手段、财务状况以及对整体成本的认识也纳入考核范围。

(四) 配合度指标

同经济指标一样,考核供应商在配合度方面的表现通常也都是定性的考核,一般来说可以每个季度一次,而质量指标与供应指标往往每月考核一次。配合度指标考核的内容主要有反应与沟通、合作态度、参与本公司的改进与开发项目、售后服务等。

(1) 投诉灵敏度。供应商对订单、交货、质量投诉等反应是否及时、迅速,答复是否完整,对退货、挑选等要求是否及时处理。

(2) 沟通。供应商是否派出合适的人员与本公司定期进行沟通,沟通手段是否符合本公司的要求。

(3) 合作态度。供应商是否将本公司看成重要客户,供应商高层领导或关键人物是否重视本公司的要求,是否经常走访本公司,供应商内部沟通协作(如市场、生产、计划、工程、质量等部门)是否能整体理解并满足本公司的要求。

(4) 共同改进。供应商是否积极参与或主动提出与本公司相关的质量、供应、成本等改进项目或活动,是否经常采用新的管理做法,是否积极组织参与本公司共同召开的供应商改进会议、配合本公司开展的质量体系审核等。

(5) 售后服务。供应商是否主动征询顾客意见,是否主动走访本公司,是否主动解决或预防问题发生,是否及时安排技术人员对发生的问题进行处理。

(6) 参与开发。供应商是否主动参与本公司的各种相关开发项目,参与本公司的产品或业务开发过程中表现如何。

(7) 其他支持。供应商是否积极接纳本公司提出的有关参观、访问、实地调查等事宜,是否积极提供本公司要求的新产品报价与送样,是否妥善保存与本公司相关的机

密文件等以免泄露,是否保证不与影响到本公司切身利益的相关公司或单位进行合作等。

 **相关链接**

红星公司是一家生产制造型公司,在工作中,公司逐渐意识到材料的价格已不再是决定供应商或评价供应商的唯一因素。许多非价格因素如售后服务、质量、技术等也影响着整体成本和效率,于是企业采购部重新制定对供应商的考评方案,具体如下。

1. 考核项目及分值比例(满分 100 分)

考核项目及分值比例为:品质 40 分,交期 25 分,价格 10 分,服务 10 分,退货交换 10 分,其他 5 分。

2. 评分办法

1) 品质考评

根据进料验收的批次合格率评分,每个月进行一次。

$$进料批次合格率 = \frac{检验合格批数}{总交验批数} \times 100\%$$

$$得分 = 40 \times 进料批次合格率$$

2) 交期考评

由采购部依照订单规定的交货日期进行评分,方式如下。

(1) 如期交货得 25 分。

(2) 延迟 1~2 日每批次扣 2 分。

(3) 延迟 3~4 日每批次扣 5 分。

(4) 延迟 5~6 日每批次扣 10 分。

(5) 延迟 7 日以上不得分。

本项得分以 0 分为最低分。采购部每月将同一供应商当月各批订单交货评分进行平均,得出该月的交期考评得分。

3) 价格考评

由采购部根据供应商的价格水准评分,方式如下。

(1) 价格公平合理,报价迅速得 10 分。

(2) 价格尚属公平,报价缓慢得 8 分。

(3) 价格稍微偏高,报价迅速得 6 分。

(4) 价格稍微偏高,报价缓慢得 3 分。

(5) 价格很不合理或报价十分低效得 0 分。

4) 服务考评

(1) 诚意改善 8 分。

(2) 尚能诚意改善 5 分。

(3) 改善诚意不足 2 分。

(4) 置之不理 0 分。

5) 退货交换行动评分

由采购部对不良退货交换行动评分如下。

(1) 按期更换 7 分。
(2) 偶尔拖延 5 分。
(3) 经常拖延 2 分。
(4) 置之不理 0 分。
6) 其他评鉴
满分 5 分。

3. 考评办法

供应商之考评每月进行一次。将各项得分汇入《供应商考评表》(见表 2-13)，并合计总得分。每半年平均一次厂商得分，计算方式为

$$半年平均得分 = \frac{每月得分总和}{考评月数}$$

表 2-13 供应商考评表

厂商名称				厂商编号			
地址				采购材料			
考评项目	品质考评	交期考评	价格考评	服务考评	退货考评	其他	合计得分
月							
月							
月							
月							
月							
得分总和		平均得分			考评等级		
处理意见:							

主管：_____   采购：_____

4. 考评分等

供应商考评等级划分如下。
(1) 平均得分 90.1～100 分者为 A 等。
(2) 平均得分 80.1～90 分者为 B 等。
(3) 平均得分 70.1～80 分者为 C 等。
(4) 平均得分 60.1～70 分者为 D 等。
(5) 平均得分 60 分以下者为 E 等。

5. 考评处理

(1) A 等厂商为优秀厂商，予以付款、订单、检验之优惠奖励。
(2) B 等厂商为良好厂商，由采购部提请厂商改善不足。
(3) C 等厂商为合格厂商，由品管、采购等部门予以必要之辅导。
(4) D 等厂商为辅导厂商，由采购等部门予以辅导，3 个月内未能达到 C 等以上予以淘汰。

(5) E 等厂商为不合格厂商,予以淘汰。

被淘汰厂商如欲再向本公司供货,需再经过供应商调查评估。

五、供应商关系管理

(一)供应商关系的分类

由于企业的资源是有限的,必须将供应商关系分为不同的类别,根据供应商对本公司企业经营影响的大小设定优先次序,因此区别对待,以利于集中精力重点改进、发展对企业最重要的供应商。供应商关系管理的基础是供应商分类,企业与供应商之间的关系大致可以分为五种,即短期目标型、长期目标型、渗透型、联盟型、纵向集成型。

1. 短期目标型

短期目标型的主要特征是双方之间是交易关系,虽然彼此希望能保持比较长期的买卖关系,但双方所做的努力只停留在短期的交易合同上,各自关注的是如何谈判,如何提高谈判技巧,不使自己吃亏,而不是如何改善自己的工作,使双方都获利。供应方能提供标准化的产品或服务,保证每一笔交易的信誉。当买卖完成时,双方关系也终止了。对于双方而言,只有业务人员和采购人员有联系,其他部门人员一般不参与。

2. 长期目标型

长期目标型的特征是建立一种长期合作伙伴关系,双方的工作重点是从长远利益出发,相互配合,不断改进各自的工作,提高产品质量与服务质量,并在此基础上建立超越买卖关系的合作。例如,由于是长期合作,可以对供应商提出新的技术要求,而如果供应商目前还没有这种能力,采购商的技术创新和发展也会促进企业产品改进,所以这样做有利于企业长远利益。

3. 渗透型

渗透型是在长期目标型基础上发展起来的。其管理思想是把对方公司看成自己公司的一部分。有时甚至会通过互相投资、参股等措施,以保证双方派员加入对方的有关业务活动,以便更好地了解对方的情况。

在这种形式下,供应商可以了解自己的产品在对方公司中是怎样起作用的,因而容易发现改进的方向;而采购方也可以知道供应商是如何制造的,对此可以提出相应的改进要求。

4. 联盟型

联盟型是从供应链角度提出的。它的特点是从更长的纵向链条上管理成员之间的关系。在难度提高的前提下,要求也相应提高。另外,由于成员增加,往往需要一个处于供应链上核心地位的企业出面协调成员之间的关系,这个企业常常被称为"盟王"。

5. 纵向集成型

纵向集成型是把供应链上的成员整合起来,像一个企业一样,但各成员是完全独立的企业,决策权属于自己。这种形式被认为是最复杂的关系类型,要求每个企业充分了解供应链的目标、要求,以便在充分掌握信息的条件下,自觉做出有利于供应链整体利益的决策。

(二)供应商关系的演变

企业同供应商之间的关系是不断演变的。一般来说,战略伙伴关系、战略联盟关系、双赢关系的形成都要经过从简单的买卖关系逐步走向共同成长、共同发展的战略合作关系这一过程。表 2-14 所示描述了供应商关系的演变阶段。

表 2-14 供应商关系的演变阶段

关　　系	竞争对手(20世纪60—70年代)	合作伙伴(20世纪80年代)	探索/全球平衡(20世纪90年代)
市场特点	许多货源,大量存货,买卖双方是竞争对手	合作的货源,少量存货,买卖双方互为伙伴,实现"双赢"	市场国际化,不断调整双方的伙伴关系,在全球经济中寻找平衡与发展
采购运作	以最低的价格买到所需产品	采购总成本最低 供应商关系管理 整体供应链管理 供应商参与产品开发	供应商策略管理 "上游"控制与管理 共同开发与发展 供应商优化 信息、网络化管理 全球"共同采购"

(三)供应商关系管理的意义

企业与供应商建立战略伙伴关系,是指存在于客户及其供应商之间的、双方合作的、长期的产品交易关系。这是一种基于相互信任,通过彼此间的信息沟通,实现风险共担和利润共享的一种企业合作关系,双方通过精诚合作所产生的利润比各自独立运作所产生的利润大,因而,这是一种双赢的企业营运策略。

1. 与供应商建立战略伙伴关系的积极意义

1) 有利于企业提高生产效率

通过上、下游企业间的合作或合并,使企业在生产、销售、采购、控制和各个领域都获得经济效益,或节约成本。

2) 有利于提高经济效益

战略伙伴关系通过把完全的市场交易行为转变为两个企业组成的统一体系的内部交易,有助于双方通过内部控制和内部协调提高企业运营的经济效益。

3) 有利于降低交易成本

通过联盟,双方可以分摊收集、分析信息的成本,能够减少双方在销售、定价、谈判以及市场交易等方面的部分成本。此外,稳定的关系使得双方可以集中精力发展各自的核心技术,提高产品质量,促使企业获得更高的效益。

4) 有利于实现准时化采购

供应商与制造商的伙伴关系对于准时化采购的实施非常重要,只有建立良好的供需合作关系,准时化采购策略才能得以彻底贯彻落实,并取得预期的效果。

2. 与供应商建立战略伙伴关系的负面影响

尽管战略伙伴关系有如上所述的积极作用,但是也有可能会带来一定的负面影响。

1) 关系交易容易产生机会主义行为

供方和买方在许多备选企业中选择对方,形成事后的双边垄断。

2) 关系交易容易产生道德风险

长期的合作关系,会使企业面临被敲竹杠、套牢以及道德风险等问题。例如,长期的供应关系中,企业容易认为供应商太无变化,或者是与自身的想法一致,而不再使他们增值等。

(四)供应商关系管理的内容

以上内容分析了企业与供应商建立战略伙伴关系的价值和负面影响,但是在当今的经济活动中,企业与供应商的关系已经远远突破了交易的层面。众多企业把供应商作为企业资源的一部分进行管理,以实现供应链整体的成本最低、收益最大。成功地与供应商进行协作是对企业能力的一种支持,并使二者由于优势互补产生"1+1>2"的效果,从而提高整个供应链的整体效率。

企业要建立与供应商的关系,也是关系营销的必然趋势。在与供应商的关系上,企业应做好以下五个方面的工作。

(1)在生产上帮助供应商。
(2)与供应商保持信息的沟通。
(3)让供应商参与产品设计。
(4)建立联合的任务小组,解决共同关心的问题。
(5)对供应商实施有效的激励措施。

第三节 采购量的核算

采购数量只表示某一物料在某时期应予订购的总量,至于某一物料在某时期应如何订购,下面将做进一步的说明。

一、定期订货法

(一)定期订货法的含义

进口的物料以及少数价值很高的国内采购物料,可以选择每季、每月或每周订购一次,这称为定期订货法。这种方法在使用上必须能够对物料未来的需求数量做出正确的估计,以避免存货过多,造成资金积压。订购批量计算公式为

订购批量=订购周期销售量+备运时间销售量+保险储备量-现有库存量-已订未交量
=(订购周期天数+平均备运天数)×平均一日需要量+保险储备量
-现有库存量-已订未交量

(二)定期订货法的原理

定期订货法是以时间为基础的订货控制方法。它设定订货周期和最高库量,从而达到控制库存量的目的。只要订货间隔期和最高库存量被合理地控制,就可能达到既保障需求、合理存货,又可以节省库存费用的目标。

定期订货法的原理如下:预先确定一个订货周期和最高库存量,周期性地检查库存,根据最高库存量、实际库存、在途订货量和待出库商品数量计算出每次订货批量,发出订货指令,组织订货,如图 2-4 所示。

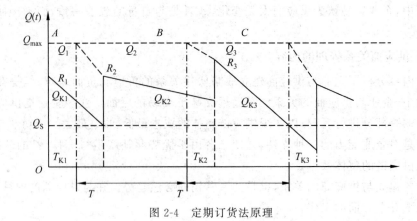

图 2-4 定期订货法原理

图 2-4 中表示的是定期订货法在一般情况下库存量是如何变化的：$R_1 \neq R_2 \neq R_3 \neq \cdots$，$T_{K1} \neq T_{K2} \neq T_{K3} \neq \cdots$，在第一个周期，库存以 R_1 的速率下降，因预先确定了订货周期 T，相应的也就规定了订货周期，到了订货时间，不论库存剩下的数量，都要发出订货指令，所以当到了第一次订货时间即库存下降到 A 点时，检查库存，求出实际库存量 Q_{K1}，在途货物和待出货物相结合，发出一个订货批量 Q_1，使名义库存上升到 $Q_{\max}$；然后第二周期开始，经过 T 时间又检查库存得到此时的库存量 Q_{K2}，并发出一个订货批量 Q_2，使名义库存又回到 $Q_{\max}$。

定期订货法被用来保证库存需求与定量订货法不同。定量订货法是以订货期提前来满足需求的，其控制参数 Q_K（订货量）用于满足订货提前期内库存的需求。与其不一样，定期订货法以满足整个订货提前周期内的库存需求，即从本次发出订货指令到下次订货到达 $(T+T_K)$ 这一期间的库存需求为目的。由于在 $(T+T_K)$ 期间的库存需求量是无序改变的，因此根据 $(T+T_K)$ 期间的库存需求量 $Q_{\max}$（最高库存量）也是随机变量，它包括 $(T+T_K)$ 期间的库存平均需求量和防止需求波动或不确定因素而设置的 Q_S（安全库存）。

小贴士

定期订货法的实施需要解决三个问题

（1）如何确定订货周期？
（2）如何确定最高库存量？
（3）如何确定每次订货的批量？

（三）定期订货法的控制参数

1. 订货周期

订货周期实际上就是定期订货的订货点，其间隔时间总是一致的。订货间隔期的长短直接决定最高库存量有多少（即库存水平的高低），库存成本的多少进而也被决定。所以，订货周期不能太长，否则会增加库存成本；也不能太短，太短会使订货次数增加，使得订货费用增加,进而增加库存总成本。从费用方面来看,如果要使总费用达到最小,订货周期 T 可以采用经济订货周期的方法来确定,其计算公式为

$$T^* = \sqrt{\frac{2S}{C_i R}}$$

式中:T^*——经济订货周期;
S——单次订货成本;
C_i——单位商品年储存成本;
R——单位时间内库存商品需求量(销售量)。

在现实操作过程中,经济订货周期可通过经常结合供应商的生产周期或供应周期来调整,从而确定一个切实可行的订货周期。当然也可以结合人们比较习惯的时间单位,如周、旬、月、季、年等来确定经济订货周期,从而吻合企业的生产计划、工作计划。

2. 最高库存量

定期订货法的最高库存量的作用是满足 $(T+T_K)$ 期间内的库存需求,因此可以用 $(T+T_K)$ 期间的库存需求量作为基础。考虑到其为随机发生的不确定库存需求,需要设置一定的安全库存,这样可以简单求出最高库存量。其计算公式为

$$Q_{\max} = \overline{R}(T + \overline{T_K}) + Q_S$$

式中:$Q_{\max}$——最高库存量;
$\overline{R}$——$(T+\overline{T_K})$ 期间的库存需求量平均值;
T——订货周期;
$\overline{T_K}$——平均订货提前期;
Q_S——安全库存量。

3. 订货量

定期订货法每次的订货数量不是固定的,订货批量的大小都是由当时的实际库存量的大小决定的,考虑到订货点时的在途到货量的数量和已发出出货指令尚未出货的待出库货数量,则每次订货的订货量计算公式为

$$Q_i = Q_{\max} + Q_{Ni} - Q_{Ki} - Q_{Mi}$$

式中:Q_i——第 i 次订货的订货量;
$Q_{\max}$——最高库存量;
Q_{Ni}——第 i 次订货点的在途到货量;
Q_{Ki}——第 i 次订货点的实际库存量;
Q_{Mi}——第 i 次订货点的待出库货数量。

(四) 定期订货法的优缺点

1. 优点

(1) 通过订货数量的调整,减少超储。

(2) 周期盘点比较彻底、精确,减少了工作量(定量订货法每天盘存),工作效率得到提高。

(3) 库存管理的计划性强,对于工作计划的安排、实行计划管理十分有利。

2. 缺点

（1）安全库存量不能设置太少。因为它的保险周期$(T+T_K)$较长，所以$(T+T_K)$期间的需求量也较大，需求标准偏差也较大，因此需要设置较大的安全库存量来保障需求。

（2）每次订货的批量不一致，无法制定出经济订货批量，因而运营成本降不下来，经济性较差。只适合于ABC物资分类中的A类以及重点物资的库存控制。

二、定量订货法

（一）定量订货法的原理

对于价格低廉、临时性需求及非直接生产用途的物料，比较适合采用定量订货法，即按照订货点来决定采购点。

$$订货点库存量 = 平均一日销售量 \times 备运天数 + 保险储备量$$
$$= 平均一日销售量 \times (备运天数 + 保险天数)$$

例题

某生产企业一个月需要消耗某种物料1350件，从提出订货到货物入库能用的天数为2天，保险天数为3天，问订货点库存量为多少？

$$订货点库存量 = 1350 \div 30 \times (2+3) = 225(件)$$

答：订货点库存量为225件。

定量订货法主要靠控制订货点和订货批量两个参数来控制订货进货，达到既能最好地满足库存需求，又能使总费用最低的目的。

预先确定一个订货点Q_K，在销售过程中随时检查库存，当库存下降到Q_K时，就发出一个订货批量Q^*，一般取经济订货批量EOQ。库存量的变化如图2-5所示。

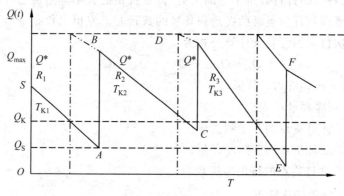

图2-5 库存量的变化

图2-5中是库存量变化的一般情况，每一阶段库存下降速率R和订货点的时间间隔都是随机变量，即$R_1 \neq R_2 \neq \cdots \neq R_n$，$T_{K1} \neq T_{K2} \neq \cdots \neq T_{Kn}$。

第一阶段，库存以R_1的速率下降，当库存下降到Q_K时，就发出一个订货批量Q^*，这时"名义库存"升高Q^*，达到$Q_{mak} = Q_K + Q^*$，进入第一个订货提前期T_{K1}，在T_{K1}内库存

继续以 R_1 的速率下降至 A 点(如图 2-5 中等于 Q_s,在 Q_s 线上),新订货物到达,T_{K1} 结束,实际库存为 $Q_B=Q_S+Q^*$。

进入第二阶段,库存以 R_2 的速率下降,假设 $R_2<R_1$,所以库存消耗周期较第一阶段要长,当库存下降到 Q_K 时,又发出一个订货批量 Q^*,"名义库存"又升到 $Q_{max}=Q_K+Q^*$,进入第二个订货提前期 T_{K2},在 T_{K2} 内库存继续以 R_2 的速率下降到 C 点,第二批订货到达,T_{K2} 结束,实际库存又升高了 Q^*,达到 D 点,实际库存为 $Q_D=Q_C+Q^*$,由于 $R_2<R_1$,所以 $T_{K2}<T_{K1}$。

进入第三阶段,库存以 R_3 的速率下降,$R_3>R_1>R_2$,因此 $T_{K3}>T_{K1}>T_{K2}$,当 T_{K3} 结束时,库存量下降到 E 点,且动用了安全库存 Q_S,新的订货到达时实际库存上升到 $Q_F=Q_E+Q^*$,比 B 点和 D 点的实际库存都低,然后进入下一个出库周期,如此反复循环下去。

由上述对图的分析可以看到,订货点 Q_K 包括两部分:第一部分为 Q_S,即安全库存;第二部分为 D_L,即各订货提前期内销售量的平均值 $\overline{D_L}$,如果各个周期的销售是平衡的,即 $R_1=R_2=R_3=\cdots$,则 $\overline{D_L}$ 就是各提前期的销售量 D_L。

在整个库存变化中,所有的需求量均得到满足,没有缺货现象,但是第三阶段的销售(出库)动用了安全库存 Q_S,如果 Q_S 设定太小,则 T_{K3} 期间的库存曲线会下降到横坐标线以下,出现负存货,即表示缺货。因此,安全库存的设置是必要的,它会影响库存的水平。

由于控制了订货点 Q_K 和订货批量 Q^*,使得整个系统的库存水平得到了控制,名义库存 Q_{max} 不会超过 Q_K+Q^*,实际最高库存 Q_B、Q_D、D_F 不会超过 $Q_K+Q^*-\overline{D_L}$。

(二)定量订货法的控制参数

实施定量订货法需要确定两个控制参数:一个是订货点,即订货点库存量;另一个是订货数量,即经济订货批量 EOQ。

1. 订货点

1) 订货点的确定

影响订货点的因素有三个:订货提前期、平均需求量和安全库存。根据这三个因素可以简单地确定订货点。

2) 订货点的计算

(1) 在需求和订货提前期确定的情况下(即 R 和 K 固定不变),不需要设定安全库存即可直接求出订货点。其计算公式为

$$订货点 = 订货提前期(天) \times (全天需求量 \div 60)$$

例如,某仓库每年出库商品业务量为 18 000 箱,订货提前期为 10 天,试计算订货点。

解:订货点 $=10\times(18\ 000\div360)=500$(箱)

(2) 需求和订货提前期都不确定,即 $R_1\neq R_2\neq R_3\neq\cdots$、$T_{K1}\neq T_{K2}\neq T_{K3}\neq\cdots$的情况下,需要安全库存。其计算公式为

$$订货点 = 平均需求量\times最大订货提前期+安全库存$$

 例题

某商品在过去 4 个月中的实际需求量分别为:一月份 120 箱,二月份 115 箱,三月份

127箱,四月份130箱。最大订货提前期为2个月,缺货概率根据经验统计为5%,求该商品的订货点。

解：平均月需求量 = (120+115+127+130)/4 = 123(箱)

缺货概率为5%,查表得：

安全系数 = 1.65

$$需求变动值 = \sqrt{\frac{\sum(R_i - \bar{R})^2}{n}}$$

$$= \sqrt{\frac{(120-123)^2 + (115-123)^2 + (127-123)^2 + (130-123)^2}{4}}$$

$$= 5.87$$

安全库存 = 1.65 × 2 × 5.87 = 19.37(箱) ≈ 20(箱)

订货点 = 123 × 2 + 20 = 266(箱)

2. 订货批量

1) 经济订货批量的含义

经济订货批量(economic order quality, EOQ)是指库存总成本最小时的订货量。研究经济订货量的方法,用年库存管理的总费用和订货量的公式来表示,根据该公式的解确定最佳订货量。

模型假设：每次订货的订货量相同,订货提前期固定,需求率固定不变。

2) 最佳订货批量的确定

如图2-6所示,通过使某项库存物资的年费用达到最小来确定相应的订货批量。

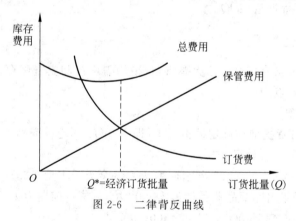

图2-6 二律背反曲线

从图2-6中可见,保管费用随订货量增大而增大,订货费随订货量增大而减少,当二者费用相等或总费用曲线最低点时对应的订货批量为 EOQ。

3) 理想的经济订货批量

理想的经济订货批量是指不考虑缺货,也不考虑数量折扣以及其他问题的经济订货批量。在不允许缺货,也没有数量折扣等因素影响的情况下,库存物品的年度总费用 = 购入成本 + 订货成本 + 库存保管费用,此时,年订货次数为 D/Q,平均库存量为 $Q/2$,年订

货成本为 DC/Q，年储存成本为 $PFQ/2$，购入成本为 DP，即

$$TC = DP + \frac{DC}{Q} + \frac{PFQ}{2}$$

式中：D——某库存物品的年需求量（件/年）；

P——物品的定购单价（元/件）；

C——单位订货成本（元/次）；

Q——每次订货批量（件）；

F——单件库存保管费用与单件库存采购成本之比（年保管费率）。

这种库存模型如图 2-7 所示。

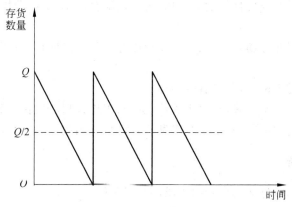

图 2-7　库存模型图

若使 TC 最小，将上式对 Q 求导后令其等于 0，得到经济订货批量 EOQ 的计算公式为

$$EOQ = \sqrt{\frac{2CD}{PF}}$$

两次订货的最佳时间间隔 $= EOQ/D$，每年的订货次数 $= D/EOQ$。

 例题

设某物资企业年需某物资 1200 单位，单价为 10 元/单位，年保管费率为 20%，每次订货成本为 300 元。求经济订货批量 EOQ。代入公式，得

$$EOQ = \sqrt{\frac{2 \times 1200 \times 300}{10 \times 20\%}} = 600（单位）$$

$$库存总费用 = 1200 \times 10 + \frac{600 \times 10 \times 20\%}{2} + \frac{1200 \times 300}{600} = 13\,200（元）$$

即在每次订购数量为 600 单位时，库存总费用最小，为 13 200 元。

$$每年的订货次数 = \frac{D}{EOQ} = \frac{1200}{600} = 2（次）$$

$$两次订货的最佳时间间隔 = \frac{EOQ}{D} = \frac{600}{1200} = 0.5（年）$$

(三）定量订货法的优缺点

1. 优点

（1）控制参数一经确定，则实际操作就变得非常简单了。实际应用中经常采用"双堆法"来处理。所谓双堆法，就是将某商品库存分为两堆，一堆为经常库存，另一堆为订货点库存，当消耗完就开始订货，并使用经常库存，不断重复操作。这样可减少盘点库存的次数，方便可靠。

（2）当订货量确定后，商品的验收、库存、保管和出库业务可以利用现有规格化器具和方式，可以有效地节约搬运、包装等方面的作业量。

（3）充分发挥了经济订货批量的作用，可降低库存成本，节约费用，提高经济效益。

2. 缺点

（1）要随时掌握库存动态，严格控制安全库存和订货点库存，占用了一定的人力和物力资源。

（2）订货模式过于机械，不具有灵活性。

（3）订货时间不能预先确定，对于人员、资金、工作计划的安排不利。

（4）受单一订货的限制，对于实行多种联合订货采用此方法时还需灵活掌握处理。

三、批对批法

（1）发出的订购数量与每一期净需求的数量相同。

（2）每一期均不留库存数。

（3）如果订购成本不高，此方法最实用。

如表 2-15 所示，根据各周的生产计划需求，运用批对批法做出计划订购数量。

表 2-15 计划订购数量

周	1	2	3	4	5	6	7	8	9	10	11	12	合计
净需求		10	10		14		7	12	30	7	15	5	110
计划订购		10	10		14		7	12	30	7	15	5	110

四、MRP 与采购数量

（一）MRP 思路的提出

为了解决传统生产及物流过程中的种种问题，人们提出了 MRP 思路。在 20 世纪 60 年代，计算机信息技术逐渐被应用到库存管理领域中，标志着制造业的生产管理从此走进了一个崭新的时代。MRP 借助计算机按照产品结构清单展开并计算物料需求计划，实现减少库存、优化库存的管理目标。

MRP 系统降低了采购成本，提高了采购效率。据统计，使用 MRP 可使采购成本降低 5%，通过采购计划法和供应商建立长期稳定的合作关系，大大提高了采购效率。

（二）MRP 的程序

根据市场需求预测和客户订单确定主生产计划，主生产计划是 MRP 系统的主要输入信息。然后对产品进行分解,列出物料清单,按物料独立与相关需求理论对物料清单进行分析,赋予基本零件和原材料不同的需求时间,从而确定物料的采购品种、数量和时间。在这个过程中,要不断地进行信息反馈,适时地做出调整,使整个系统处于动态优化的状态。

第四节 采购方法

采购方法是采购主体获取物资、工程、服务的途径、形式与方法。当采购战略及计划确定以后,采购方式的选择就显得格外重要。它决定着企业能否有效地组织、控制物资,以保证其正常地生产和经营以及实现较大的利润空间。

采购方法有很多种,为了便于描述,根据采购过程的差异性,将采购方法划分为招标采购、电子商务采购、供应链采购三种类别。

一、招标采购

(一) 招标采购的概念

招标采购是一种使用越来越广泛的采购方法,已经受到人们越来越多的关注。为此介绍关于招标采购的一些基本做法。所谓标,就是标书、任务计划书、任务目标。招标是采购的一种特殊形式,是指在一定范围内公开货物、工程或服务采购的条件和要求,邀请众多投标人参加投标,并按照规定程序从中选择交易对象的一种市场交易行为。

(二) 招标采购的特点

1. 体现公开、公正和公平

招标采购的操作过程是全部公开的,接受公众的监督,防止暗箱操作。这样做使所有投标者放心,不必走歪门邪道、费心费力地探听信息,只需专心致志搞好投标业务,从而提高了投标质量。同时,信息公开也可以防止徇私舞弊、行贿受贿和腐败违法行为,维护了公平和公正,保证了整个活动的正常进行。

2. 体现竞争

招标活动是若干投标人的一个公开竞标的过程,是一场实力大比拼。利用竞争机制,才能调动众人的积极性和智慧,造成一种力争上游的局面,使投标活动生气勃勃,提高投标的水平和质量。

3. 体现优化

由于投标竞争比较激烈,众多的投标者通过竞争最后只能有一个中标者,平等竞争、方案优越者才能取胜。所以,每个投标者必然会调动全部的智慧,竭尽全力制定和提供最优的方案参与竞争。可以说,每个投标者提供的方案都是各自的最优方案。而评标小组又在这些方案的基础上进一步分析,比较选出更优的方案。这就保证了最后的中标方案是在集中了众多投资者集体智慧的基础上所形成的最优方案。

(三) 招标采购的适用情况

招标采购一般是一项比较庞大的活动,牵涉面广、费时间、费精力、成本高。因此并不是什么情况都要用招标投标的方法。即使采用,也不会很频繁,一般适用于比较重大的项目或者影响比较深远的项目。例如,寻找比较长时期供应物资的供应商、寻找一次比较大批量的物资供应商、寻找一项比较大的建设工程的工程建设和物资采购供应商等。对于小批量物资采购或者比较小的建设工程,一般较少采用招标方式,因为这样做成本太高、不划算。

(四) 招标投标的方式

1. 公开招标

公开招标又称竞争性招标,是指由招标人在国家指定的报刊、信息网络或其他媒体上发布招标公告,邀请不特定的企业参加投标竞争,招标人从中选择中标单位的招标方式。

按照竞争程度,公开招标又可分为国际竞争性招标和国内竞争性招标。国际竞争性招标是指在世界范围内进行招标,国内外合格的投标商都可以投标。它要求制作完整的英文标书,在国际上通过各种宣传媒介刊登招标公告。国内竞争性招标是指在国内进行招标,利用本国语言编写标书,在国内的媒体上刊登广告,公开出售标书,公开开标。

2. 邀请招标

邀请招标又称有限竞争性招标或选择性招标,是指由招标单位选择一定数目的企业,向其发出投标邀请书,邀请他们参加投标竞争。一般选择3~10个企业参加较为适宜。由于被邀请参加投标的竞争者有限,可以节约招标费用,缩短招标有效期,提高每个投标者的中标机会。

(五) 招标采购的流程

招标采购是一个复杂的系统工程,它涉及各个方面各个环节。一个完整的招标采购过程基本上可以分为以下七个阶段。

(1) 策划。招标活动是一次涉及范围很大的大型活动。因此,开展一次招标活动需要进行很认真的周密策划。

(2) 招标。在招标方案得到公司的同意和支持以后,就要进入实际操作阶段。招标的第一个阶段就是招标阶段。招标阶段的工作主要是形成招标书,对招标书的标底进行仔细研究确定,发送招标书。

(3) 投标。投标人在收到招标书以后,如果愿意投标,就要进入投标程序。其中,投标书、投标报价需要经过特别认真的研究、详细的论证完成,投标文件要在规定的时间准备好,一份正本、若干份副本,并且分别封装签章,信封上分别注明"正本""副本"字样,寄到招标单位。

(4) 开标。开标是采购机构在预先规定的时间和地点将投标人的投标文件正式启封揭晓的行为。开标由招标人组织,邀请所有投标人参加。开标时,由投标人或者其推选的代表检查投标文件密封情况,经确认无误后,由工作人员当众拆封,宣读投标人名称、投标价格和投标文件的其他主要内容。开标结束后,由开标组织者编写一份开标纪要,并存档备查。

(5) 评标。全体评标人员进行分析评比,最后投票或打分选出中标人。

(6)定标。在全体评标人员投票或打分选出中标人员以后,交给投标方,通知中标方。同时对于没有中标者也要明确通知他们,并表示感谢。

(7)签订合同。签订合同是指由招标人将合同授予中标人并由双方签署的行为。在这一阶段,双方对标书中的内容进行确认,并依据标书签订正式合同。为保证合同履行,签订合同后,中标的供应商向采购方提交一定形式的担保书或保证金。

(六)招标文件

招标文件是整个招标投标活动的核心文件,是招标方全部活动的依据,也是招标方的智慧与知识的载体。因此,一个高水平的招标文件是搞好招标采购的关键。招标采购企业首先应该认真形成一个高水平的招标文件。一个完整的招标文件应当起码由以下五个基本部分组成。

(1)招标邀请书。有的招标邀请书简称为招标书,其核心内容就是向未定的投标方说明招标的项目名称和简要内容、发出投标邀请,并且说明招标书编号、投标截止时间、投标地点、联系电话、传真、电子邮件地址等。招标邀请书应当简短、明确,让读者一目了然,并得到了基本信息。

(2)招标目标任务说明。招标目标任务说明部分应当详细说明招标的目标任务。如果目标任务是单纯的物资采购任务,那么就需要采购物资的一览表、供应商所应当承担的服务项目要求以及所提供的物资要求等。

(3)投标须知。投标须知的主要内容基本上是招标投标的一些基本规则、做法标准等。投标须知基本上都可以从招标投标法中找到依据(不可以与招标投标法相抵触)。但是可以根据具体情况具体化、实用化,将其一条条列出来提供给投标方,作为与投标方的一种约定做法。

(4)购销合同。有的招标文件把一部分又称为商务条款。其基本内容就是购销合同、任务内容明细组成、描述方式、货币价格条款、支付方式、运输方式、运费、税费处理等商务内容的约定和说明。

(5)投标文件格式。有的招标文件把一部分称为附件。这一部分很重要,就是要告诉投标者,他们将来的投标文件应该包括一些什么文件,每种文件的格式应当如何。

(七)投标文件

投标文件是投标者投标的全部依据,也是招标者招标所希望获得的成果,是投标者智慧与技术的载体。投标者应当集中集体的智慧,认真准备一份高水平的投标文件参加投标。投标文件主要是根据招标文件要求提供的内容和格式进行准备,一般应当包括以下基本组成部分。

1. 投标书

投标书是投标者对于招标书的回应。投标书的基本内容是以投标方授权代表的名义写的明确表明参加对招标方招标项目进行投标的意愿、简要说明项目投标的底价和主要条件。除此以外,要对投标文件的组成及附件清单、正本本数、副本本数做出说明,还要声明愿意遵守招标文件中的哪些约定、规定和义务,最后要有授权代表的签字和职位。

2. 目标任务的详细技术方案

目标任务的详细技术方案是投标文件的主体文件。在投标文件中要针对招标项目提出自己的技术的和经济的指标参数,并且详细说明达到这些技术经济指标的技术方案和技术路线、保障措施等。在这份文件中,还要对完成方案所需要的成本费用以及需要购置的设备材料等列出详细的清单。如果项目由多个单位或多个人完成,还要把项目组织的人员、项目分工等列表说明。

3. 投标资格证明文件

投标资格证明文件要列出投标方的资格证明文件,包括投标方企业的全称、历史简介和现状说明,企业的组织结构,企业的营业执照副本复印件、企业组织机构代码证、技术交易许可证等,还要有开户银行名称以及开户银行出具的资格证明书。还要对授权代理人的情况、资格等进行说明,并附授权委托证明书。

4. 公司与制造商代理协议和授权书

如果投标方是某些制造商的产品代理,则还要出具和制造商的代理协议复印件以及制造商的委托书,这样做的目的,是为了防止在招标方和投标方将来合作时可能引起的来源于制造商的纠纷。

5. 公司有关技术资料及客户反馈意见

有关技术资料及客户反馈意见主要是投标方对本企业的业务水平、技术能力、市场业绩等提出一些让招标方可信的说明以及证明材料,增加招标方的信任,也是技术资格的另一种方式的证明。

一般可以用实例展示本公司令人信服的技术能力、质量保证能力等,列出有关技术资格证书、获奖证书、兼职聘任证书等复印件。特别是可以简述几个已经完成的具体实例,说明它们创造的效益,特别是用户的使用证明、主管部门的评价或社会的反应等。并且留下有关证明人的联系电话、地址、邮编等,为招标方证实实际情况提供方便。

以上全部文件构成一份投标文件,封装成一份"正本",还要根据招标文件要求的份数分别复印若干份,封装成若干份"副本"。每本封装好后,在封口处签名盖章,交付邮寄。

 **相关链接**

招标采购中的灰色行为

在实施招标采购中,串标、围标、陪标、低价抢标、卖标买标、弃标、泄标等不正当竞争领域的"灰色行为"不同程度地存在,直接影响了招投标行业的健康发展,干扰了公平竞争的市场秩序。它们各有不同的表现形式。这种不正当竞争都是通过不正当手段,排挤其他竞争者,以达到使某个利益相关者中标,从而谋取利益的目的。

相关法律不健全,相关部门招标监管不到位,招标程序不规范,一些招标代理机构混乱等都是造成招投标业"灰色行为"屡禁不止的原因。因此,出台更为完善的招投标法规有助于规范我国的招投标市场,各相关招标监督机构如能落实责任,加大对招投标程序以及各级招标代理机构的监督,可以相信招标领域的"灰色行为"一定能得到有效的遏制。

(资料来源:佚名. 招投标领域"灰色行为"之危害性[EB/OL]. 2019-04-24. [2019-08-12]. https://wenku.baidu.com.)

二、电子商务采购

(一)电子商务采购概述

电子商务不是一个单纯的技术概念,也不是一个单纯的商业概念,而是一个以因特网支撑的企业商务过程。

电子采购是由采购方发起的一种采购行为,是一种网上交易,如网上招标、网上竞标、网上谈判等。人们把企业之间在网络上进行的这种招标、竞价、谈判等活动定义为 B2B 电子商务。事实上,这也只是电子采购的一个组成部分。电子采购比一般的电子商务和一般性的采购在本质上有了更多的概念延伸,它不仅完成采购行为,而且利用信息和网络技术对采购全程的各个环节进行管理,有效整合了企业的资源,帮助供求双方降低了成本,提高了企业的核心竞争力。

(二)电子商务采购的操作模式

目前主要有三种网络采购模式进行实际的运作,它们分别是卖方电子商务采购系统、买方电子商务采购系统和第三方电子商务采购系统。

1. 卖方电子商务采购系统

卖方电子商务采购系统是指为增加市场份额,供应商以计算机网络作为销售渠道而实施的电子商务系统,它包括一个或多个供应商的产品或服务。登录卖方系统通常是免费的,供应商保证采购的安全。使用这一系统的好处是访问容易,能接触更多的供应商,另外买方企业无须做任何投资;其缺点是难以跟踪和控制采购开支。这一系统是企业采购人员开始电子商务而又不担风险的理想工具。

卖方电子采购模式不需要买方进行大量信息和系统的维护工作,但是这一模式还是会使买方举步维艰。其首要问题是,对于许多企业来讲,要到浩瀚的网络中逐个登录供应商的门户网站寻找目标供应商进行比较最终达成意向,是非常费时费力的。

此外,卖方电子采购模式还存在以下问题。

(1)产品选择的高成本。企业必须在浩瀚的网络中逐个登录供应商的门户网站寻找目标供应商并进行对比,这与传统的采购相比并没有太大的改观。

(2)低效率,不支持实时采购。如果企业在生产过程中出现了产品短缺问题或者机器发生了故障,需要市场快速解决急需的特殊产品时,卖方模式未必能快速且低廉地供货。

(3)市场不平等性。在这样的市场中,卖方处于优势,买方处于劣势。

2. 买方电子商务采购系统

买方电子采购模式,即由一些大企业建立自己的电子采购网站,供应商在网站注册成为其会员。这种模式在那些由少数几家大型购买方主导的行业尤为明显,如航天、汽车、零售等行业。但是,这样的模式不适合中小企业,主要有以下原因。

(1)成本较高。中小企业处于势均力敌的竞争状态,几乎不存在垄断。在这样的行业中,由一家或者几家企业建立自己的网站几乎是不可行的。因为所要耗费的大量人力、财力成本是这些企业所不能承担的。

(2) 低效率,不支持实时采购。由于在买方采购网站上注册的供应商数量有限,而且种类也局限于能提供买方常用原料的供应商,所以,如果企业在生产过程中出现了产品短缺问题或者机器发生了故障,需要市场快速解决急需的特殊产品时,买方采购网站未必能解决。

(3) 市场不平等性。由买方建立电子市场的不平等性主要表现在买卖双方的实力不对称上。即在这样的市场中,买方处于优势,卖方处于劣势。实际上,对于一些供应商众多的完全竞争供应市场,买方购买的数量不是很多时,买方不可能也没有必要采用买方电子商务模式。中小企业在国内的知名度不高,很多中小企业只是面向区域的,其采购网站无论在技术上还是形象设计上同国内大型企业和机构相比较还是不尽如人意,其对供应商的吸引力也是有限的。

3. 第三方电子商务采购系统

正是由于上面对买方和卖方电子采购模式缺陷的分析,以及企业虚拟化和非核心能力外包趋势的增加,近年来,基于第三方的电子采购模式越来越多地被大家接受,行业采购网站的逐渐出现就是一个体现。在第三方电子采购模式下,第三方以自身的专业化采购技能为客户提供完善的电子采购服务,建立了一个网上交易市场和服务平台,支持从买卖信息的撮合到交易完成的整个过程,即一站式采购。通过第三方电子采购网站,买卖双方可以得到更专业、更快速、更安全的服务,有利于双方交易的顺利进行。

在原来的以买方或卖方管理为基础的采购模式中,买卖双方要花费大量的时间、精力和资源来维护目录系统及各种形式的信息协定。当第三方中介商出现时,他们能提供专业化的此类服务,并以此作为核心竞争力,从而为买卖双方减去重负,使得买家或卖家有更多的精力去关注采购业务本身,而不是维护目录或系统支持。

由于交易平台将不同的供应商、采购商集中到同一个市场中,大大方便了买方对产品的查找和对供应商的挑选,而卖方则更方便推广其产品,降低了销售成本。这种由中介商控制的电子采购模式的一大优势就是提高了效率。

相对于原有的电子采购模式来说,效率提高主要体现在采购的动态性和实时性上,在原有的采购模式下,当有突发事件发生需要紧急采购时,还需要采购部门先对潜在供应商进行评估,之后才能完成采购流程。而在由中介商控制的采购模式中,由于有更多的供应商信息储存在数据库中,使得供应商评估变得相对简单迅速,这样才能做到采购的实时性。

(三) 电子采购的实施

电子采购的实施需要借助互联网和电子采购平台。企业所使用的电子采购平台不同,其采购流程也略有不同,电子采购的一般业务流程如下。

1. 提交采购需求

最终用户通过在线填写表格提出采购货品的请求。对于经常采购的商品可以建立电子目录供用户选择,以方便最终用户提出采购申请。

2. 确定采购需求

根据企业预先规定的采购流程,采购申请被依次自动传送给各个授权人请求批准。

3. 选择供应商

一旦在线采购申请最终得到批准,采购人员依据不同的情况可采取以下两种方式。

(1) 若所采购的货品已有了合格供应商,则该申请自动转化成采购订单发送给合格供应商。

(2) 若所采购的货品还没有固定的供应商,则采购人员需要在采购环境之外寻找合格供应商。

4. 下订单

在确定了合格供应商后,采购订单会通过电子邮件等方式传送给供应商。

5. 订单跟踪

信息系统较为完善的供应商会反馈给采购方一个订单号,采购人员通过订单号可以追踪订单的执行情况,直到发货。

6. 付款

如果连接了银行系统,则可以进行电子支付。在系统内完成具体业务的支付流程,同时还可查找支付情况。

 **相关链接**

"欧冶采购"的电子商务平台

一、企业基本情况

上海欧冶采购信息科技有限责任公司(以下简称"欧冶采购")起步于宝钢内部电子商务平台,拥有15年专注于为大中型制造企业提供策划、研发、应用、运营全流程服务所形成的采购信息化及电商行业经验;依靠宝钢等核心用户采购拉动及多年积累,汇聚了丰富的优质供应商和品牌商品资源;依托宝钢完善的采购电子商务体系、先进的采购管理体系,在制造业内形成了采购管理专业的示范性效应。

2015年宝钢集团整合原有钢铁电子交易相关资源,斥资20亿元以全新商业模式建立钢铁服务平台——欧冶云商股份有限公司。2015年12月,欧冶云商斥资8000万元成立欧冶采购,面向工业制造领域,打造互联网+工业品采购服务。2016年3月,欧冶云商与中集集团签订合资合作协议,在采购业务方面实行战略合作,共同打造欧冶采购电子商务平台。

欧冶采购定位是"诚信企业俱乐部、优质产品展示厅",构建先进的B2B电子商务平台,辅以欧冶云商的金融、数据、物流、资讯等优质服务,为传统制造企业的采购供应提供商务、金融、物流、仓储、售后的全生命周期服务,为用户创造价值,与用户共享成果,致力于构建面向工业4.0的全产业链采购供应共享生态圈,成为中国制造领域示范工业品采购服务平台。

二、欧冶采购如何助力传统制造企业转型"互联网+采购"

欧冶采购基于海量优质供应商的资源及管理能力、对大型制造企业采购供应全流程的理解和服务能力,提供一站式的电子采购交易市场,覆盖采购需求计划管理、采购寻源交易管理、采购合同执行管理的企业采购全生命周期,能够满足多采购组织多采购品种的个性化采购管理需求,并提供供应链金融、物流、采购咨询等配套支持,用规范、透明的流程和有效的在线管理手段管控廉政风险,强有力地保障了传统制造企业向"互联网+采购"转型的顺畅和成功。

欧冶采购概览如图2-8所示。

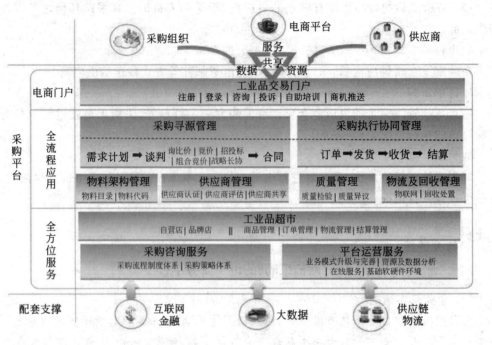

图2-8　欧冶采购概览

欧冶采购的服务进阶如图2-9所示。

欧冶采购电子商务平台支持可参数化流程配置的多采购寻源方式,提供核价竞价、公开竞价、综合竞价、组合竞价在内的丰富、标准的采购服务产品,可满足多采购组织,不同组织架构、不同采购品种的互联网采购管理需求。在企业自主采购交易的基础上,平台还着力建设一站式企业采购网上超市,方便用户便捷采购、降本增效。

欧冶采购电子商务平台的在线供应商管理如图2-10所示。

欧冶采购电子商务平台拥有30 000多家优质供应商,提供从备品备件到维修工程等广域的供应物料和服务,形成近60大类、200多个中类等齐全、严谨的供应物料目录。欧冶采购平台的优质供应商是由宝钢集团等大型采购组织用户向平台引入其合格供应商队伍,并结合平台十余年对供应商的严格管理所构成。

欧冶采购对供应商的管理涵盖供应商注册、注册信息和业务资质的审核和认证、向采购组织的推荐、供应商信息展示和搜索、供应商业务过程、供应商评价、质量异议处理、优秀供应商服务等全流程,突出"真实、优质"的管理原则,为采购组织提供了放心产品和服务,并帮助采购组织解决供应商寻源和管理的难点,大幅降低采购成本。

(资料来源:"欧冶采购"的电子商务平台[EB/OL].2019-01-22.[2019-09-11].http://www.chinawuliu.com.cn/.)

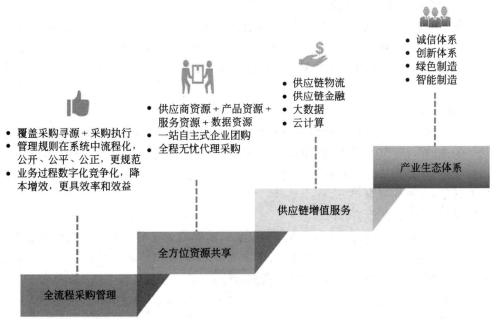

图 2-9 欧冶采购的服务进阶

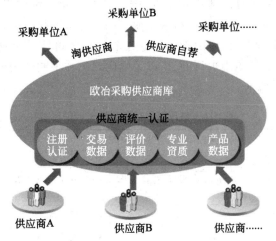

图 2-10 欧冶采购电子商务平台的在线供应商管理

三、供应链采购

(一)采购在供应链管理中的地位与特点

供应链管理是一种先进的管理思想,将是企业管理思想发展的主流方向。供应链管理是将网链上各节点企业看成一个整体,它强调的是企业不仅要追求自身利益,而且要追求供应链上整体效益最优。供应链管理的核心思想是协调与合作,企业不仅要与链上的上游供应商协作,而且要与链上的下游客户配合。

1. 采购在供应链中的地位

采购部门作为企业的一个业务部门,要直接与企业上游的供应商打交道,虽不与客户直接联系,但要与企业内部的相关部门协调。若是生产企业,采购部门对内要直接与仓储、生产等部门联系,甚至与客户联系,所以采购部门处于中间环节,起到承上启下的作用。

1）对外与供应商联系

供应链像一条纽带,将企业和供应商连接在一起,构成双赢关系,而承担这个连接任务的是企业的采购部门,采购部门的职能是购买企业经营所需要的物品,采购部门要与供应商打交道,包括询价、磋商、催货、签约等,把物资及时、准确、经济合理地采购回来,并与供应商联系,不断加强合作。

2）对内与企业各相关部门联系

在整个供应链上,企业的下游是客户,但是采购部门的下游是企业内部的相关部门,如生产企业采购部门的下游是仓储部门、生产部门,采购部门必须与下游打交道的部门协作配合,一方面从单个企业来说,可以提高采购效率;另一方面从整个供应链来说,通过企业内部各部门的协作配合,以至整个企业能与链上的上、下游企业更好地配合,提高整个供应链的效率。

2. 供应链采购管理的特点

供应链采购是指供应链内部企业之间的采购。供应链内部的需求企业向供应商企业采购订货,供应商企业将货物供应给需求企业。供应链采购与传统的采购相比,物资供需关系没变,采购的概念没变,但是由于供应链各个企业之间是一种战略伙伴关系,采购是在一种非常友好合作的环境中进行的,所以采购的观念和采购的操作都发生了很大变化,二者的区别如表 2-16 所示。

表 2-16 供应链采购与传统采购的区别

项　目	供应链采购	传统采购
基本性质	基于需求的采购	基于库存的采购
	供应方主动型、需求方无采购操作的采购方式	需求方主动型、需求方全采购操作的采购方式
	合作型采购	对抗型采购
采购环境	友好合作环境	对抗竞争环境
信息关系	信息传输、信息共享	信息不通、信息保密
库存关系	供应商掌握库存	需求方掌握库存
	需求方可以不设仓库、零库存	需求方设立仓库、高库存
送货方式	供应商小批量多频次连续补充货物	大批量少频次进货
双方关系	供需双方关系友好	供需双方关系敌对
	责任共担、利益共享、协调性配合	责任自负、利益独享、互斥性竞争
货检工作	免检	严格检查

从以上的比较可以看出,供应链采购与传统的采购相比,无论在观念上还是在做法上

都有很大区别、有革命性的变化。供应链采购具有显著的优越性。

（二）供应链采购管理的实施要点

1. 指导思想的转变

供应链采购确实是一种有魅力的采购方式。但是要实施供应链采购却是一件不容易的事情。可以说，供应链采购是对传统采购方式的一场革命，无论在观念上还是在做法上都发生了革命性的变化。具体来说，要实现以下转变。

1）从为库存而采购到为需要而采购

传统的采购是为库存而采购，采购回来的物资用以填充库存。供应链采购转变为为需求而采购，采购回来的物资用来满足直接的需要，不是放到仓库里，而是放到消费点进行消费，最大限度地提高了采购的效率、降低了库存、实现了节约。

2）从采购管理向外部资源管理转变

传统的采购管理完全是企业内部的事情，立足于企业内部。供应链采购的实质就是充分利用企业外部的资源、利用供应商自己的作用来实现企业的采购工作。让供应商自己对自己的产品负责，对物资的供应负责。实现无采购操作的采购，大大节省了许多烦琐、费力的采购实物工作，这样既降低了成本，又提高了效率，实现双赢。

3）从一般买卖关系向战略伙伴关系转变

传统的采购活动中，买方和卖方是一种对抗性的买卖关系，相互封锁、信息保密，相互防备。现在实行供应链采购，要把与供应商的对抗关系转变成一种战略伙伴关系，建立友好合作关系，需要做大量的工作，包括一些基础工作。例如建立信息系统、实现信息共享、信息沟通，实现责任共担、利益共享等，就要落实在经常性的工作中，要采取实际的步骤，切切实实地实现"双赢"。

4）从买方主动型向卖方主动型转变

传统的采购是买方主动型，靠买方单枪匹马地奋斗。既然买方可以主动，那么卖方当然也可以主动。相较而言，卖方的主动更富有效率和效益。因为它不但为买方节省了采购业务，而且为自己主动调整生产计划和送货计划实现了最大限度的节约，真正实现了供需双方的双赢。

2. 供应链采购管理的基础建设

为了实现供应链采购，还要做一些基础建设工作。

1）信息基础建设

建立企业内部网和企业外部网，并且和因特网相连；开发管理信息系统、建立电子商务网站，建设信息传输系统；还要进行标准化、信息化的基础建设，例如 POS 系统、EDI 系统或其他数据传输系统、各种编码系统等。

2）供应链系统基础建设

通过扎实稳妥的工作，逐步建立起供应链系统。加强业务的联系，加强供应链企业的沟通，逐渐形成供应链各个企业的业务协调和紧密关系。要逐渐建设责任共担、利益共享机制。另外还要促进各个企业的内部基础建设，实现信息化、规范化、有关业务协调化，为建立一个完善的供应链做准备。在条件成熟以后，及时地建成供应链，实行供应链管理操作。

3）物流基础建设

物流基础建设包括供应链各个企业内部和企业之间的物流基础建设，例如仓库布点、仓库管理、运输通道、运输工具、搬运工具、货箱设计、物流网络等，还包括一些物流技术，如条码系统、自动识别、计量技术、标准化技术等。

4）采购基础建设

采购基础建设包括供应商管理库存、连续补充货物、数据共享机制、自动订货机制、准时化采购机制、付款机制、效益评估和利益分配机制、安全机制等。

通过所有这些基础建设，形成一定的规范，就可能建立一个完善的供应链系统，实现供应链采购。

 案例讨论

一、招标采购

红星制造公司的主要产品包括异步电动机、电容器柜及电机车等。公司经过深入细致的市场调研和分析，决定投资2亿元人民币新建一条年产4000台的异步电动机的生产线。本项目投资大，设备种类和数量多，仅大型主体设备投资就达3000万元。公司决定所有设备均以招标的方式进行采购。公司经过考察和咨询，将本项目设备的招标工作委托给"某国际招标公司"和"某市机电设备招标中心"，由他们全权操作本项目设备的招标投标工作。

为保证招标工作的公正、公开和合理，由招标中心聘请的专家和本公司的专家组成了专家组，并聘请了公证人员对整个招标过程进行监督和公证。整个过程严格按招标投标程序进行，本着"相同的质量和服务，价格低的优先；相同的价格和质量，服务好的优先"的原则，经过综合评定，最终确定了设备中标厂家。因为招标过程合法、合理、公开、透明，杜绝了拉关系和走后门。所以，中标企业欢天喜地，落标企业也心服口服。通过设备招标，企业真正感受到了招标投标给企业带来的便利和好处。

首先，设备的招标采购委托给招标代理机构运作，企业节省了人力、物力、精力。其次，招标中心对整个招标过程按法律、法规运作，依据公开、公正、公平的原则进行招标，增加了设备采购过程中的透明度，杜绝了设备采购过程中可能出现的拉关系、走后门等不正之风，保证了所采购设备的质量，最大限度地维护了企业利益，同时也维护了投标企业的合法权益。最重要的一点是通过招标可使企业货比多家，不但质量做到优中选优，而且价格方面通过设备厂家的相互竞争，可以使企业享受到最优惠的价格。

二、供应链采购

在互联网时代，传统的家电制造业将难以为继，大规模生产的推式营销将宣告终结，会逐渐进入拉式供应链的新时代，追求个性化、定制化。大数据结合其他先进技术，重构传统价值链，确保产品交付能够更好地满足消费者的个性化需求。

青岛海尔冰箱事业部正在实施供应商分级管理的项目，海尔采购将以配套为主，为下一步的模块化制造做准备，同时也是为工业4.0战略做基石。由德国率先提出工业4.0概念，是以智能制造为主导的第四次工业革命，或革命性的生产方法。该战略旨在通过充分利用信息通信技术和网络空间虚拟系统—信息物理系统相结合的手段，将制造业向智能化转型,分为三大主题,分别是智能工厂、智能生产、智能物流。

对于消费者而言,"工业4.0"就是一个将生产原料、智能工厂、物流配送、消费者全部编织在一起的大网,消费者只需用手机下单,网络就会自动将订单和个性化要求发送给智能工厂,由其采购原料、设计并生产,再通过网络配送直接交付给消费者。最终价值在于提高生产效率同时降低生产成本。

(资料来源:管理学资料. 采购计划的制订[EB/OL]. 2014-03-14. [2019-09-18]. https://www.docin.com.)

讨论题:
(1) 结合案例分析,招标采购的优势有哪些?
(2) 结合案例分析,供应链采购为什么更适合互联网时代?

本章思考题

(1) 简述采购管理的内容。
(2) 什么是采购战略?
(3) 招标采购的流程有哪些?
(4) 招标书一般包括哪些基本内容?
(5) 电子商务采购的步骤有哪些?
(6) 如何通过电子商务采购改善采购业务?
(7) 简述供应链采购与传统采购的区别。
(8) 企业应如何选择供应商管理的模式?
(9) 分析与供应商建立战略伙伴关系的积极意义和负面影响。

实践课堂

一、本月个人采购计划一览表

1. 情景设置

在生活中,其实每个人都是消费者,每一天都在"采购",从一日三餐、学习用品、服装,再到通信费、交通费等。其实这些日常购买活动也可以通过制订采购计划,运用采购的方法与策略,使购买更加经济合理,使我们的支出费用达到最低。

2. 操作要求

(1) 设计一张个人月采购计划表。
(2) 详细列出:本月收支总额、计划采购项目、计划每项支出金额、采购方法与策略。
(3) 通过实地调查或网络查询,保证采购价格真实。

二、收集企业采购供应信息

1. 情景设置

企业采购与个人、家庭采购存在很大不同,企业采购在信息来源、采购渠道、采购价格、采购数量等方面有其自身的特点,它更具有专业性与行业特色,这也正是我们对于学习企业采购管理的最基本的认识与前提。

2. 操作要求

(1) 浏览以下采购网站。

中华电子采购网、全球IC采购网、阿德采购网、跨国采购网、中华采购网、全球采购网、慧聪网、中国机械网、我的钢铁网、21IC中国电子网、中国建材网、中国化工网、中国包装网、中国纺织网。

(2) 收集你关注的相关商品信息,如供应商名称、地址、联系方式、报价、产品简单介绍等。

(3) 汇总并整理以上信息,建立对企业采购工作的感性认识。

三、采购量的核算

1. 情景设置

"点点利"是一家中型超市,四五月份受到天气影响(忽冷忽热),矿泉水的销量可能不平稳,直接影响到库存费用、订货费用、缺货费用,进而影响到企业的利润。

2. 操作要求

(1) 随机确定市场销售量。

(2) 结合下列步骤完成订货与库存记录单,如表2-17所示(以箱为单位)。

表2-17 订货与库存记录单

名 称	收 货	期初库存量	售出量	期末库存量	订 货
1周	0	20	12	8	12
2周	0	8	2	6	14
3周	12	18	20	-2	
4周					
5周					
6周					
7周					
8周					
9周					
10周					
合计					

(3) 总结规律。

第一步:收货。

第二步:记录库存。期初库存=上周结余库存+本周收货。

第三步:售出。本周售出=本周销售量。

第四步:记录期末库存。期末库存=期初库存量-本周售出量。

第五步:订货。

备注:订货周期是2周;期末库存如果缺货就记录负数,如"-9"。

总结经验与教训：根据期末库存量的合计，分析成功控制库存的经验或造成库存量加大的教训。

经验：

教训：

四、采购预算表

江苏风动工具厂本月收到广西某客户的订单，购买该厂生产的手动凿岩机 2500 台，风动工具厂开始采购原材料和零部件。

根据 MRP 的物料需求计划，其中每台需耗钢材 2kg，废品率为 15%，且依技术部门统计废品回收利用率可达 20%，预计钢材在运输保管中会损耗 1kg，编制计划时实际库存还有 1000kg，计划期末库存为 500kg。

2500 台凿岩机需要配件甲 2500 个，运输中的损失丢失率为 1%，编制计划时实际库存为 0 个，计划期末库存为 50 个。

2500 台凿岩机需要零部件乙 2500 个，运输中的损失丢失率为 1%，目前库存中可以再利用的乙还有 40 个，计划期末库存为 241 个。

2500 台凿岩机大约需要耗用机油 40t，编制计划时实际库存量为 40t，计划期在途 6t，计划期末库存为 7t。

根据市场行情，钢材每千克 78 元，配件甲 102 元，零件乙 111 元，机油每吨 26 元。

要求如下。

(1) 根据以上资料，为本企业制定采购预算表，如表 2-18 所示。

(2) 制表运用 Excel，同时利用 Excel 计算。

表 2-18 采购预算表

编报单位：（姓名、学号）

采购项目名称	采购数量1	需求量2	生产耗用量3	运输保管耗用量4	可利用废料5	计划期末库存量6	计划期初库存量7	单价8	预算合计1×8	2=3+4−5	1=2+6−7
采购预算总额											

五、招标采购

(1) 某学校通过招标采购的方式向社会公开招标购买一批办公台式计算机。

(2) 由学生分小组扮演角色。

① 招标方——学校。

② 投标方（如戴尔、方正、清华同方、神州、IBM、HP、TCL 等）。

③ 评标小组。

（3）实施。

① 熟悉理论知识。

② 小组分工,查找资料,形成文件,即：招标方—招标书;投标方—投标书;评标组—评标标准。

③ 课堂模拟,现场开标、评标、宣布中标结果。

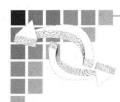

第三章

仓储与库存管理

◆ 学习目标 ◆

- 理解仓储概念与仓储的作用,理解仓储与库存管理的内容。
- 了解仓库的分类、仓储设施设备。
- 掌握仓储作业管理流程,包括入库作业、在库作业、出库作业。
- 掌握库存的类型、安全库存以及库存控制的方法。

【引导案例】

广东心怡科技物流有限公司(以下简称"心怡物流")成立于2004年,总部设于广州。作为阿里巴巴集团旗下天猫商超的仓储管理服务提供商,心怡物流已经成为国内最大的第三方电商仓储物流企业之一。

天猫的一张订单由生成到拣货完成仅仅需要3分钟,这样的物流分拣速度在国内已经居于领先水平。这让人惊诧的高效率来源于其自主研发的WMS仓库作业管理软件系统的支持。这套心怡物流自主研发的系统处理订单时会"分区分割、择优组合、切单合单",即将类似的商品订单自动优化成一张合并装箱单;拣货过程会在优化放置好的过万种商品中动态排线和路径优化,每一步都经过精密推算,提高效率,绝不会走回头路。

目前,心怡物流已形成以电子商务平台为核心,同步衔接长处配送服务,为在华全球500强企业及国内外知名品牌企业提供全方位仓储配送方案和供应链系统管理服务,所服务的领域横跨电子商务、直销、化工、快消品及服装鞋帽等行业。与此同时,心怡科技物流正逐步将业务触角拓展至跨境电子商务、电子商务代运营等多个新兴产业。

国际化将是心怡物流未来的发展目标之一,心怡物流已经在澳大利亚、美国、德国及韩国等国家建立了海外分支机构,下一步将跟随天猫国际、天猫超市的脚步走向国际,中国制造和网售的产品,可以通过心怡科技物流在广州、深圳等地密布的仓储服务网点,销往世界各地。

(资料来源:心怡物流入住菜鸟网络[EB/OL].2019-06-23.[2020-06-12].http://www.chinawuliu.com.cn/.)

案例导学

仓储是现代物流的一个重要组成部分,在物流系统中起着至关重要的作用,是产业链条中不可或缺的一环。高效合理的仓储可以帮助厂商加快物资流动的速度,降低成本,保障交易的顺利进行,决定利润的增长。

第一节 仓储与库存管理概述

一、仓储

(一)仓储的定义

仓储是指利用仓库及相关设施设备进行物品的入库、存贮、出库的活动。

"仓"即仓库,为存放物品的建筑物和场地,可以是房屋建筑、洞穴、大型容器或特定的场地等,具有存放和保护物品的功能。"储"即储存、储备,表示收存以备使用,具有收存、保管、交付使用的意思。在物流系统中,仓储是一个不可或缺的构成要素。

(二)仓储的特点

(1)仓储是物质产品的生产持续过程,仓储的过程也创造着产品的价值。
(2)仓储既有静态的物品储存,也包含动态的物品存取、保管、控制的过程。
(3)仓储活动发生在仓库等特定的场所。
(4)仓储的对象既可以是生产资料,也可以是生活资料,但必须是实物。

(三)仓储的功能

1. 调节功能

仓储在物流中起着"蓄水池"的作用,一方面储存可以调节生产与消费的关系,如销售与消费的关系,使它们在时间和空间上得到协调,以保证社会再生产的顺利进行;另一方面,还可以实现对运输的调节。

2. 检验功能

在物流过程中,为了保障商品的数量和质量准确无误,分清责任事故,维护各方面的经济利益,要求必须对商品及有关事项进行合格的检验,以满足生产、运输、销售以及用户的要求,储存为组织检验提供了场地和条件。

3. 集散功能

仓储把生产单位的产品汇集起来,形成规模,然后根据需要分别发送到消费地。通过一集一散,衔接产需,均衡运输,提高物流速度,如图3-1所示。

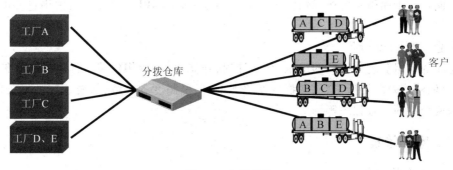

图 3-1 仓储集散

4. 配送功能

根据用户的需要,把商品进行分拣、组配、包装和配发等作业,并将配好的商品送货上门。配送功能是储存保管功能的外延,提高了储存的社会服务效能,就是要确保储存商品的安全,最大限度地保持商品在储存中的使用价值,减少保管损失。

二、仓储管理

(一) 仓储管理的含义

仓储管理是指对仓储设施布局和设计以及仓储作业所进行的计划、组织、协调与控制。从广义上看,仓储管理是对物流过程中货物的储存以及由此带来的商品包装、分拣、整理等活动进行的管理。仓储管理的内涵随着其在社会经济领域中的作用不断扩大而变化,仓储管理从单纯意义上的对货物储存的管理,已经转变成为物流过程中的中心环节,它的功能已不是单纯的货物储存,而是兼有包装、分拣、整理、简单装配等多种辅助性功能。

(二) 仓储管理的内容

1. 仓库的选址与建筑

仓库的选址与建筑包括仓库的选址原则与考虑的因素、仓库建筑面积与结构、库内平面布置与作业区域划分等。此问题属于仓储战略管理,其直接关系到仓库企业未来的发展与战略优势的保持。

2. 仓库机械作业的选择与配置

仓库机械作业的选择与配置即如何根据仓库作业特点和所储存货物种类以及其物理、化学特性,选择机械装备的种类以及应配备的数量,恰当选择适用于不同作业类型的仓库设施和设备,大大降低仓库作业中的人工作业劳动量,并提高物品流通的通畅性,有效保障流通过程中物品的质量。

3. 仓库的业务管理

仓库的业务管理即如何组织货物入库前的验收,如何存放入库货物,如何对在库货物进行保管养护、发放出库等。

4. 仓库的库存管理

仓库的库存管理即如何根据企业生产的需求状况和销售状况,储存合理数量的货物,既不因储存过少而引起生产或销售中断造成的损失,又不因储存过多而占用过多的流动资金等。

5. 仓库的组织管理

仓库的组织管理如货源的组织、仓储计划、仓储业务、货物包装、货物养护、仓储成本核算、仓储经济效益分析、仓储货物的保税类型、保税制度和政策、保税货物的海关监管、申请保税仓库的一般程序等。

三、库存管理

(一) 库存的含义

物流管理中这样定义"库存":是指储存作为今后按预定的目的使用而处于闲置或非生产状态的物品。广义的库存还包括处于制造加工状态和运输状态的物品。

库存是处于储存状态的商品物资,是储存的表现形态。库存是仓储的最基本的功能,除了进行商品储存保管外,它还具有整合需求和供给,维持物流系统中各项活动顺畅进行的功能。

(二) 库存的功能

在现实经济生活中,商品的流通并不是始终处于运动状态的,作为储存的表现形态的库存是商品流通的暂时停滞,是商品运输的必需条件。库存在商品流通过程中有其内在的功能。

1. 具有调节供需矛盾与消除生产和消费之间时间差的功能

不同的商品,其生产和消费情况各不相同。有些商品的生产时间相对集中,而消费则是均衡的;有些商品生产是均衡的,而消费则是不均衡的。为了维护正常的生产秩序和消费秩序,尽可能地消除供求之间、生产与消费之间这种时间上的不协调性,库存起到了调节作用,它能够很好地平衡供求关系、生产与消费的关系,起到缓冲供需矛盾的作用。

2. 具有创造商品的"时间效用"功能

所谓"时间效用",就是同一种商品在不同的时间销售(消费),可以获得不同的经济效果(支出),以为了避免商品价格上涨造成损失或为了从商品价格上涨中获利而建立的投机库存恰恰满足了库存的"时间效用"功能。

3. 具有降低物流成本的功能

对企业而言,保持合理的原材料和产品库存,可以避免因上游供应商原材料供应不及时而需要进行紧急订货增加的物流成本,也可以消除或避免下游销售商由于销售波动进行临时订货而增加的物流成本。但库存过多会造成积压,增加企业不必要的储存成本;库存过少又会造成停产、脱销,影响企业的正常生产经营,因此,企业既不应该库存投资过多,又不应该投资过少,而应保持一个最优值,因此必须进行库存控制。

(三) 判断库存合理化的标志

库存合理化是用最经济的办法实现库存的功能,合理库存的实质是在保证库存功能实现前提下的尽量少的投入,也是一个投入和产出的关系问题。

库存合理化的主要标志包括以下几点。

1. 质量标志

保证被储存物的质量是完成库存功能的基本要求,只有这样,商品的使用价值才能通过物流之后得以最终实现。在库存中增加了多少时间价值或是得到了多少利润,都是以保证质量为前提的。所以,库存合理化的主要标志中,为首的应当是反映使用价值的质量。

2. 数量标志

在保证库存功能实现前提下要有一个合理的数量范围。目前管理科学的方法已能在各种约束条件的情况下,对库存合理数量范围做出决策。

3. 时间标志

在保证库存功能实现前提下寻求一个合理的储存时间,这是和数量有关的问题,库存量越大而消耗速率越慢,则储存时间必然越长,相反则必然越短。在具体衡量时往往用周转速度指标来反映时间标志,如周转天数、周转次数等。

在总时间一定的前提下,个别被储物的储存时间也能反映库存合理程度。如果少量被储物长期储存,成了呆滞物或储存期过长,虽反映不到总周转指标中,但也说明库存管理存在不合理之处。

4. 结构标志

结构标志是从被储物不同品种、不同规格、不同花色的储存数量的比例关系对库存合理与否的判断。尤其是相关性很强的各种物品之间的比例关系更能反映库存合理与否,由于物品之间相关性很强,只要有一种物品出现耗尽,即使其他物品仍有一定数量,也会无法投入使用。所以不合理的结构的影响并不局限在某一种库存物品上,而是有扩展性的,结构标志的重要性也可由此确定。

5. 分布标志

分布标志是指不同地区库存数量的比例关系,以此判断对需求的保障程度,也可由此判断对整个物流的影响。

6. 费用标志

仓租费、维护费、保管费、损失费、资金占用利息支出等,都能从实际费用上判断储存的合理与否。

第二节 仓储管理经营要素

一、仓库的分类

仓库是物流企业中最常见的物流设施,根据使用范围不同、保管条件不同、建筑结构不同可划分不同的类型。

(一)按使用范围分类

(1)自用仓库。自用仓库是生产或流通企业为本企业经营需要而修建的附属仓库,完全用于储存本企业的原材料、燃料、产成品等货物或商品。

(2)营业仓库。营业仓库是一些企业专门为了经营储运业务而修建的仓库。

（3）公用仓库。公用仓库是由国家或某个主管部门修建的为社会服务的仓库，如机场、港口、铁路的货场、库房等仓库。

（4）出口监管仓库。出口监管仓库是经海关批准，在海关监管下存放已按规定领取了出口货物许可证或批件，已对外买断结汇并向海关办完全部出口海关手续的货物的专用仓库，如图3-2所示。

图 3-2　出口监管仓库

（5）保税仓库。保税仓库是经海关批准，在海关监管下专供存放未办理关税手续而入境或过境货物的场所，如图3-3所示。

图 3-3　保税仓库

（二）按仓库保管条件分类

（1）普通仓库。普通仓库是指用于存放无特殊保管要求的物品的仓库，如图3-4所示。

（2）保温、冷藏、恒湿恒温库。保温、冷藏、恒湿恒温库是指用于存放要求保温、冷藏或恒湿恒温的物品的仓库，如图3-5所示。

图 3-4　普通仓库　　　　　　　图 3-5　保温、冷藏、恒湿恒温库

（3）特种仓库。特种仓库通常是指用于存放易燃、易爆、有毒、有腐蚀性或有辐射性的物品的仓库，如图3-6所示。

图3-6　特种仓库

（4）气调仓库。气调仓库是指用于存放要求控制库内氧气和二氧化碳浓度的物品的仓库，如图3-7所示。

图3-7　气调仓库

（三）按建筑结构分类

（1）平房仓库。平房仓库的构造比较简单，建筑费用便宜，人工操作比较方便，如图3-8所示。

（2）楼房仓库。楼房仓库是指二层楼以上的仓库，它可以减少土地占用面积，进出库作业可采用机械化或半机械化，如图3-9所示。

图3-8　平房仓库　　　　　　　　图3-9　楼房仓库

（3）高层货架仓库。在作业方面，高层货架仓库主要使用电子计算机控制，能实现机械化和自动化操作，如图3-10所示。

（4）罐式仓库。罐式仓库的构造特殊，呈球形或柱形，主要用来储存石油、天然气和液体化工品等，如图3-11所示。

图3-10　高层货架仓库　　　　　　　　图3-11　罐式仓库

（5）简易仓库。简易仓库的构造简单、造价低廉，一般是在仓库不足而又不能及时建库的情况下采用的临时代用办法，包括一些固定或活动的简易货棚等，如图3-12所示。

图3-12　简易仓库

（6）自动化立体仓库。自动化立体仓库是指出入库用运送机械存放取出，用堆垛机等设备进行机械化自动化作业的高层货架仓库，如图3-13所示。

图3-13　自动化立体仓库

二、仓储设施设备

仓储设施设备是进行仓储管理的重要工具和手段。为了更高效地实现仓储的基本功能,必须借助于机械等设备的帮助。仓储设施设备配置齐全与否直接影响仓储及整个物流流程的效率,因而要根据仓库的功能、储存的对象要求等确定主要设施设备的配置。

(一) 货架

1. 货架的作用

(1) 可充分利用空间,提高库容利用率,扩大仓库储存能力。

(2) 可保证储存货物的安全,减少货物的损失。由于货架隔板的承托作用,存入货架的货物互不挤压,物资损耗小。

(3) 可提高存取、分拣作业的效率。存入货架的物资,由于有货架层格的分隔,易于定位,便于清点及计量,可做到先进先出。

(4) 有利于实现机械化、自动化管理。新型货架系统是进一步实现仓储作业机械化、自动化的基本措施,它为减少人力消耗、降低成本、提高效率奠定了基础。

2. 货架的种类

(1) 按层架存放货物的重量等级划分为:重型货架、中型货架、轻型货架,如图 3-14 和图 3-15 所示。

图 3-14 重、中型货架

图 3-15 轻型货架

(2) 按层架结构可以划分为:层格式货架、抽屉式货架、托盘式货架、悬臂式货架、阁楼式货架、高层货架等,如图 3-16～图 3-21 所示。

(二) 叉车

叉车是仓库装卸搬运机械中应用最广泛的一种机械,主要用于仓库内货物的装卸搬运,也可堆垛和装卸卡车、铁路平板车。能够减轻装卸工人繁重的体力劳动,提高效率,缩短车辆停留时间,降低装卸成本,如图 3-22 所示。

叉车具有以下特点与用途:机械化程度高;机动灵活性好;能提高仓库容积的利用率;有利于开展托盘成组运输和集装箱运输;成本低、投资少,能获得较好的经济效果;可以一机多用。

图 3-16 层格式货架

图 3-17 抽屉式货架

图 3-18 托盘式货架

图 3-19 悬臂式货架

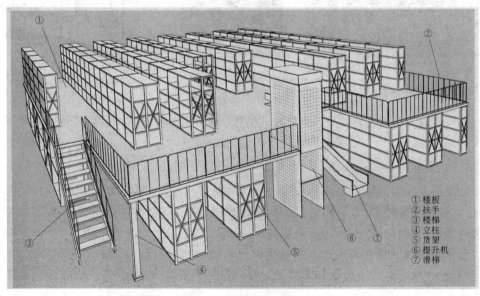

① 楼板
② 扶手
③ 楼梯
④ 立柱
⑤ 货架
⑥ 提升机
⑦ 滑梯

图 3-20 阁楼式货架

图 3-21　高层货架

图 3-22　叉车

（三）托盘

1. 托盘的概念

托盘是指在运输、搬运和储存过程中,将物品规整为物品单元时,作为承载面并包括承载面上辅助结构件的装置。

托盘是用于集装、堆放、搬运和运输的放置作为单元负荷货物和制物的水平平台装置。它便于机械化操作,减少货物堆码作业次数,提高运输效率,减小劳动强度;以托盘为单位,货运件数变少,便于点数和理货交接,减少货损货差。

2. 托盘的种类

托盘的种类很多,一般有平托盘、箱式托盘、筒式托盘、罐式托盘、立柱式托盘、滚轮箱式托盘、冷藏带轮箱式托盘、纸托盘、托板、托架等。目前常见的托盘的主要分类如下。

(1) 按使用面划分可分为：单面使用型托盘、双面使用型托盘,如图 3-23、图 3-24 所示。

(2) 按进叉方向划分可分为：双向叉入型托盘、四向叉入型托盘,如图 3-25、图 3-26 所示。

(3) 按材质划分可分为：木制平托盘、钢制平托盘、塑料平托盘、金属托盘和纸制平托盘,如图 3-27 所示。

图 3-23　单面使用型托盘

图 3-24　双面使用型托盘

图 3-25　双向叉入型托盘

图 3-26　四向叉入型托盘

图 3-27　木制平托盘、塑料平托盘、金属托盘

（四）巷道式堆垛机

堆垛机是专门用来堆码或提升货物的机械。普通仓库使用的堆垛机是一种构造简单、用于辅助人工堆垛、可移动的小型货物垂直提升设备。商业储运系统定型生产的一种堆垛机，其外形尺寸为 1260mm×712mm×2550mm（长×宽×高），最大起重量为 300kg，提升高度为 3.4m，提升速度为 20m/min，自重为 500kg，电动机功率为 2.2kW。

这种机械的特点是：构造轻巧，人力推移方便，能在很窄的走道内操作，减轻堆垛工人的劳动强度，且堆码或提升高度较高，仓库的库容利用率较高，作业灵活，所以在中小型仓库内广泛使用。它有桥式堆垛机、巷道式堆垛机等类型，如图 3-28 所示。

（五）输送机

输送机是一种连续搬运货物的机械，如图 3-29 所示，其特点是在工作时连续不断地沿同一方向输送散料或者重量不大的单件物品，装卸过程无须停车，因此生产率很高。其优点是生产率高、设备简单、操作简便；缺点是一定类型的连续输送机只适合输送一定种类的物品，不适合搬运很热的物料或者形状不规则的单件货物，只能沿一定线路定向输送，因而在使用上具有一定局限性。

图 3-28 巷道式堆垛机

图 3-29 输送机

根据用途和所处理货物形状的不同,输送机可分为带式输送机、辊子输送机、链式输送机、重力式辊子输送机、伸缩式辊子输送机、振动输送机、液体输送机等。此外,还有移动式输送机和固定式输送机、重力式输送机和电驱动式输送机等多种划分方法。

(六) 起重机

起重机是在采用输送机之前曾被广泛使用的具有代表性的一种搬运机械,它是指将货物吊起,在一定范围内做水平运动的机械,如图 3-30 所示。

图 3-30 起重机

起重机按照其所具有的机构、动作繁简程度以及工作性质和用途,可以分为简单起重机械、通用起重机械和特种起重机械三种。

第三节　仓储作业管理

一、入库作业

商品入库业务又称收货业务,它是仓储业务的开始。商品入库管理是根据商品入库凭证,在接受入库商品时所进行的卸货、查点、验收、办理入库手续等各项业务活动的计划和组织。

货物入库的基本要求,是根据货主的入库凭证,清点货物数量,检查货物和包装的质量,检验货物的标志,并按照规程安排货物入库存放。在入库业务环节中,应注意认真做好入库记录,并与承运人共同签字,以便分清责任。对于负责入库的业务人员来说,在进行货物入库的工作中应做到手续简便清楚、作业快且稳定、技术准确,认真把好入库关。

入库作业阶段由入库前准备、接收、上架三个环节构成。

仓管员对货物入库的准备

大连兴隆物流公司是一家专业为客户提供管理一体化的家电仓储服务的公司,拥有150多万平方米的仓库。小张是一名刚毕业的物流专业的学生,有幸成为该公司的员工,负责仓库收货入库、发货出库、盘点等工作。

现有100台型号为XQG50—D809,规格为60cm×58cm×80cm的洗衣机装载在大连兴隆物流公司的车辆上,从沈阳客户仓库运到大连仓库。预计于2016年8月1日上午九点到达。发货人是沈阳海尔公司,收货人是大连国美电器胜利店。那么作为一名仓管员,小张要如何操作?

(一) 入库前准备工作

1. 了解各种入库货物的状况

仓库管理人员需了解入库货物的品种、规格、数量、包装状态、体积、到库时间、储存期限、货物的理化特性以及保管的要求,精确、妥善地进行库场安排、准备。

2. 制订仓储计划

根据货物情况、仓库情况、设备情况,仓库管理人员制订出仓储计划,并将计划下发各相应的作业人员。入库计划表如表3-1所示。

3. 掌握仓库库场情况

了解货物入库、保管期间仓库的库容、设备、人员的变动情况,安排好工作。出库需使用重型设备操作的货物,要确保可使用设备的货位。必要时对仓库进行清查,清理归类以便腾出仓容。

表 3-1　入库计划表　　　　　　　　　　　　　　　　　　　　No.：

送货单位：沈阳海尔公司　　预入库日期：2016 年 8 月 1 日　　　　仓库：大连库

货物品名	型　号	数　量	时　间	所需资源	备注
海尔洗衣机	XQG50—D809	100 台	上午 9:00	搬运人员 5 名 手动叉车 5 台 货位 27m³	

4. 仓库妥善安排货位

仓库根据入库货物的性能、数量和类别，结合仓库分区分类保管的要求，核算货位的大小，根据货位使用原则，严格验收场地，妥善安排货位，确定苫垫方案及堆垛方法等。

5. 做好货位准备

彻底清洁货位，清除残留物，清理排水管道（沟），必要时安排消毒、除虫、铺地。仔细检查照明、通风等设备，发现损坏及时通知修理。

6. 准备必要的苫垫材料、作业用具

在货物入库前，根据所确定的苫垫方案，准备相应材料以及所需用具，并组织衬垫铺设作业。

7. 装卸搬运流程设定

根据货物、货位、设备条件和人员等情况，合理科学地制定装卸搬运流程，保证作业效率。

8. 文件单证准备

仓库管理员应妥善保管货物入库所需的各种报表、单证和记录簿等，如入库记录、理货检验单、存卡和残损单等，以备使用。

9. 合理安排人力、设备

根据入库货物的数量和时间，安排好物资验收人员、搬运堆码人员、物资入库工作过程，以及用来验收用的点数、测试、开箱等工具，确定各个工作环节所需要的人员和设备。由于仓库、物资业务性质不同，入库准备工作也有所差别，这就需要根据具体情况和仓库管理制度做好充分准备。

（二）货物接收

入库作业主要包括送达货物的卸货作业、核对货物数量及状态的验收作业以及入库上架作业。由于配送中心的收货工作非常繁忙，通常会有几辆卡车接连到达，为了节约时间，一般采取"先卸后验"的办法，几辆卡车同时卸车，先卸完的先验收，交叉进行，既可节省人力，又可加快验收速度，还可有效防止出现差错。

1. 接运卸货作业

做好商品接运业务管理的主要意义，在于防止把在运输过程中或运输之前已经发生的商品损害和各种差错带入仓库,减少或避免经济损失,为验收和保管保养创造良好的条件。

2. 核查入库凭证

1)入库通知单与订货合同

入库通知单和订货合同副本是仓库接受物品的凭证,应与所提交的随货单证及货物内容相符。

2)供货商单证

供货商单证主要包括:送货单、装箱单、磅码单、原产地证明等。送货单由供货商开具,通常包括五联:白联为存根,由发货部门留存;红联为记账联,交财务;黄绿联为回单,由收货人签字确认后带回;蓝联交收货人留存;黄联为出门证,交门卫。送货单如图3-31所示。

送　货　单　　№ 0003262

年　月　日　　　　收货单位:

货号	品名及规格	单位	数量	单价	金额	备注
合计人民币(大写)	拾　万　仟　佰　拾　元　角　分 ¥					

①存根

收货单位及经手人(盖章)　　送货单位及经手人(盖章)

图3-31　送货单

装箱单、磅码单是商业发票的一种补充单据,是商品的不同包装规格条件、不同花色和不同重量逐一详细列表说明的一种单据。它是仓库收货时核对货物的品种、花色、尺寸、规格的主要依据。

原产地证明用以证明物品的生产国别,进口国海关凭以核定应征收的税率。在我国,普通产地证可由出口商自行签发,或由进出口商品检验局签发,或由中国国际贸易促进委员会签发。实际业务中,应根据买卖合同或信用证的规定,提交相应的产地证。

3)承运人单证

承运人单证主要指运单。运单是由承运人或其代理人签发的,证明物品运输合同和物品由承运人接管或装船,以及承运人保证将物品交给指定的收货人的一种单证。运单由承运单位开出,内容包括承运物品名称、包装状况、单位、单价、数量、承运时间、联系方式等信息,通常运单包括三至五联,主要的作用如下:一是"两次三方"的物品交接的凭证,"三方"指的是托运人、承运人、收货人,"两次"指的是托运人与承运人物品交接、承运人与收货人物品交接;二是承运方与托运方的财务核算的凭证。

(三) 验收作业

验收是指按照订购的要求或合同规定,对到达物资进行检验和接收。商品在供应商与仓储配送中心之间相互有交接关系,所以验收的目的首先在于与送货单位分清责任,避免将商品在运输过程中造成的溢缺、损失带入配送中心;其次,可了解货物状况,方便后续储存工作。验收工作是做好保管工作的首要环节,也是企业进行全面质量管理的重要内容之一。验收的具体过程如下。

1. 验收准备

为了保证验收工作及时而准确地完成,验收前要进行充分的准备。主要包括全面了解验收物资的特性、准备验收设备工具材料、收集和熟悉验收凭证及有关资料。

2. 核对资料

需核对的资料有:物资采购单、入库通知单、供货合同;供货单位提供的质量证明书或合格证、装箱单、磅码单、发货明细表以及运输部门提供的运单、途中残损记录等。

3. 检验货物

检验货物是仓储业务中的一个重要环节,必须经过商品条形码标识、数量、质量、包装四个方面的验收。

(四) 办理交接手续

1. 交接记录

(1) 商品检验后,仓库保管员应按验收情况进行记录,填写相关验收单据,完成验收交接手续,填写接运记录单,如表 3-2 所示。

表 3-2　接运记录单

序号	到达记录							接运记录					交接记录			
	通知到达时间	运输方式	发货站	发货人	运单号	车号	货物名称	件数	重量	日期	件数	重量	缺损情况	接货人	日期	接货通知单编号	附件	收货人

(2) 填写验收单据时,质量合格的实际数量填制商品入库验收单,如表 3-3 所示。

表 3-3　商品入库验收单

发货单位:
发货单号数:
合同编号:　　　　　　　　　　年　月　日　　　　　　　存放仓库:

商品编号	品　名	规格型号	包装细数	单位	单价	应　收		实　收	
						数量	金额	数量	金额

续表

商品编号	品　名	规格型号	包装细数	单位	单价	应收		实收	
						数量	金额	数量	金额
合　计									

会计：　　　　　记账：　　　　　　验收：　　　　　　制单：

（3）如果数量不符，应填制商品溢余短缺报告单；如果有轻微质量问题，还应对这些商品填写商品残损变质报告单，如表3-4、表3-5所示，经仓库负责人核对签字后，作为今后与供货方、运输方交涉的凭证。验收过程中如遇严重问题应填写物资异常报告，如表3-6所示，交货主确认。

表3-4　商品溢余短缺报告单

仓库：　　　　　　　　　　　年　月　日　　　　　　　　　No.：

商品编号	品　名	规格型号	包装细数	单位	单价	应收	实收	溢余	短缺	金额
溢余(短缺)原因										
处理意见										

仓库主管：　　　　　保管：　　　　　　复核：　　　　　　制单：

表3-5　商品残损变质报告单

仓库：　　　　　　　　　　　年　月　日　　　　　　　　　No.：

商品编号	品　名	规格型号	包装细数	单位	数量	原来单价	原来金额	重估单价	重估金额	原因
审核意见							领导批示			

表 3-6　物资异常报告

序号：　　　　　　　　　　　　　　　　　　　　　　　　　　　　　　日期：

物资编号	品　名	规　格	数　量	异常情况

送货人：　　　　　　　　　　　　　　　　　　　　　　　　检验：

2. 立卡

"卡"又称"物品保管卡",能够直接反映该垛货物品名、型号、规格、数量、单位及进出动态和积存数,如表 3-7 所示。

表 3-7　物品保管卡

No.：

来源												年　月　日					名　称	
到货通知单	到货日期			名称								验收情况					型号	
	合同号			型号													规格	
	车号			规格													单位	
	运单号			件数		单位		数量		单价	交货						技术条件	
	运输号																存放地点	
年		凭证号	摘要	收　入			付　出			结　存			备　料　情　况					
月	日			件数	数量	金额	件数	数量	金额	件数	数量	金额	厂名	件数	数量	结存		

卡片应按"入库通知单"所列内容逐项填写。货物入库堆码完毕,应立即建立卡片,一垛一卡。

3. 登账

货物入库,仓库应建立"实物保管明细账",登记货物进库、出库、结存的详细情况。"实物保管明细账"按货物的品名、型号、规格、单价、货主等分别建立账户。此账采用活页式,按货物的种类和编号顺序排列。在账页上要注明货位号和档案号,以便查对。它是反映在库储存货物进、出、存动态的账目,也是核对储存货物动态和保证与财务总账相符的主要依据。

4. 建档

建档是将货物入库业务作业全过程的有关资料证件进行整理、核对,建立资料档案,以便货物管理和保持客户联系,为将来发生争议时提供凭据。同时也有助于总结和积累仓储管理经验,为货物的保管、出库业务创造良好的条件。

5. 签单

货物验收入库后,应及时按照"仓库货物验收记录"要求签回单据,以便向供货单位和货主表明收到货物的情况。另外,如果出现短少等情况,也可作为货主向供货方交涉的依据,所以签单必须准确无误。

(五) 入库上架

1. 入库步骤

1) 安排货位

安排货位时,必须将安全、方便、节约的思想放在首位,使货位合理化。货物因自身的自然属性不同而具有不同的自然性,有的怕冻、有的怕热、有的怕潮、有的怕虫蛀等。如果货位不能适应储存货物的特性,就会影响货物质量,发生霉腐、锈蚀、熔化、干裂、挥发等变化。为了方便出入库业务,要尽可能缩短收、发货作业时间;以最少的仓容储存最大限量的货物,提高仓容使用效能。

2) 搬运

经过充分的入库准备及货位安排后,搬运人员就可以把验收场地上经过点验合格的入库货物,按每批入库单开制的数量和相同的唛头集中起来,分批送到预先安排的货位,要做到进一批、清一批,严格防止唛头互串和数量溢缺。

3) 堆码

物品堆码是指根据物品的包装、外形、性质、特点、种类和数量,结合季节和气候情况,以及储存时间的长短,将物品按一定的规律码成各种形状的货垛。堆码的主要目的是便于对物品进行维护、查点等管理和提高仓库利用率。

2. 入库凭证流转程序

货物验收工作由理货员、计量员、复核员和业务受理员分工负责。理货员组织对货物进行验收、计量、堆码和记录等,并向业务受理员提交货物验收的结果和记录。

货物入库单证流程如图 3-32 所示。

二、在库作业

货物的在库作业由保管、养护、盘点等几个环节构成。

(一) 物品的保管作业

物品保管的原则是:质量第一,科学合理,高效,预防为主。

1. 物品的堆码

堆码是指将物品整齐、规则地摆放成货垛的作业。它根据物品的性质、形状、轻重等因素,结合仓库储存条件,将物品堆码成一定的货垛。

1) 堆码的基本原则

一是分类存放;二是选择适当的搬运活性;三是面向通道,不围不堵。

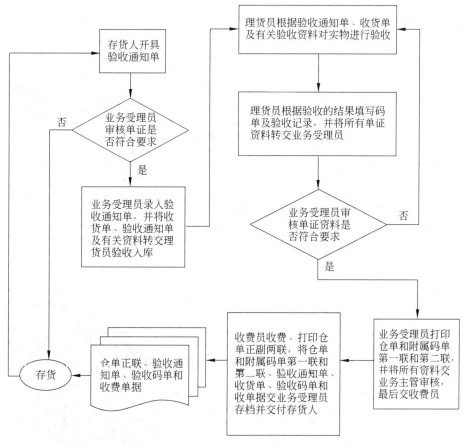

图 3-32 货物入库单证流程

2) 商品堆码操作要求

一是牢固；二是合理（不同商品其性能、规格、尺寸不相同，应采用各种不同的垛形）；三是整齐；四是定量（商品储存量不应超过仓储定额）；五是节约（提高仓容利用率）。

3) 物品堆码方式

物品堆码要根据商品的品种、性质、包装、体积、重量等情况，同时还要依照仓库的具体储存要求和有利于商品库内管理来确定商品的堆码形式，做到科学合理。具体如表 3-8 所示。

表 3-8 物品堆码方式

物品堆码方式	特点	图例
散堆法	散堆法是一种将无包装的散货直接堆成货港的货物存放方式。它特别适合于露天存放的没有包装的大宗货物，如煤炭、矿石、散粮等。这种堆码方式简便，便于采用现代化的大型机械设备，节约包装成本，提高仓容利用率	

续表

物品堆码方式		特　点	图　例
垛堆法	重叠式	又称宜叠式，货物逐件、逐层向上整齐地码放。这种方式稳定性较差，易倒垛，一般适合袋装、箱装、平板式的货物	
	通风式	采用通风式堆垛时，每件相邻的货物之间都留有空隙，以便通风防潮、散湿散热。这种方式一般适合箱装、桶装以及裸装货物	
	纵横交错式	纵横交错式即每层货物都改变方向向上堆放。采用这种方式码货定性较好，但操作不便，一般适合管材、扣装、长箱装货物	
	压缝式	压缝式即上一层货物跨压在下一层两件货物之间。如果每层货物都不改变方式，则形成梯形形状。如果每层都改变方向，则类似于纵横交错式	
	栽柱式	码放货物前在货垛两侧栽上木桩或钢棒，形成U形货架，然后将货物平放在桩柱之间，码了几层后用铁丝将相对两边的桩柱拴连，再往上摆放货物。这种方式一般适合棒材、管材等长条形货物	
	俯仰相间式	对上下两面有大小差别或凹凸的货物，如槽钢、钢轨、箩筐等，将货物仰放一层，再反一面伏放一层，仰伏相间相扣。采用这种方式码货，货垛较为稳定，但操作不便	
货架法		货架法即直接使用通用或专用的货架进行货物堆码。这种方法适用于存放不宜堆高，需要特殊保管的小件、高值、包装脆弱或易损的货物，如小百货、小五金、医药品等	

续表

物品堆码方式	特　　点	图　　例
成组堆码法	成组堆码法即采取货板、托盘、网格等成组工具使货物的堆存单元扩大，一般以密集、稳固、多装为原则，同类货物组合单元应高低一致。这种方法可以提高仓容利用率，实现货物的安全搬运和堆存，适合半机械化和机械化作业，能够提高劳动效率，减少货损货差	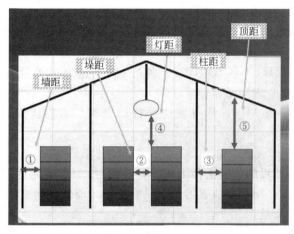

4）货堆的规范要求

（1）货堆的五距。货堆的规范要求主要是指"五距"，即堆距、墙距、柱距、顶距和灯距。叠堆时，不能依墙、靠柱、碰顶、贴灯；不能紧挨旁边的货堆，必须留有一定的间距，如图 3-33 所示。

图 3-33　货堆的五距

① 堆距。货堆与货堆之间的必要距离称为堆距，常以支道作为堆距。堆距能方便存取作业，起通风、散热的作用，方便消防工作。库房一般为 0.5～1m，货场一般不少于 1.5m。

② 墙距。为了防止库房墙壁和货场围墙上的潮气对货物的影响，也为了开窗通风、消防工作、建筑安全、收发作业，货堆必须留有墙距。墙距分为库房墙距和货场墙距，其中，库房墙距又分为内墙距和外墙距。内墙是指墙外还有建筑物相连，因而潮气相对少些；外墙则是指墙外没有建筑物相连，所以墙上的湿度相对大些。库房的外墙距为 0.3～0.5m；内墙距为 0.1～0.2m，货场只有外墙距，一般为 0.8～3m。

③ 柱距。为了防止库房柱子的潮气影响货物，也为了保护仓库建筑物的安全，必须留有柱距，一般为 0.1～0.3m。

④ 顶距。货堆堆放的最大高度与库房、货棚屋顶间的距离称为顶距。顶距能便于搬运作业，能通风散热，有利于消防工作，有利于收发、查点。顶距的一般规定是：平库房为 0.2～0.5m；人字形库房，以屋架下弦底为货堆的可堆高度；多层库房，底层与中层为

0.2～0.5m，顶层须大于或等于0.5m。

⑤ 灯距。货垛与照明灯之间的必要距离称为灯距。为了确保储存货物的安全，防止照明灯发出的热量引起靠近货物的燃烧而发生火灾，货垛必须留有灯距。灯距严格规定不少于0.5m。

(2) 货垛的形状。垛形是指仓库场地码放的货物外部轮廓形状。按垛底的平面形状可分为矩形、正方形、三角形、圆形、环形等。按货垛立面的形状可分为矩形、正方形、三角形、梯形、圆形，还可以组成矩形—三角形、矩形—梯形等复合形状，如图3-34所示。

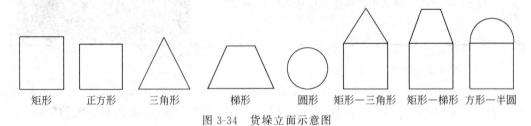

图3-34　货垛立面示意图

各种不同的立面货垛的特点如下。

① 矩形垛、正方形垛易于堆码，盘点计数方便、库容整齐，能充分利用仓库空间，但稳定性较差。

② 梯形垛、三角形垛、半圆形垛的稳定性好、易苫盖、排水性能好，但不易堆码，不便于计数，不能充分利用仓库空间。

③ 矩形—三角形、矩形—梯形等复合形货垛兼有二者的优点，多用于露天存货的堆垛。

2. 物品的苫垫

苫垫是指对堆码成垛的货物上苫下垫。在堆码时，为了避免货物受到日光、雨水、冰雪、潮气、风露的损害，必须妥善放置苫垫。只有这样才能使货物避免受潮、淋雨、暴晒等，保证储存养护货物的质量。

1) 货物垫垛

垫垛就是在货物堆垛前，根据货垛的形状、底面积大小、货物保管养护的需要、负载重量等要求，使用合适的衬垫材料进行铺垫，如图3-35所示。

垫垛是为了使货垛底部货物与地面隔离并垫高，可隔离地面潮湿，便于通风，避免潮气侵入货物而受损，使垛底通风透气，提高储存货物的保管养护质量，是仓储保管作业中不可缺少的一个环节。

图3-35　垫垛

垫垛材料通常采用水泥墩、条石、枕木、模板、垫架等垫高材料和苇席、防潮纸、塑料薄膜等垫隔材料，根据不同的储存条件、货物的不同要求，采用不同的垫垛材料。

2) 货物苫盖

为了防止货物直接受到风吹、雨淋、日晒、冰冻的侵蚀，因此存放在露天货场的货物一般都需要苫盖。货物在堆垛时必须堆成易苫盖的垛形，如屋脊形、方形等，并选择适当的苫盖物。对于某些不怕风吹、雨淋、日晒的货物，如果货场排水性能又好,可以不进行苫盖,如生铁、石块等。

通常使用的苫盖材料有:塑料布、席子、油毡纸、苫布等,也可以利用一些货物的旧包装材料改制成苫盖材料,如图 3-36 所示。

图 3-36 苫盖材料

苫盖方法主要有以下三种。

(1) 就垛苫盖法

就垛直接将大面积苫盖材料覆盖在货垛上遮盖,适用于屋脊形货垛、方形货垛及大件包装货物的苫盖,一般采用大面积的帆布、油布、塑料膜等。就垛苫盖法操作便利,但基本不具有通风条件,如图 3-37 所示。

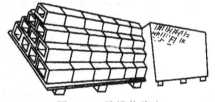

图 3-37 就垛苫盖法

(2) 鱼鳞苫盖法

鱼鳞苫盖法即是用席子、苫布等苫盖材料自下而上、层层压茬围盖的一种苫盖方法,因从外形上看酷似鱼鳞,故称鱼鳞苫盖法,如图 3-38 所示。它适用于怕雨淋、日晒的货物,采用面积较小的席、瓦等材料苫盖。

(3) 活动棚架苫盖法

活动棚架苫盖法是将苫盖物料制作成一定形状的棚架,棚架下还装有滑轮可以推动,在货物堆垛完毕后,移动棚架到货垛遮盖,或者采用即时安装活动棚架的方式苫盖,如图 3-39 所示。

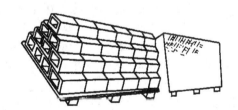

图 3-38 鱼鳞苫盖法　　　　图 3-39 活动棚架苫盖法

(二) 物品的养护作业

商品养护是指商品在储存过程中所进行的保养和维护。

1. 物品特性的养护

物品不同,特性不同,养护的方法与方式也不同,具体如表3-9所示。

表3-9 物品养护方式

物品类型		养护方式
具有自然特性的物品	易吸潮物品	指空气湿度的改变,能引起商品含水量、化学成分、外形或体态结构发生变化,大部分物资都怕潮湿,如金属及其制品受潮后会锈蚀,仪器受潮后会失灵,水泥受潮后会硬化而失效。因此对于此类物品的养护就是控制空气湿度,防止受潮
	易吸味物品	对于一些会互相串味的商品,决不能混存于同一个库房或同一个货区,必须采用分区分类的方法,分开来存放,如茶叶和化妆品、香水和香烟等
	易吸尘物品	毛皮、毛料服装可与固体精萘(白色易挥发晶体,有温和芳香气味,主要用途:用于制造染料、皮革和木材保护剂等)同储于一个库区,能防虫、杀虫
	扬尘性物品	干燥粮食的麸壳、粉碎的粮食粉末以及煤炭等在流动和作业时会扬尘,危害人的呼吸系统。养护中需要遮盖、防止扬尘
	受热易变形物品	如橡胶及其制品、塑料制品等,温度过高会发黏老化变质;另外石膏、硫酸铜、纸张和木材等,在高温下会逐渐失去水分而引起外形和性质的变化,并造成重量损失。养护方式为控制温度,防止高温储存
	自行发热性物品	新收获的粮食籽粒呼吸旺盛,在新陈代谢过程中会释放出大量的水汽与热量,出现粮温升高和水分增加的现象,并促进粮堆中有害生物的滋长,促使储粮自身发生劣变。养护重点是控制温度与湿度
具有危险性的物品	爆炸品	这类物质具有猛烈的爆炸性。当受到高热摩擦、撞击、振动等外来因素的作用或与其他性能相抵触的物质接触,就会发生剧烈的化学反应,产生大量的气体和热量,引起爆炸。养护重点除了防止环境的高热因素,还要做到隔离储存
	氧化剂	氧化剂具有强烈的氧化性,按其不同的性质遇酸、碱、受潮、强热或与易燃物、有机物、还原剂等性质有抵触的物质混存能发生分解,引起燃烧和爆炸。养护重点是隔离储存
	压缩气体和液化气体	气体压缩后贮于耐压钢瓶内,具有危险性。钢瓶如果在太阳下曝晒或受热,当瓶内压力升高至大于容器耐压限度时,即能引起爆炸。养护重点是防止长时间暴晒和受热
	自燃物品	这类物质暴露在空气中,依靠自身的分解、氧化产生热量,使其温度升高到自燃点即能发生燃烧,如白磷等。此类物品要密封保存
	遇水燃烧物品	此类物质遇水或在潮湿空气中能迅速分解,产生高热,并放出易燃易爆气体,引起燃烧爆炸,如金属钾、钠、电石等。养护重点是防潮防水
	易燃液体	这类液体极易挥发成气体,遇明火即燃烧。可燃液体以闪点作为评定液体火灾危险性的主要根据,闪点越低,危险性越大。养护重点是防火
	易燃固体	此类物品着火点低,如受热、遇火星、受撞击、摩擦或氧化剂作用等能引起急剧的燃烧或爆炸,同时放出大量有害气体,如赤磷、硫黄、萘、硝化纤维素等。储存此类物品要控制好温度,注意防火防撞击
	毒害品	这类物品具有强烈的毒害性,少量进入人体或接触皮肤即能造成中毒甚至死亡。毒品分为剧毒品和有毒品。此类物品应重点储存,单独存放
	放射性物品	此类物品具有放射性。人体受到过量照射或吸入放射性粉尘能引起放射病,如硝酸铀及放射性矿物独居石等。养护人员需要一定的防护措施,防止其放射性危害

续表

物品类型		养护方式
非金属材料	木材	木材根据树种、材种、保管要求和保管条件的不同,可因地制宜地采用干存法、湿存法、补存法等不同的保管方法
	玻璃	在玻璃的保管中,应按照玻璃的不同种类、规格、等级分别存放在干燥通风的库房,不得露天存放,不得与潮湿或有挥发性的物品(水泥、石灰、盐、酸、碱、油脂、酒精等)放在一起
	水泥	水泥一般以直观验收为主,重点对包装和密封进行认真检查,以防在运输途中因受潮而硬化结块
	汽油	汽油容易燃烧,但一般不会自燃,保管时要注意:尽可能用油罐储存,最好是地下的,以减少蒸发损失;储存时要严格防火防爆
	沥青	沥青是一种复杂的化合物,在20℃时为黏性液体,具有一定的弹性和塑性,容易着火,不溶于水。保管时要注意: ① 沥青是易燃品,存放时要断绝火源,保管作业时要穿戴防护用具 ② 不能将不同规格、品种混存在料棚内,注意防止沙土、杂质和水混入,避免日晒雨淋导致的变质
	防水卷材	防水卷材是以植物、矿物或动物纤维制品浸渍沥青所制成的防水建筑材料。在储存时一定要立放,严禁挤压,垛堆高度不要超过两层,库温在40℃以下,避免日光直射,注意通风和防潮,远离易燃易爆品
	润滑油	① 必须按品牌、种类分别存放,并做明显标志,最好在油库保管 ② 保管器皿清洁密封,要远离电源 ③ 取油工具要干净,不允许有沙砾杂质混入 ④ 不能用木制的容器储存 ⑤ 坚持先进先出,储存时间不要过长,以免氧化变质
	电石	电石应包装放在密封的铁桶内,打开或损坏的电石桶不要放在库房内。仓库要保持干燥、通风良好。库温保持在30℃以下,相对湿度在80%以下,进出货时必须在库外进行,在安全地点放气,人员要在上风处
	橡胶板	保管时可平放,也可卷起来立放,保持通风和清洁,库温为−15～35℃,相对湿度为50%～80%。远离矿物油、硫化物质。可撒些滑石粉避免黏结
	涂料	涂料涂覆在物体表面,干结成膜后,使物体表面与外界无氧隔开,防止腐蚀变形,起到保护和装饰的作用。涂料在保管时要注意: ① 涂料一般含有可燃或易燃物,在保管中特别要注意防火,防毒 ② 注意防潮 ③ 涂料挥发的气体对人体有害,要注意库房的通风

2. 仓库温度、湿度的控制技术

1) 仓库温度、湿度的含义

温度和湿度是影响物品质量变化的重要因素。物品在储存保管期间都要有一个适宜的温度和湿度。

仓库里平常指的温度有以下3种:库房外称为气温;库房内称为库温;储存物品的温度称为垛温。表3-10所示为食品的保存温度标准。

表 3-10　食品的保存温度标准

温 度 带	物 品 类 型
5～10℃	蔬菜、水果、奶类加工食品、火腿、香肠
−5～5℃	生食用鱼贝类、牛奶、鸡蛋、生鲜肉
−15℃以下	冷冻肉类、冷冻食品、浓缩果汁、冰激凌

空气湿度是指空气中水蒸气含量多少的程度。一般以绝对湿度、相对湿度和饱和湿度来表示。

$$相对湿度 = \frac{绝对湿度}{饱和湿度} \times 100\%$$

引起金属生锈的相对湿度的范围,称为金属生锈的临界湿度,铁的临界湿度为 65%～70%,钢的临界湿度为 70%～80%。因此不管采取什么防潮措施,都应使库房内的相对湿度降低到金属的临界湿度以下。

表 3-11 所示为部分物品对温度和湿度的储存要求。

表 3-11　部分物品对温度和湿度的储存要求

商 品	温度/℃	相对湿度/%RH	商 品	温度/℃	相对湿度/%RH	商 品	温度/℃	相对湿度/%RH
搪瓷制品	≤35	≤80	卷烟	≤25	55～70	毛皮制品	≤30	≤75
竹木制品	≤30	60～75	食糖	≤30	≤70	皮革制品	≤30	≤75
纸制品	≤35	≤75	棉织品	≤35	≤75	人造革制品	−10～25	≤75
鱼肉罐头	−5～25	≤75	毛织品	≤30	≤75	金属制品	≤35	≤75
青菜罐头	0～25	≤75	丝织品	≤35	≤75	干电池	−10～25	≤75
糖水罐头	−5～15	≤75	麻织品	≤35	≤75	洗衣粉	≤25	≤75
炼乳罐头	−5～15	≤75	涤纶织品	≤35	≤80	肥皂	≤25	60～80
白酒	≤30	≤75	腈纶织品	≤35	≤80	化妆品	≤30	60～80
果酒	−5～20	≤75	毛皮	≤30	≤75	香水	≤20	70～85

2) 仓库温度、湿度的控制和调节方法

要观测和掌握温度、湿度的变化,就要在库内外适当的地点设置必要的温度、湿度仪器,并建立管理制度。库内一般将仪器悬挂在库房的中央,库外应放在百叶箱内,而且要坐南朝北,离地面 2m 以上。

控制和调节库房温度、湿度的一般方法有:通风、密封、吸潮等。

3. 霉变和虫害的防治技术

1) 霉变的防治技术

霉菌是一种微生物,如果环境适宜,则生长繁殖速度惊人,它对橡胶制品、纤维制品的危害很大。而虫害不仅侵害仓库的物资,还会对仓库本身造成损坏。

防止霉变的技术主要有以下几种。

(1) 仓库管理注意通风,降温防湿,把相对湿度控制在 75%以下。

(2) 用药剂防范霉变。

(3) 气体防霉。改变空气成分,用二氧化碳或氮气密封包装和密封库房内,物品上的霉菌就失去了生存的条件。

(4) 低温防霉。不同的物品对温度的要求不同,如鲜鸡蛋最好在 -1 ℃ 条件下保管;果蔬的温度要求在 $0\sim10$ ℃ 之间;鱼、肉物品采用速冻方法,在 $-28\sim-16$ ℃ 之间时可以保存较长时间。

(5) 物品霉变的救治。霉变后如果早期发现是可以救治的,主要采用的方法有晾晒、高温烘烤、药剂熏蒸、紫外线杀菌等。

2) 虫害的防治技术

仓库保管员需要掌握仓库内害虫的来源、特性、种类与危害方式。常见害虫感染途径及预防方法如表 3-12 所示。

表 3-12 常见害虫感染途径及预防方法

感染途径	途径说明	预防方法	防治方法
货物内潜伏	货物入库前已有害虫潜伏其中	做好入库前的检疫工作,确保入库货物不携带害虫及虫卵	可以使用趋避剂、杀虫剂、熏蒸剂等药物对货物直接进行杀灭害虫;不能直接在货物上使用药剂的采用高、低温杀虫,缺氧以及辐射防治等
包装内隐藏	仓库包装内藏有害虫	对重复利用的包装物进行定期消毒	使用趋避剂、杀虫剂、熏蒸剂等药物对包装进行消毒
运输工具感染	运输工具装运过带有害虫的货物,害虫潜伏其中感染其他商品	注意运输工具的消毒	使用趋避剂、杀虫剂、熏蒸剂等药物对车厢进行消毒
仓库内隐藏	害虫潜伏在仓库建筑的缝隙及其各种器具中	做好库房内、外环境的清洁工作	对库房定期进行消毒
临垛间相互感染	当某一货垛感染了害虫时,害虫可能爬到临近的货垛	对已经感染了害虫的货垛及时隔离	对感染害虫的货垛使用趋避剂、杀虫剂、熏蒸剂等药物进行消杀害虫

(三) 在库物品的盘点

盘点是为确定仓储内或其他场所内的库存材料、半成品或成品的实际数量,而对其库存量加以清点。这一工作能够帮助管理人员掌握实际库存量,明确损耗并加以改善,加强库存管理和物料控制。

1. 盘点准备

1) 盘点人员编组

在盘点工作之前,根据盘点类别、盘点范围确定盘点人员。仓库盘点人员的确定是指选定总盘人、主盘人、会点人、协点人以及监点人。选定人员后编制盘点人员编组表,报领导审批后实施。

2) 盘点工具准备

盘点时,如果采用盘点机盘点,需检查盘点机是否正常运行;如果采用人工方式盘点,需要准备盘存单、盘点表、红色和蓝色圆珠笔等工具。

2. 盘点程序和方法

由盘点负责人确定盘点程序,盘点程序主要有仓库盘点的准备、仓库物资的清理、仓库盘点作业实施、盘点差异分析以及盘点事后处理等工作程序。盘点方法大致有两类:定期盘点法和循环盘点法。

3. 清理盘点现场

盘点之前仓库物资的清理工作主要包括对所保管的物资进行整理,最好按照"5S"活动中的整理、整顿来进行,做到货垛、货架整齐有序,对尚未办理入库手续、不在盘点之列的货物予以标明。对已经办理出库手续的物资要全部搬出;对损失变质的物资加以标记以示区别;对已认定为呆滞物资的要单独设库,单独保管,单独盘点。

4. 盘点作业实施

仓库盘点作业实施首先从实物盘点开始。盘点实物可分库、分区、分类、分组进行,责任到个人。常见的方法是对实物进行点数、过磅或检尺,以确定实际储存的数量。对实物盘点后,将初盘的结果填入盘存单,并由初盘人签字确认;复盘人对实物进行核对盘点后,将实际盘点数量填入盘存单,在表上签字确认后结束点数作业。

5. 填写盘点表

盘点人填写盘点表时,应注意以下事项:填表人员拿起盘点表后,应注意是否重复;填表人员和盘点人员分别在表上签字;盘点时,应先核对货架编号;填表人员应复诵盘点人员所念的各项物资名称及数量;对于预先填表错误更正重新写在下一行即可,同样应在审核栏写"更正第×行";对于写错需更正的行次,必须用直线划掉,并在审核栏写"更正第×行",然后请监盘人在更正的行次签名即可。

6. 盘点差异分析

实际盘点结果与账面结果相核对,若发现账物不一致,则应积极查明账物差异的原因。

7. 做出盘点盈亏汇总表

盘点表全部收回,并加以汇总,计算盘点结果并做出盘点盈亏汇总表,报表中应计算出盘亏、盘盈数量,找出差异原因,并提出改善建议。

8. 调整库存盈亏

经盘点后,发现账载错误,如漏记、记错、算错、未结账或账记不清,有关人员要按照财务规章进行处理。盘点盈亏汇总表报相关领导审批后的意见,财务和仓储部门根据审批意见进行库存盈亏调整。

三、出库作业

物资出库是仓储业务过程的最后阶段。仓储配送中心根据购销业务部门开出的物资出库凭证,按其所列物资编号、名称、规格、型号和数量等项目进行核对,组织发货等一系列工作就是物资出库业务。

(一) 物资出库的基本要求

1. 严格贯彻"先进先出,推陈出新"的原则

根据物资入库时间的先后,先入库的物资先出库,以确保物资储存的质量。易霉易

腐、机能退化、老化的物资先出,接近失效期的物资和变质失效的物资不准出库。

2. 出库凭证和手续必须符合要求

虽然出库凭证的格式不尽相同,但不论采用何种格式记录都必须真实、有效。否则,不得擅自发货。特殊情况发货必须符合仓储配送中心的有关规定。

3. 严格遵守仓储配送中心有关出库的各项规章制度

(1) 物资出库必须遵守各项规章制度,按章办事。发出物资必须与提货单、领料单或调拨通知单上所列的名称、规格、型号、单价和数量相符合。

(2) 未验收的物资以及有问题的物资不得发放出库。

(3) 物资入库检验与出库检验的方法应保持一致,以避免人为的库存盈亏。

4. 提高服务品质,满足用户需要

物资出库要求做到及时、准确、保值、保量,防止差错事故的发生。工作尽量一次完成,提高作业效率。为用户提货创造各种方便条件,协助用户解决实际问题。

5. 贯彻"三不""三核""五检查"的原则

(1) "三不",即未接单据不翻账、未经审单不备货、未经复核不出库。

(2) "三核",即在发货时,要核实凭证、核对账卡、核对实物。

(3) "五检查",即对单据和实物要进行品名检查、规格检查、包装检查、件数检查、重量检查。

(二) 出库作业程序

为了使货物出库迅速,加快物流速度,仓库在货物出库前应安排好出库的时间和批次,同时做好出库场地、机械设备、装卸工具及人员的安排。

为了使仓储活动的管理实现良性循环,出库作业程序如图 3-40 所示。

图 3-40　出库作业程序

1. 分拣

分拣就是在接受订单的商业活动中,将顾客的订购品从仓库储位中选出,并进行相应的出库业务。由于仓储配送中心客户订单中至少包含一项以上的商品,如何将这些不同种类数量的商品由仓库中取出集中在一起,就是分拣作业的内容。分拣作业的目的在于正确且迅速地集合客户所订购的商品。

1) 分拣形式选择

(1) 摘果式拣选。摘果式拣选是针对每一份客户订单要求进行单独拣选,拣货人员或设备巡回于各个货物储位,将所需的货物取出,形似摘果。

(2) 播种式拣选。播种式拣选又称商品分别汇总分播,是把多个客户的要货需求集合成一批,先把其中每种商品的数量分别汇总,再逐个品种对所有客户进行分货,形似播种。

两种拣货方式的优缺点及适用范围如表 3-13 所示。

表 3-13　摘果式拣选与播种式拣选的优缺点及适用范围

拣货方法	优　　点	缺　　点	适用范围
摘果式	作业方法简单；订单处理前置时间短；拣货后不必再进行分拣作业	拣货行走路线过长，拣货路径重复高，耗时长，效率低，差错率高	用户共同需求小，需求差异大；用户对配送时间有明确的要求且要求不一；用户需求种类比较多
播种式	缩短拣取时的行走搬运距离；提高单位时间的拣货量；节约人力	作业前置时间长；对订单无法做出及时处理；增加分货作业	用户共同需求大，需求差异小；用户需求种类比较少；用户对配送时间没有明确要求

2) 分拣作业过程

从实际运作过程来看,分拣作业是在拣货信息的指导下,通过行走和搬运拣取货物,再按一定的方式将货物分类、集中。因此,分拣作业的主要过程包括以下四个环节。

(1) 产生拣货信息。拣货作业必须在拣货信息的指导下才能完成,拣货信息来源于访销员取得顾客的订单或配送中心的送货单。

(2) 行走搬运。行走搬运是分拣作业人员或机器设备直接接触并拿取和移动货物的过程。实现形式主要有三种:人员通过步行或搭乘运载工具到达货物储位;货物随自动化货架到达人员面前;无人参与的自动分拣系统中,完全由机械自动完成。

(3) 拣货。拣货是按照拣选信息的指示抓取货物并确认的过程。拣货是分拣作业的核心。根据货物体积、重量、出货频率等不同,分为手工、机械辅助及自动化设备等实现形式。

(4) 分类或集中。在批量拣选时,分类或集中是为了衔接出货装运作业而进行的再加工,在实际中也有人力分货、机械辅助和自动分货机等实现形式。

2. 复核

复核是针对实行送货制的出库货物,将货物按地区代号搬运到备货区,再进行核对、置唛、复核和待运装车等。

(1) 核对。理货员根据货物场地的大小、车辆到库的班次,对到场货物按照车辆配载、地区到站编配分堆,然后对场地分堆的货物进行单货核对,核对工作必须逐车、逐批地进行,以确保单货数量、品唛、去向完全相符。

(2) 置唛。搞好理货工作,必须准确置唛。实行送货制的出库货物,为方便收货方的收转,理货员必须在应发货物的外包装上刷置"收货单位"简称。置唛应在货物外包装两头,字迹清楚,不错不漏。对于复用的旧包装,必须刷除原有标志,如系粘贴标签,必须粘贴牢固,便于收货方收转。

(3) 复核。复核的内容包括:品名、型号、规格、数量是否同出库单一致;配套是否齐全;技术证件是否齐全;外观质量和包装是否完好。只有加强出库的复核工作,才能防止错发、漏发和重发等事故的发生。

3. 包装

出库物品的包装必须完整、牢固,标记必须正确清楚,如有破损、潮湿、捆扎松散等不能保障运输中安全的,应加固整理,破包破箱不得出库。各类包装容器上若有水渍、油迹、污损,也均不能出库。

出库物品如需托运，包装必须符合运输部门的要求，选用适宜包装材料，其重量和尺寸便于装卸和搬运，以保证货物在途的安全。

包装是仓库生产过程的一个组成部分。包装时，严禁互相影响或性能互相抵融的物品混合包装。包装后，要写明收货单位、到站、发货号、本批总件数、发货单位等。

4. 点交

货物复核无误后即可出库。发货时应把货物直接点交给提货人，办清交接手续。车辆到库装载待运货物时，理货员要亲自在现场监督装载全过程，要按地区到站逐批装车，防止错装、漏装，对于实际装车件数，必须与随车人员一起点交清楚，由接收人签章，以划清责任。再将送货通知单和随货同行单证交付随车人员一起送达车站码头。

5. 登账

点交后，保管员应在出库单上填写实发数、发货日期等内容并签名，同时，将出库单连同有关证件资料及时交给货主，以便货主办理货款结算。

6. 清理

经过出库的一系列工作程序之后，实物、账目和库存档案等都发生了变化。应按下列几项工作彻底清理，使保管工作重新趋于账、物、资金相符的状态。

（1）按出库单核对结存数。

（2）如果该批货物全部出库，应查实损耗数量，在规定损耗范围内进行核销，超过损耗范围的查明原因，进行处理。

（3）一批货物全部出库后，可根据该批货物入出库的情况、采用的保管方法和损耗数量，总结保管经验。

（4）清理现场，收集苫垫材料，妥善保管，以待再用。

在整个出库业务程序过程中，复核和点交是两个关键环节。复核是防止差错的重要和必不可少的措施，而点交则是划清仓库和提货方责任的必要手段。

（三）出库过程中发生问题的处理

出库过程中出现的问题是多方面的，应分别对待处理。

1. 出库凭证(提货单)上的问题

（1）凡出库凭证超过提货期限，用户前来提货，必须先办理手续，按规定缴足逾期仓储保管费，然后方可发货。任何非正式凭证都不能作为发货凭证。提货时，用户发现规格开错，保管员不得自行调换规格发货。

（2）凡发现出库凭证有疑点，以及出库凭证有假冒、复制、涂改等情况时，应及时与仓库保卫部门以及出具出库单的单位或部门联系，并妥善处理。

（3）商品进库未验收，或者期货未进库的出库凭证，一般暂缓发货，并通知货主，待货到并验收后再发货，提货期顺延。

（4）如客户因各种原因将出库凭证遗失，客户应及时与仓库发货员和账务人员联系挂失；如果挂失时货已被提走，保管人员不承担责任，但要协助货主单位找回商品；如果货还没有提走，经保管人员和账务人员查实后，做好挂失登记，将原凭证作废，缓期发货。

2. 提货数与实存数不符

若出现提货数量与商品实存数不符的情况，一般是实存数小于提货数。造成这种问题的原因主要有以下4种。

(1) 商品入库时,由于验收问题,增大了实收商品的签收数量,从而造成账面数大于实存数。

(2) 仓库保管人员和发货人员在以前的发货过程中因错发、串发等差错而形成实际商品库存量小于账面数。

(3) 货主单位没有及时核减开出的提货数,造成库存账面数大于实际储存数,从而开出的提货单提货数量过大。

(4) 仓储过程中造成了货物的毁损。

当遇到提货数量大于实际商品库存数量时,无论是何种原因造成的,都需要和仓库主管部门以及货主单位及时取得联系后再进行处理。

3. 串发货和错发货

所谓串发货和错发货,主要是指发货人员由于对物品种类规格不很熟悉,或者由于工作中的疏漏把错误规格、数量的物品发出库的情况。

如果物品尚未离库,应立即组织人力,重新发货。如果物品已经离开仓库,保管人员应及时向主管部门和货主通报串发货和错发货的品名、规格、数量、提货单位等情况,会同货主单位和运输单位共同协商解决。一般在无直接经济损失的情况下,由货主单位重新按实际发货数冲单(票)解决。如果形成直接经济损失,应按赔偿损失单据冲转调整保管账。

4. 包装破漏

包装破漏是指在发货过程中,因物品外包装破损引起的渗漏等问题。这类问题主要是在储存过程中因堆垛挤压、发货装卸操作不慎等情况引起的,发货时都应经过整理或更换包装,方可出库,否则造成的损失应由仓储部门承担。

5. 漏记账和错记账

漏记账是指在出库作业中,由于没有及时核销明细账而造成账面数量大于或小于实存数的现象。错记账是指在商品出库后核销明细账时没有按实际发货出库的商品名称、数量等登记,从而造成账实不相符的情况。

无论是漏记账还是错记账,一经发现,除及时向有关领导如实汇报情况外,同时还应根据原出库凭证查明原因调整保管账,使之与实际库存保持一致。如果由于漏记账和错记账给货主单位、运输单位和仓储部门造成了损失,应予赔偿,同时应追究相关人员的责任。

(四) 退货处理

退货作业属于逆向物流。作业对象包含来自于客户的包装物、不合格品和可回收利用的物质。退货作业可以简单概括为从客户手中回收用过的、过时的或者损坏的商品和包装开始,直至最终处理环节的过程。在配送实务中,返品就是仓储配送中心按订单或合同将货物发出后,由于某种原因,客户退回仓库的货物。

可以说,退货处理是对产品和货物的完整、有效和高效的利用过程的协调。

1. 退货原因

客户的退货原因主要有以下四种。

（1）供应商在促销期间的代销货物，在促销期结束后未出售的货物可退给供应商。

（2）货物过期或破损无法继续销售。

（3）货物存在质量问题无法销售。

（4）客户订货过量，短期销售不出去。

2. 退货处理流程

（1）退货部根据退货清单清点客户退货数量，当实际数量与退货单上的退货数量出现差异时，以实际数量为准。

（2）在系统中确认所有退货，将客户退货库存转到不可用库存。

（3）对客户订货过量、短期销售不出去的退货，可由退货库存调整成可用库存继续销售，将未出售的代销品退货重新包装准备退给供应商。

（4）对因质量问题的退货由质量控制主管查看、检验、定性。

（5）货物过期或破损无法继续销售的退货，按照采购部与供应商签订的退货条款进行操作。可以退货的货物继续留在退货区等待供应商退货，不可退货的货物则由不可用库存转移到报废状态，并由退货部集中销毁。

（6）直接退货给供应商。退货部将可以退货的货物按货物种类归类制作出每周退货计划表并交给采购部，由采购部通知供应商退货。在供应商提取退货时，退货部在系统中确认退货后系统冲减应付账款。

第四节　库存控制

一、库存的类型

企业为了能及时满足客户的订货需求，就必须经常保持一定数量的商品库存，在库存管理中既要保持合理的库存数量，防止缺货和库存不足，又要避免库存过量，发生不必要的库存费用。

按照企业库存管理目的的不同，库存可分为以下几种类型。

1. 经常库存

经常库存又称周转库存，是指为满足客户日常需求而建立的库存。经常库存的目的是为了衔接供需，缓冲供需之间在时间上的矛盾，保障供需双方的经营活动都能顺利进行。这种库存的补充是按照一定的数量界限或时间间隔反复进行的。

2. 安全库存

安全库存是指为了防止由于不确定性因素（如大量突发性订货或供应商延期交货等）影响订货需求而准备的缓冲库存。根据资料显示，这种缓冲库存约占零售业库存的1/3。

3. 加工和运输过程库存

加工库存是指处于流通加工或因等待加工而处于暂时储存状态的商品。运输过程库存是指处于运输状态（在途）或为了运输目的（待运）而暂时处于储存状态的商品。

4. 季节性库存

季节性库存是指为了满足特定季节中出现的特定需求而建立的库存，或指对季节性生产的商品在出产的季节大量收储所建立的库存。

5. 促销库存
促销库存是指为了应付企业促销活动产生的预期销售增加而建立的库存。

6. 时间效用库存
时间效用库存是指为了避免商品价格上涨造成损失，或为了从商品价格上涨中获利而建立的库存。

7. 沉淀库存或积压库存
沉淀库存或积压库存是指因商品品质变坏或损坏，或者是因没有市场而滞销的商品库存，还包括超额储存的库存。

二、安全库存

（一）安全库存概述

1. 安全库存的含义
安全库存又称安全储存量或保险库存，是指为了防止由于不确定性因素（如大量突发性订货、交货期突然延期、临时用量增加、交货误期等特殊原因）影响订货需求而准备的缓冲库存。

2. 安全库存的必要性
安全库存用来补偿在补充供应的前置时间内实际需求量超过期望需求量或实际订货提前期超过期望订货提前期所产生的需求。中转仓库和零售业备有安全库存是为了在用户的需求率不规律或不可预测的情况下，有能力满足他们的需求。

3. 安全库存的影响因素
1）存货需求量、订货间隔期的变化以及交货延误期的长短

预期存货需求量变化越大，企业应保持的安全库存量也越大；同样，在其他因素相同的条件下，订货间隔期、订货提前期的不确定性越大，或预计订货间隔期越长，则存货的中断风险就越高，安全库存量也应越高。

2）存货的短缺成本和储存成本

一般地，存货短缺成本的发生概率或可能的发生额越高，企业需要保持的安全库存量就越大。增加安全库存量，尽管能减少存货短缺成本，但会给企业带来储存成本的额外负担。在理想条件下，可以通过模型计算得出最优的订货量和库存量，但在实际操作过程中，订货成本与储存成本反向变化，不确定性带来的风险问题一直没有得到有效的解决。

3）厂商处理信息流和物流时产生的不良效应

厂商内部间的隔阂影响了信息的有效流通，信息的成批处理使得厂商内加速原理生效，需求信息经常被扭曲或延迟，安全库存的存在使公司的缺货费用降低，同时又使储存费用增加。因此，需要确定合理的安全库存量。

（二）安全库存量的确定
安全库存对于企业满足一定的客户服务水平是非常重要的，在企业产品供应上可起到缓冲的作用，企业往往根据自身的客户服务水平和库存成本的权衡设置安全库存水平。

现有的各种安全库存量的计算方法都是以需求量、前置时间和缺货成本作为依据。经典计算公式为

安全库存＝(预计最大需求量－平均需求量)×采购提前期

如果用统计学的观点可以变更为

安全库存＝日平均需求量×一定服务水平下的提前期标准差

可见,安全库存量的大小主要由顾客服务水平(或订货满足率)来决定。所谓顾客服务水平,就是指对顾客需求情况的满足程度,其计算公式为

$$顾客服务水平 = 1 - \frac{年缺货次数}{年订货次数}$$

顾客服务水平(或订货满足率)越高,说明缺货发生的情况越少,从而缺货成本就较小,但因增加了安全库存量,导致库存的持有成本上升;而顾客服务水平较低,说明缺货发生的情况较多,缺货成本较高,安全库存量水平较低,库存持有成本较小。因而必须综合考虑顾客服务水平、缺货成本和库存持有成本三者之间的关系,最后确定一个合理的安全库存量。

下面介绍两种计算安全库存量的方法。

1. 概率方法

利用概率标准来确定安全库存比较简单。假设在一定时期内需求是服从正态分布的,且只考虑需求量超过库存量的概率。为了求解一定时期内库存缺货的概率,可以简单地画出一条需求量的正态分布曲线,并在曲线上标明所拥有的库存量的位置。当需求量是连续的时候,常用正态分布来描述需求函数。

在库存管理中,只需关注平均水平之上的需求。也就是说,只有在需求量大于平均水平时,才需要设立安全库存。在平均值以下的需求很容易满足,这就需要设立一个界限以确定应满足多高的需求,如图 3-41 所示。

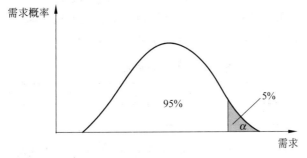

图 3-41 较高需求分布图

例如,假设预计从下月开始平均每月需求量为 100 单位,标准差为 20 单位。如果某一月份需求量刚好为 100 单位(等于均值,而在正态分布中,均值所覆盖的面积为 50％),则缺货概率为 50％。我们知道有一半月份的需求量将超过 100 单位,另一半月份的需求量将少于 100 单位。更进一步说,如果每月一次订购 100 单位,且货物在月初收到,则从长期来看,这一年中将有 6 个月发生缺货。

安全库存的计算一般需要借助统计学方面的知识,对顾客需求量的变化和提前期的

变化做一些基本的假设,从而在顾客需求发生变化、提前期发生变化以及二者同时发生变化的情况下,分别求出各自的安全库存量。即假设顾客的需求服从正态分布,通过设定的显著性水平来估算需求的最大值,从而确定合理的库存。

统计学中的显著性水平 α,在物流计划中称为缺货率,与物流中的服务水平($1-\alpha$,订单满足率)是对应的,显著性水平=缺货率=1-服务水平。如统计学上的显著性水平一般取为 $\alpha=0.05$,即服务水平为 0.95,缺货率为 0.05。服务水平就是指对顾客需求情况的满足程度。

图 3-42 所示解释了统计学在物流计划中安全库存的计算原理。

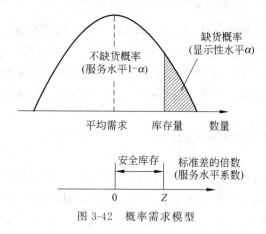

图 3-42 概率需求模型

从图 3-42 中可以看出,库存=平均需求+安全库存,平均需求又称周期库存,安全库存用 SS 来表示,那么有

$$SS = Z_\alpha \sigma$$

式中:Z_α 表示在显著性水平为 α、服务水平为 $1-\alpha$ 的情况下所对应的服务水平系数,它是基于统计学中的标准正态分布的原理来计算的,它们之间的关系非常复杂,但一般可以通过正态分布表查得。Z_α 和服务水平的关系如表 3-14 所示。

表 3-14 Z_α 和服务水平的关系

服务水平	0.9998	0.99	0.98	0.95	0.90	0.80	0.70
Z_α	3.05	2.33	2.05	1.65	1.28	0.84	0.54

服务水平 $1-\alpha$ 越大,Z_α 就越大,SS 就越大,订单满足率就越高,发生缺货的概率就越小,但需要设置的安全库存 SS 会越高。因而需要综合考虑顾客的服务水平、缺货成本和库存持有成本三者之间的关系,最后确定一个合理的库存。

如果觉得频繁的缺货难以接受,则应增加额外的库存以降低缺货风险。假设增加 20 单位的安全库存,在这种情况下,仍然是一次订购一个月的库存,且当库存量下降为 20 单位时,所订的货物就该入库。这样就建立了一个较小的安全库存,以缓冲缺货的风险。

如果需求量的标准差为 20 单位,则拥有了相当于标准差大小的安全库存,查标准正态分布表,求得概率为 0.8413(表中得到的是 0.3413,再加上 0.5)。所以大约有 84% 的时间将不会发生缺货的情况,而大约有 16% 的时间会发生缺货情况。现在如果每个月都订购,则大约有两个月会发生缺货(0.16×12=1.92)。

常用这个方法来建立不发生缺货的概率为 95% 的安全库存,其对应的标准正态偏差为 1.64 个标准。这意味着应当建立 1.64 标准差的安全库存,在这个例子中,安全库存为 33 个单位(1.64×20=32.8)。

那么,在实际工作中的安全库存是这样运用的。

(1) 提前期 LT 与订货周期 T 为固定的情况下:

$$SS = Z_a \sigma \sqrt{LT + T}$$

(2) 一般情况下,需求是变动的,而提前期 LT 也是变动的,假设需求 D 和提前期 LT 是相互独立的,则安全库存:

$$SS = Z_a \sqrt{\sigma^2(LT + T) + \sigma_{LT+T}^2 \overline{D}^2}$$

式中: σ_{LT+T} ——提前期的标准差;

$\overline{D}$ ——提前期内的平均周期需求量。

例题

商店的可乐日平均需求量为 10 箱,顾客的需求服从标准差为 2 箱/天的正态分布,提前期满足均值为 6 天、标准差为 1.5 天的正态分布,并且日需求量与提前期是相互独立的,试确定 90% 的顾客满意度下的安全库存量。

解:由题意得知: $\sigma = 2$ 箱, $\sigma_{LT+T} = 1.5$ 天, $\overline{D} = 10$ 箱/天, $LT+T=6$,服务水平为 0.90 对应的 $Z_a = 1.28$,代入上面的公式得:

$$SS = 1.28 \times \sqrt{2^2 \times 6 + 1.5^2 \times 10^2} = 20(箱)$$

即在满足 90% 的顾客满意度的情况下,安全库存量是 20 箱。

应该注意到,安全库存中统计的是过去的数据,以过去的数据预测将来是有风险的,另外,安全库存还会受到公司对于库存周转率指标的影响。事实上,安全库存与其说是统计计算的结果,不如说是一个管理决策。这是库存管理人员必须牢记的原则。

2. 服务水平方法

在许多情况下,公司往往并不知道缺货成本到底有多大,甚至大致地估计也很困难。在这种情况下,往往是由管理者规定物品的服务水平,由此便可确定安全库存。下面介绍如何通过服务水平方法确定安全库存量,使之满足规定的服务水平。

服务水平表示用存货满足用户需求的能力。如果用户是在需要的时候就得到他们所需要的物品,则服务水平为 100%;否则服务水平就低于 100%,服务水平与缺货水平之和为 100%。一般来说,保证需求随时都得到满足不但很困难,而且在经济上不合理。可能不需要很多费用就可以把服务水平从 80% 提高到 85%,但要把服务水平从 90% 提高到 95%,所需费用就要大得多。当服务水平接近 100% 时,安全库存投资通常会急剧地增长。由于企图完全消除缺货的费用很高,大多数公司都允许一定程度的缺货。

衡量服务水平有多种方式,如按满足需求的单位数、金额或订货次数来衡量。不存在一种服务水平的衡量方式适合于所有的库存物品。因而要具体情况具体分析,确定适合的衡量方式。常用的服务水平方法有:按订购周期计算的服务水平;按年计算的服务水平;需求量服务水平系数;作业日服务水平系数。

不同服务水平衡量方式下得出的订货点或安全库存量也不相同,选择何种衡量方式应由管理者根据经营目标决定。

按订货周期计算的服务水平表示在补充供应期(前置时间)内不缺货的概率。这种衡量方式不关心缺货量的大小,仅反映可能出现在订购周期内的缺货是多长时间发生一次。

$$按订货周期计算的服务水平 = \frac{1-有缺货的订购数}{订购期总数} = 1 - P(M > R)$$

$$P(M > R) = P(S) = \frac{有缺货的订购期数}{订购期总数} = 1 - 按订货周期计算的服务水平$$

式中:$P(M>R)$就是上面所提及的缺货概率,也就是前置时间需求量(M)会超过订货点(R)的概率。已知所允许的缺货概率后,根据前置时间需求量的概率分布就可以确定安全库存,使之满足规定的服务水平。

当需求量服从正态分布时,由给定的服务水平确定缺货概率,然后查标准正态分布表确定需求量标准正态偏差 Z,用下式计算安全库存与订货点:

$$安全库存 = Z_a \sigma$$

式中:σ——标准差。

这时:

$$订货点 = 期望平均需求 + 安全库存 = E(M) + Z_a \sigma$$

(三) 降低安全库存

安全库存产生的根源是为缩短交货期、减少投机性的购买、规避风险、缓和季节变动与生产高峰的差距、实施零组件的通用化、营销管理缺失等,因此要降低安全库存,必须使订货时间尽量接近需求时间、订货量尽量接近需求量,同时让库存适量。但是与此同时,由于意外情况发生而导致供应中断、生产中断的危险也随之加大,从而影响到为顾客服务的水平,除非有可能消除需求的不确定性和供应的不确定性,或减到最小限度。至少有以下四种具体措施可以考虑使用。

(1) 改善需求预测。预测越准,意外需求发生的可能性就越小,还可以采取一些方法鼓励用户提前订货。

(2) 缩短订货与生产周期。周期越短,在该期间内发生意外的可能性也越小。

(3) 减少供应的不稳定性。其途径之一是让供应商知道你的生产计划,以便他们能够及早做出安排。另一种途径是改善现场管理,减少废品或返修品的数量,从而减少由于这种原因造成的不能按时按量供应。还有一种途径是加强设备的预防维修,以减少由于设备故障而引发的供应中断或延迟。

(4) 运用统计的手法通过对前 6 个月甚至前 1 年产品需求量的分析,求出标准差(即得出上下浮动点)后做出适量的库存。

三、库存控制的方法

(一) 运用 ABC 分析法控制库存

1. 对 ABC 分析方法的认识

ABC 管理法又称重点管理法,就是将库存货物根据其消耗的品种数和金额按一定的标准进行分类,对不同类别的货物采用不同的管理方法。

仓库中所保管的货物一般品种繁多,有些货物的价值较高,对生产经营活动的影响较大,或者对保管的要求较高;而另外一些品种的货物价值较低,对保管的要求不是很高。如果我们对每一种货物采用相同的保管办法,可能投入的人力物力很多,而效果却是事倍功半。所以在仓库管理中采用 ABC 管理法,就是要区别对待不同的货物,在管理中做到突出重点,以有效地节约人力、物力和财力。

2. ABC 货物的分类方法

(1) 将品种序列表中的数据按从大到小的顺序排列,并分别计算品种数累计及占全部品种的比例,金额累计及占全部金额的比例。

(2) 按 ABC 分类标准(见表 3-15)将序列表中的商品分为 A、B、C 三类,并做出分类表。

表 3-15 ABC 分类标准

品种项数占 总项数的比例	类 别	物品耗用金额占总耗 用金额的比例
5%~10%	A	70%~75%
10%~20%	B	10%~20%
70%~75%	C	5%~10%

(3) 根据 ABC 分类标准绘制 ABC 曲线图,如图 3-43 所示,并分析曲率及分类管理的效果。

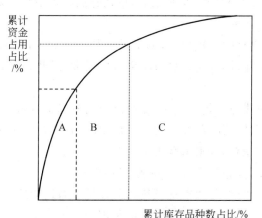

图 3-43 ABC 曲线图

(4) 提出 A、B、C 三类商品的控制方法。

例题

某企业库存商品 3421 种,按每一种的年度销售额从大到小排成表 3-16。如何进行 ABC 管理?

表 3-16 某企业库存商品

金额分档 /万元	销售金额 /万元	金额累计 /万元	所占比例	品种数	品种累计	所占比例
≥6	5800	5800	69.1	260	260	7.6
5～6	500	6300	75.1	68	328	9.6
4～5	250	6550	78.1	55	383	11.2
3～4	340	6890	82.1	95	478	14
2～3	420	7310	87.1	170	648	18.9
1～2	410	7720	92	352	1000	29.2
≤1	670	8390	100	2421	3421	100

解:ABC 分类表如表 3-17 所示。

表 3-17 ABC 分类表

分类	销售金额	所占比例	累计比例	品种数	所占比例	累计比例
A	6300	75.1	75.1	328	9.6	9.6
B	1420	16.9	92	672	19.6	29.2
C	670	8	100	2421	70.8	100

3. ABC 分类管理的措施

用上述方法分出 A、B、C 三类货物之后,应在仓储管理中相应采用不同的方法。

1) 对 A 类货物的管理

由于 A 类货物进出仓库比较频繁,如果供给脱节将对生产经营活动造成重大影响。但是,如果 A 类货物储存过多,仓储费用就会增加很多,因此,对 A 类货物的管理要注意到以下几点。

(1) 多方了解货物供应市场的变化,尽可能地缩短采购时间。

(2) 控制货物的消耗规律,尽量减少出库量的波动,使仓库的安全储备量降低。

(3) 合理增加采购次数,降低采购批量。

(4) 加强货物安全、完整的管理,保证账实相符。

(5) 提高货物的机动性,尽可能地把货物放在易于搬运的地方。

(6) 货物包装尽可能标准化,以提高仓库利用率。

2) 对 B、C 类货物的管理

B、C 类货物相对来说进出库不很频繁,因此一般对货物的组织和发送的影响较小。

但是，由于这些货物要占用较大的仓库资源，使仓储费用增加，因此在管理上重点应该是简化管理，可以参考以下问题管理。

（1）对于那些很少使用的货物可以规定最少出库的数量，以减少处理次数。

（2）依据具体情况储备必要的数量。

（3）对于数量大、价值低的货物可以不作为日常管理的范围，减少这类货物的盘点次数和管理工作。

A、B、C 分类库存管理控制准则表如表 3-18 所示。

表 3-18　A、B、C 分类库存管理控制准则表

管理类别	管理方法		
	A	B	C
检查	经常检查	一般检查	以季或年度检查
统计	详细统计	一般统计	按金额统计
控制	严格控制	一般控制	金额总量控制
安全库存量	控制较低	较大	允许最高

（二）供应商管理库存（VMI）的运用

流通环节中的每一个部门都是各自管理各自的库存，零售商、批发商、供应商都有各自的库存，各个供应链环节都有自己的库存控制策略。由于各自的库存控制策略不同，因此不可避免地产生需求的扭曲现象，即所谓的需求放大现象。于是就出现了一种新的供应链库存管理方法——供应商管理库存（vendor managed inventory，VMI）。这种库存管理策略打破了传统的各自为政的库存管理模式，体现了供应链的集成化管理思想，适应市场变化的要求，是一种新的有代表性的库存管理思想。

1. VMI 的基本思想

VMI 是指供应商等上游企业基于其下游客户的生产经营、库存信息，对下游客户的库存进行管理与控制。具体来说，VMI 是一种以用户和供应商双方都获得最低成本为目的，在一个共同的协议下由供应商管理库存，并不断监督协议执行情况和修正协议内容，使库存管理得到持续改进的合作性策略。

该策略的关键措施主要体现在以下几个原则中。

1）合作性原则

合作性原则又称合作精神，在实施该策略时，相互信任与信息透明是非常重要的，供应商和用户（分销商、批发商）都要有较好的合作精神，才能够相互保持较好的合作。

2）互惠原则

VMI 的实施关键不在于成本如何分配或由谁来支付的问题，而在于减少成本的问题。通过该策略的实施使供应商和零售商双方的成本都得到降低是其根本目的。

3）目标一致性原则

合作双方在实施 VMI 时，都要明白各自的责任，在观念上达成一致的目标。如库存放在哪里，什么时候支付，是否要管理费，要花费多少管理费等问题都要明确体现在框架

协议中。

4）连续改进原则

框架协议的不断修正可以使供需双方利益共享并消除浪费。

2. VMI 的主要特征

1）运作模式的特点

（1）管理责任和决策主体转移。用户的库存管理和费用由供应商承担。

（2）销售活动延迟。由于用户（分销商、批发商）的库存由供应商管理，其所有权属于供应商，只有当存货被用户（分销商、批发商）使用时，商品销售才真正实现。

（3）信息共享。供应商能够及时获取用户库存及需求信息，并负责对用户的产品需求进行预测分析。

2）VMI 的优点

VMI 与传统的库存管理方法相比，具有以下优点。

（1）由供应商掌握库存，用户不需要占用库存资金，不需要增加采购、进货、检验、入库、出库、保管等一系列工作，可以集中更多的资金、人力、物力用于提高自身的竞争力，进而为整个供应链（包括供应商）创造一个更加有利的局面。

（2）供应商通过网络共享用户的需求信息，削弱了"牛鞭效应"，从而减少了安全库存。

（3）提高了资源的利用率，减少了浪费及非增值活动，提高了生产和运输的效率。因为供应商拥有用户的库存信息和补货决策权，所以供应商能够预先对生产和运输能力进行计划安排，防止能力过剩与不足，同时可以采取灵活的补货策略使补货与生产、运输能力相协调。当生产能力不足而运输能力比较充足时，可采取低订货点补货策略，实行多批次小批量配送；反之，则采取高订货点补货策略，实行少批次大批量配送。

（4）降低交易成本。在 VMI 模式下，供需双方是基于互信的合作伙伴关系，用户将其库存的补货决策权完全交给供应商，从而减少了传统补货模式下的协商、谈判等事务性工作，大大节约了交易费用。

 案例讨论

义乌市联托运开发总公司是一家集义乌全市所有联托运线点开发、经营和管理于一体的综合性企业。该公司对义乌市的所有省外线路的各个托运点只是拥有管理权而无所有权，也不拥有省外运输的车队。但其下属的联发快运则直接经营省内运输业务，并在浙江省内几乎每个县市都设有货物收发点，实现定点、定时收发货物。联发快运通过自己的运输力量可以在不超过两天的时间内在浙江省内任何两个县市之间完成货物送达。而发往省外的货物则需要通过义乌中转，交由设在义乌的直达全国三百多个城市的托运点完成全程运输。因此，联发快运在义乌总部设有中转仓，以实现不同运输线路之间的货物中转分驳。

由于货物在中转仓的停留时间短（通常只有几个小时），因此基本上没有正式的库存管理和库内管理（如比较正式的盘点、移仓作业）。仓库也是采用两端通透型类似于越库区的设计，没有进行细致的库位划分。由于在义乌承接货物、跑国内长途的货车都是平板

车等非集装箱类车型,通常不采用托盘作为基本物流单元,也基本上不用叉车,而是以人工搬运为主。在质量管理上,有规范化的操作规程,但都是粗线条的,不够灵活和细致。

讨论问题:
(1) 该公司的中转仓库的管理问题有哪些?
(2) 如何从入库、在库与出库环节改进管理,提升仓储管理效率?

本章思考题

(1) 简述物流仓储的作用。
(2) 分析库存的功能。
(3) 如何判断库存合理化?
(4) 描述入库作业流程。
(5) 如何进行仓库温度和湿度的控制?
(6) 苫盖有哪些要求?
(7) 简述退货的原因与处理流程。
(8) 简述划分 A、B、C 三类物资的方法和库存控制策略。

实践课堂

一、仓库理货作业

1. 工作目标

通过模拟仓库企业真实环境,让学生充当理货员进行实习,使学生学会仓库理货作业流程,懂得仓库理货作业操作,掌握仓库理货单证缮制、审核。

2. 工作准备

(1) 了解仓库理货作业采购、物流、仓储等相关知识。
(2) 准备理货道具:货物 51 箱,规格 1200cm×1000cm 的托盘 10 个;相关的理货单证,如残损单、理货单、出库货物交接单等。
(3) 将全班学生分成若干组,每组设理货员 5 名。
(4) 工作时间:4 学时。
(5) 工作环境:仓库实训室,机房等资源配合。

3. 工作任务

现有一批包装规格长、宽、高为 50cm×40cm×30cm 的货物 51 箱要入仓库,其中有一个包装有损毁,该包装内装有 5 个货物,需要拆装后,将 5 个货物重新包装后把货物拣选出来,放置在出货区等待出货。要求理货员做以下工作。

(1) 在货物入库前,仓库理货员为其办理接收手续。包括核对货物的名称、品种、数量、规格、等级、型号以及重量等。
(2) 制作残损单。
(3) 利用学习过的托盘货物堆积模型,将 50 箱货物堆码在指定区域的托盘上。
(4) 制作理货清单。
(5) 将破损的包装拆装后,掏出 5 个货物,重新包装后将货物拣选出来,放置在出货区出货。

二、物品组托作业

1. 工作目标

（1）培养托盘规格的识别能力和托盘码放方式的设计。

（2）培养准确、快速地判定包装物规格的能力。

（3）具备最大限度地提高托盘利用率的能力。

2. 工作准备

（1）了解组托、组托方式与方法的相关知识，了解托盘与叉车、货架的配合使用有关规定与要求。

（2）作业要素如表3-19所示。

表3-19 作业要素

序号	要素	说明
1	场地	30～50m²，地面平坦，视野开阔
2	托盘	1000mm×1200mm，1～2个 1000mm×1000mm，1～2个 800mm×1000mm，1～2个 1100mm×1100mm，1～2个 非标托盘，3个
3	物品	根据各自学校的实训条件，选择5种包装规格、物品名称、型号、数量
4	其他材料	拉伸膜、手动包装材料、包装袋、劳动保护工具等

3. 工作任务

（1）作业任务单：如表3-20～表3-22所示。

表3-20 作业任务单（一）

任务单编号	01
物品名称	×××
物品数量	30箱
包装物规格	395mm×295mm×275mm
托盘规格	1000mm×1200mm×160mm
货位规格	2300mm×900mm×1230mm 双货位
堆码方法	纵横交错式
要求	奇偶层缝合理，货物包装物边缘不允许超出托盘边缘20mm 货位载荷满足货物承重要求

表3-21 作业任务单（二）

任务单编号	02
物品名称	×××
物品数量	45箱
包装物规格	460mm×260mm×230mm

续表

任务单编号	02
托盘规格	1000mm×1200mm×160mm
货位规格	2300mm×900mm×1230mm 双货位
堆码方法	纵横交错式
要求	奇偶层缝合理,货物包装物边缘不允许超出托盘边缘20mm 货位载荷满足货物承重要求

表 3-22　作业任务单(三)

任务单编号	03
物品名称	×××
物品数量	50 箱
包装物规格	455mm×245mm×200mm
托盘规格	1000mm×1200mm×160mm
货位规格	2300mm×900mm×1230mm 双货位
堆码方法	纵横交错式
要求	奇偶层缝合理,货物包装物边缘不允许超出托盘边缘20mm 货位载荷满足货物承重要求

(2) 准确判断商品包装物的规格。

(3) 正确判断标准托盘和非标准托盘,并选择指定的托盘。

(4) 根据包装物的规格和托盘规格之间的比例关系,做到码放合理、整齐牢固、利用率高。

(5) 组托时要考虑货位、托盘、货物等因素的影响。

三、定期订货

1. 工作目标

通过模拟案例或计算演练,使学生学会分析定期订货法的应用情形,懂得定期订货法相关参数的计算。

2. 工作准备

(1) 了解定期订货法的基本知识。

(2) 准备计算的相关资料和工具等。

(3) 由学生独立完成。

(4) 工作时间安排1学时。

3. 工作任务

(1) 如果某产品的需求量(A)为每年2000单位,价格为每单位5美元,每次订货的订货成本(F)为25美元,年持有成本率为20%,则各次订货之间的最优检查间隔期 T 为多长时间?

(2) 某公司为实施定期订货法策略,对某个商品的销售量进行了分析研究。发现用户需求服从正态分布。过去 9 个月的销售量分别是：11、13、12、15、14、16、18、17、19（t/月），如果他们组织资源进货，则订货提前期为 1 个月，一次订货费为 30 元，1t 物资一个月的保管费为 1 元。如果要求库存满足率达到 90%，根据这些情况应当如何制定定期订货法策略？又在实施定期订货法策略后，第一次订货检查时，发现现有库存量为 21t，已订未到物资 5t，已经售出但尚未提货的物资 3t，问第一次订货时应该订多少？

四、ABC 分类法

1. 工作目标

通过模拟案例，使学生学会应用 ABC 分类法，懂得 ABC 分类法的具体操作过程。

2. 工作准备

（1）了解 ABC 分类法的内涵。

（2）准备计算分析的相关资料和工具。

（3）将全班学生分成若干组，每组 4~5 人，互相进行讨论。

（4）工作时间安排 2 学时。

3. 工作任务

一家中型超市，当前正面临着所经营商品的库存问题，仓储部经理已经决定开始进行公司存货的需求分析，这个项目的第一阶段包括商品的 ABC 分析。

表 3-23 所示为库存商品及库存占用资金量的情况统计表。

表 3-23　库存商品及库存占用资金量的情况统计表

商品名称	金额/万元	品目数量/种
百洁布	0.1	55
儿童拼图	0.6	25
香皂盒	0.4	35
纸杯	0.3	40
玻璃杯	1.5	20
纸巾盒	0.5	35
香皂	1	30
驱蚊花露水	1.8	20
空气清新剂	1.2	20
牙膏	2.5	15
漱口水	2.2	10
自行车	12	25
电动车	18	15
儿童车	2.9	10
纯棉袜	2	25
衬衣	4	35
毛衣	6	25

续表

商品名称	金额/万元	品目数量/种
绒衣	3	10
电视机	96	20
洗衣机	44	30
合　计		

注：销售数据以一年为期限。

如果你受雇于这家咨询公司,该如何构建你的分析方法？你会使用什么样的方法？要将库存削减到什么样的水平？一定要在你的决策和方法后面,给出你这样做的理由。

第四章

运输管理

◆ 学习目标 ◆

- 认知物流运输主要基础知识,了解运输在物流中的地位。
- 了解物流运输方式的选择。
- 理解物流运输路线规划的方法。
- 掌握物流运输优化以及物流运输成本的管理。

【引导案例】

甩挂运输作为一种先进的运输组织模式,已被广泛应用于世界各地。进入21世纪,我国的道路运输业得到了快速发展,在道路运输业发展的同时也面临着节能减排、运输成本不断增高的巨大压力。

通过数据分析,甩挂运输是提升资产利用率的最佳方式。传统运输模式平均月单车千米数为1.8万千米,而甩挂运输平均月单车千米数为3.5万千米,大大提高了资产利用率。甩挂运输已经逐步为市场所认可,并具有成为主流组织形式的发展趋势。

据不完全统计,全社会牵引车的利用率约为60%。实施全社会的挂车租赁通借通还,则能从根本上解决因为中国区域货源不对等造成的运力资源浪费,开启真正的大规模甩挂运输组织模式变革。作为一种先进的生产方式,甩挂运输是道路货运业发展到一定程度的产物,对国家管理政策、企业组织化程度、货运站场功能、信息化水平、运输设备配备都有较高的要求,其中实现挂车的共享是关键,但是在挂车共享的过程中用户的征信问题是一大难点,只要挂车不实现共享就难以发挥甩挂运输的整体优势。为了营造适应甩挂运输发展的大环境,东方驿站应运而生,致力于赋能挂车,打造基于区块链+智能挂车+电商平台的全生命周期管理智能挂车。

从客户下单、征信审核、库存确认、装备交接、租赁过程透明化到交易结算归还全流程,实现业务的数据化,将供应链和物流的全过程数字化、在线化,所有的过程实现透明,所有的节点、要素、环节连接起来。在此基础上,通过大数据的积累,实现数据的业务化,管理更智能。

东方驿站智能挂车平台旨在实现对租赁资产挂车、集装箱、轮胎的可视化监控管理、大数据商业分析预测及智能协同应用;保障资产的日常监测、线路统计、问题诊断、潜力挖掘及政策效果评价;降低数据采集人员的劳动强度,实现监控数据实时采集传输,提高数据采集传输及时性,在保证数据质量、科学分析测算评估的基础上,为公司和客户策略制定提供数据支持,全面提升公司智能挂车管理水平。

东方驿站平台采用区块链技术,在电商平台下单及智能挂车 GPS、传感器等采集信息过程中使关于挂车的数据真实且无法篡改,在订单形成的过程中使牵引车与挂车的匹配效率提高。同时,利用区块链技术建立用户信用模型,司机信用、企业信用、车辆残值等问题可以直接去中介化。

基于区块链的完备可追溯、去中心化和去信用化的三大特点,满足甩挂运输资源共享过程中征信问题和数据隐私、数据安全需求,实现以下目标。

(1) 解决甩挂运输装备租赁过程中的征信问题。
(2) 基于区块链技术实现甩挂运输装备租赁订单电子化作业模式。
(3) 实现基于电子订单的装备数据跟踪。
(4) 基于电子订单的挂箱匹配衍生金融、保险、油品等增值服务。

创新点如下。

运营模式创新:装备租赁过程中,每个参与方都可以随时访问挂车集装箱从出发地到目的地的连续状态。从下单和归还的角度来看,没有人可以通过谎报装备是否归还,甚至是否存在私下转租来欺骗这个系统。

管理模式创新:深入分析甩挂运输的各个业务场景,以及在不同业务场景中各个环节的作用,满足各个环节的交接问题。

业务模式创新:业务关键信息以业务相关方共识的方式,加密保存于区块链平台,实现高效业务的同时,为希望获得金融服务的企业增信,金融机构作为平台参与方之一,可为其提供更便捷更快速的相关服务。

项目对行业的贡献如下。

基于区块链技术带来业务模式创新,将通过推广甩挂运输使物流行业车辆利用率提升 20% 以上,利润率提升 10% 以上。同时资产利率提高了,设备更环保了,可以减少碳排放 20% 以上,实现降本增效。

对整个社会而言,会使得牵引车投入下降,但是利用率会大大地提升,也使得社会资源的分配更为合理。先进的甩挂运输组织模式一旦普及,司机将不再长时间等待、帮忙装卸货、盖篷布,其劳动强度降低,工作满意度及社会地位提升,通过客户数据,平均司机流失率下降 28%,司机的幸福感得到提升。

(资料来源:基于物联网和区块链技术的挂车联盟链应用[EB/OL].2019-12-30.[2020-06-12]. http://old.chinawuliu.com.cn。)

案例导学

运输是物流的主要职能之一,运输在物流中的任务主要是解决产品在空间和时间上的位移问题,它是现代物流活动中的核心环节。但在物流业务活动过程中,直接耗费的人力劳动和物化劳动,它所支付的直接费用主要有运输费、保管费、包装费、装卸搬运费、运输损耗等。而其中运输费所占的比重最大,是影响物流费用的最主要因素,因此只有做好运输管理,提高运输效率,才能最终降低物流成本。

第一节　物流运输基础知识

一、物流运输的概念

按物流的概念,物流是"物"的物理性运动,这种运动不但改变了物的时间状态,也改变了物的空间状态。而运输承担了改变空间状态的主要任务,运输是改变空间状态的主要手段。运输再配以搬运、配送等活动就能圆满完成改变空间状态的全部任务。

物流包括七个方面的内容:包装、装卸、运输、储存、流通加工、配送和信息处理。从内容中可以看出,运输只是物流中的一个组成部分。运输是指运用适当的工具使人和物品产生位置移动。而物流运输是指物的载运及输送,它是在不同地域范围间对物进行空间位移,以改变物的空间位置为目的的活动。

在物流的诸多环节中,运输环节具有中心地位。运输虽然不产生新的物品,但它能实现物品在空间上的转移或时间上的转移,创造场所性与时间性的价值,所以说运输是物流过程中最主要的组成部分,也是物流活动中的最核心环节。

随着物流需求的高速发展,多品种、小批量、多批次的物流成为现代物流的重要特征,对物品运输的质量要求也越来越高。做好运输管理工作是保证高质量物流服务的重要环节。就物流而言,组织运输工作应该贯彻"准确、及时、经济、安全"的基本原则。

二、运输在物流中的功能与地位

无论生产企业采购生产所需要的原材料、设备等的物流以及物品销售的物流,还是物流企业从生产企业采购物品进行仓储或是将仓储的物品转移到消费者手中,都离不开运输。运输在物流工作中具有重要的地位。

物流系统由物品包装、运输、配送、装卸、储存保管、流通加工以及物流信息等子系统组成。没有运输,就没有物品流通过程,物品的价值和使用价值就无法实现,社会再生产也不能正常进行。

1. 运输是物流系统功能的核心

物流系统具有创造物品的空间效用、时间效用、形质效用三大效用(又称三大功能)。时间效用主要通过仓储活动来实现,形质效用由流通加工业务来实现,空间效用则由运输来实现。运输是物流系统不可缺少的功能。物流系统的三大功能是主体功能,其他功能(装卸、搬运和信息处理)是从属功能。而主体功能中运输功能的主导地位更加凸显,成为所有功能的核心。

2. 运输是物流网络的构成基础

物流系统是一个网络结构系统,由物流据点(物流中心、配送中心或车站、码头)与运输配送线路构成。物品位置在空间发生的位移,称为线路活动;其他物流活动是在据点上进行的,称为节点活动。无论直供物流网络还是中转物流网络,如果没有线路活动,网络节点将成为孤立的点,网络也就不存在,零售店或用户需要的物品也就无法得到。由此可见,运输配送在物流网络的构成中是一个重要的基础条件。

3. 运输合理化是物流系统合理化的关键

物流合理化是指在各物流子系统合理化基础上形成的最优物流系统总体功能,即系统以尽可能低的成本创造更多的空间效用、时间效用、形质效用。或者从物流承担的主体来说,以最低的成本为用户提供更多优质的物流服务。运输是各功能的基础与核心,直接影响着物流子系统,只有运输合理化,才能使物流结构更加合理,总体功能更优。因此,运输合理化是物流系统合理化的关键。

三、物流运输的特点

在一些国家,特别是经济发达国家,物流业和运输业常常是结合在一起的。即较大的物流企业都拥有自己的运输手段——汽车、船队、航空公司等,或物流企业和运输企业都归属于一个大集团领导。

1. 运输是物流业务的核心活动

运输是物流的主要职能之一,也是物流业务的中心活动。运输在物流中的任务主要是解决物品在空间和时间上的位移问题。应该说一切货物的移动,都离不开运输环节。目前,人们把运输视为物流的代名词,是因为它不仅代表了传统物流的主要业务活动,而且是现代物流过程中最主要的组成部分,也是现代物流活动中最核心的环节。运输合理化,在很大程度上影响着物流合理化问题。

而我国的实际情况有所不同,物流业和运输业基本上是分别设立的。即流通部门的物流企业如商业、物品、外贸等的储运公司,虽然也自备一部分运输工具,但大量的货物运输工作要依靠铁路、水运、公路、航空运输部门来完成。所以,在我国的物流业务活动中,运输是个关键问题,发挥着决定性的作用。

2. 运输费用在物流费用中的比重

在物流业务活动过程中,直接耗费的人力劳动和物化劳动,它所支付的直接费用主要有:运输费、保管费、包装费、装卸搬运费、运输损耗等。而其中运输费所占的比重最大,是影响物流费用的最主要因素,特别在目前我国交通运输不很发达的情况下更是如此。国外很重视物流费用的研究,例如欧洲国家曾对部分企业进行了跟踪调查,在从物品到消费者手中的物流费用中:保管费占16%,包装费占26%,装卸搬运费占8%,运输费占44%,其他占6%,可见运输费在物流费中所占的比重最大。

原国内贸易部对物品物流费用也进行了一些调查和分析。物品物流费用占物品销售额的7.8%,其中运输费、保管费、包装费三项之和占物流费用的55%,可见运输费用所占的比重是很大的。因此,在物流各环节中,如何搞好运输工作,积极开展合理运输,不仅关系到物流时间问题,也影响到物流费用问题。物流企业只有千方百计节约运输费用,才能降低物流费用,提高企业经济效益,增加利润。

运输只是物流管理控制的必要环节,永远处于附属地位。从这一意义上来说:有物流必然有运输,而再完善的运输也永远不是物流。运输企业必须主动地服务于生产企业及商贸企业的生产和销售,服务于市场竞争和社会经济利益,主动开展市场调查、市场预测,在客户中做好推销、宣传等工作,根据客户的需要为其提供全方位的物流运输服务,选择什么样的运输方式,是运输管理的基本内容。

四、物流运输的分类

(一)按运输设备及运输工具不同分类

1. 公路运输

随着汽车工业的发展,道路网建设以及货物结构的变化,汽车运输的比重逐渐提高。在发达国家,汽车运输由铁路运输的辅助运输手段发展成为重要的运输手段,进而成为主要的运输手段。

货运汽车种类很多,主要有普通货车、轻型货车、中型货车、重型货车、厢式货车、专用车辆、自卸车、牵引车和挂车等,如图 4-1 所示。

0.9t 厢式货车

冷藏车

1.5t 板式货车

集装箱

大件车辆(1)

大件车辆(2)

25t 板式货车

40t 板式货车

图 4-1　几种货运汽车

2. 铁路运输

从各种运输方式的构成来看，在相当长的一段时期内，铁路运输占据着运输的主导地位，主要承担远距离、大批量的货物运输。普通列车载运量为 3000～4000 吨，重载列车载运量可达 1 万～1.25 万吨。铁路机车有：蒸汽机车、内燃机车、电力机车。

铁路车辆有平车、敞车、棚车、罐车、漏斗车、保温及冷藏车、特种车、集装箱专列等。铁路运输如图 4-2 所示。

图 4-2　铁路运输

3. 水路运输

水路运输是指用船舶在内河或海洋上运送货物，主要由船舶、航道、港口组成。其主要形式有内河运输、沿海运输、近海运输、远洋运输。

水路运输工具主要包括船、舟、阀等。

物流领域使用的货船主要有：集装箱船、散装船、油船、液化气船、滚装船、载驳船、冷藏船等，图 4-3 所示为散装船和集装箱船。

散装船　　　　　　　集装箱船

图 4-3　散装船和集装箱船

4. 航空运输

航空运输以其快速的特点在近一二十年得到迅速发展，特别是大型运输机和喷气式飞机的出现，使得航空运输的效率大大提高。图 4-4 所示分别为 DHL 和 FedEx 两家物流企业的运输机。

图 4-4　货运飞机

5. 管道运输

管道运输在石油、天然气等物资的运输方面具有独特的优势。在我国,随着天然气开发利用的加快和石油开采事业的发展,管道运输发挥着越来越大的作用。

"西气东输"就是利用管道将天然气从新疆的塔里木盆地输送到上海,管线全长4200千米,每年可以提供120亿立方米天然气的输送,对于开发利用西部能源、改善城市燃料结构、优化城市环境发挥着重要作用,如图4-5所示。

图 4-5　管道运输

(二) 按运输的范围分类

1. 干线运输

干线运输是指利用铁路、公路的干线、大型船舶的固定航线进行的长距离、大批量的运输,是进行远距离空间位置转移的重要运输形式。

2. 支线运输

支线运输是指与干线相接的分支线路上的运输。支线运输是干线运输与收、发货地点之间的补充性运输形式,路程较短,运输量相对较小,支线的建设水平往往低于干线,运输工具水平也往往低于干线,因而速度较慢。

3. 二次运输

二次运输是指干线、支线运输到站后,站与用户仓库或指定接货地点之间的运输,路程较短,是一种补充性的运输形式。

4. 厂内运输

厂内运输是指在工业企业范围内,直接为生产过程服务的运输,一般在车间与车间之间、车间与仓库之间进行。

(三) 按运输的作用分类

1. 集货运输

集货运输是指将分散的货物进行汇集的集中运输形式,一般是短距离、小批量运输,货物集中后才能利用干线运输形式进行远距离及大批量运输。

2. 配送运输

配送运输是指将据点中已按用户要求配好的货物分送给各个用户的运输。配送运输属于运输中的末端运输、支线运输,它和一般运输形态的主要区别是距离较短、规模较小,一般使用汽车做运输工具。

（四）按运输的协作程度分类

1. 一般运输

一般运输是指孤立地采用不同运输工具或同类运输工具而没有形成有机协作关系的运输,如汽车运输、火车运输等为一般运输。

2. 联合运输

联合运输是指各种运输方式间或同一种运输工具之间由几个运输企业联合在一起,实行一次托运、一票到底的货物或旅客运输。

3. 多式联运

多式联运是联合运输的一种现代形式,是在集装箱运输的基础上产生和发展起来的现代运输方式,按照多式联运合同,以至少两种不同的运输方式,由多式联运经营人将货物进行"门到门"的运输。

（五）按运输中途是否换载分类

1. 直达运输

直达运输是指物品由发运地到接收地,中途不需要换装和在储存场所停滞的一种运输方式。

2. 中转运输

中转运输是指物品由生产地运达最终使用地,中途经过一次以上落地并换装的一种运输方式。

第二节 物流运输方式选择

运输方式的选择将影响到产品的价格、配送的准时性和商品抵达时的质量情况,而这些又将直接影响到顾客的满意程度。再者,选择运输方式时企业还必须综合考虑运输费用、交货速度、发货频率、运输工具的运载能力及其安全性和可靠性。

各种运输方式都有自己的特点和适合运输的货物。

一、几种运输方式的特征

（一）公路运输

公路运输主要是指使用各种车辆,包括汽车、人力车、畜力车等运输工具在公路上进行客货运输的方式。在我国,长期以来对于公路运输的界定是主要承担距离较近、批量较小的运输项目,对于水路和铁路难以到达地区的运输以及难以实现其优势的运输间隔,一般也选择公路运输。

1. 优点

公路运输具有运输速度较快、灵活性强、公路建设的投资较低、建设周期相对较短、对运输设施的要求不高、运输车辆的资金投入较低、包装成本低等优点。公路运输的灵活性决定了其运输生产点多、面广,从而使得公路运输在零担货物运输方面具备强大优势,是实现门到门运输的最好运输方式。

2. 局限性

运输能力低,单位运费高,交通事故及公害问题多。

3. 适用范围

近距离、小批量的客货运输和水运、铁路运输难以到达地区的长途、大批量货运,以及铁路、水运优势难以发挥的短途运输。

(二) 铁路运输

铁路运输是指使用铁路列车运送客货的一种运输方式。一般来讲,铁路运输承担的运输距离较长,货运量较大,在干线运输中起主力作用。

1. 优点

1) 速度快

由于铁路列车是在专用轨道上行驶,这样基本不受其他外部干扰,在近几年我国铁路连续几次提速的情况下,铁道列车速度有了显著的提高,我国铁路以铁道部为主导、机车车辆制造企业为主体、产学研紧密结合,成功引进了速度为 200 千米/小时及以上的动车组技术,实现了"引进先进技术,联合设计生产,打造中国品牌"的总体要求,全部拿到核心技术,实现了最低价格引进,达到了国产化目标。

2) 不受自然条件的限制

基本不受自然条件的限制、能够在绝大多数气候条件下正常运行,它凭借独特的钢制固定轨道,能克服自然条件的种种限制,保证一年四季、昼夜不停地连续运输。这样可以保证运输的连贯性,这是其他运输方式所不能比拟的。

3) 运载量大

铁路运输依靠大动力机车牵引,可以轻松地拖挂多节车皮。机车的牵引力是动力和线路状况的函数。在 4‰ 的坡道上,蒸汽机车、内燃机车、电力机车的牵引力分别为 4100t、5700t 和 5500t,国外内燃机车和电力机车最大牵引力可达 7000~8000t,并且铁道运输部门可以根据运输量的大小,随时增加或减少运力的安排,这样在满足运输的前提下,尽量节约成本,由于铁路运输运量大、可调节的优点,使得铁路运输的总成本相对较低。

4) 污染少

铁路运输对环境产生的污染少,堪称"绿色交通工具"。铁路在国际上被称为"绿色交通工具",特别是电气化铁路,对大气环境基本没有污染。即使是常规铁路,在保护环境方面也具有明显优势。

2. 缺点

(1) 灵活性差。

(2) 费工、费时,增加了货物的在途时间。

(3) 由于装卸次数多,铁路运输中的货损率比较高。铁路运输也只能在固定的线路上进行,在装卸的时候会出现货物的损失等。

(4) 铁路设施修建成本较高,建设周期较长。

3. 适用范围

大宗、笨重物资如煤炭、矿石、建材、粮食等货物的中长距离运输,也适合于要求准时到达的大批量旅客和日用工业品的长距离移动。

(三) 水路运输

水路运输是指使用船舶在通航水道进行客货运输的运输方式。水路运输因为运量大,成本低,所以发展很快,自 20 世纪 80 年代以来,我国的水运货物周转量已逐渐上升到各种运输方式中的第一位,是干线运输中的主要运力。

1. 优点

水路运输可以根据运输线路、地理位置的特点,选择多种不同的运输工具。

2. 缺点

水路运输只能在有水道的地方以及沿海加以利用,运输速度较慢,受季节、气候的影响较大,还会受到各种灾害性天气的影响。

3. 适用范围

大批量货物,特别是散装货物运输;承担原材料、半成品,如建材、石油、煤炭、矿石和粮食等低价值货物的运输;是国际贸易运输的主体。

(四) 航空运输

航空运输是指使用各种航空器进行客货运输的运输形式,目前使用的最主要的航空器是飞机。航空运输因为其速度快、效率高,在运输行业中所占比例已经越来越高。

1. 优点

运输速度快,效率高,不受各种地形的限制,尤其适合很多交通不发达地区;运载货物破损率小、节省包装、保险和储存费用,附加值高的商品在一定运行里程以上,选择航空运输将能更大地节省成本。

2. 缺点

运输成本高;对大件货物或大批量货物的运输有一定的限制;有些货物禁用空运;飞机飞行安全容易受恶劣气候影响,恶劣天气可能造成飞机延误和偏航。

3. 适用范围

时效性强或紧急需要的物质;单位价值高、运费承担能力强的货物。

(五) 管道运输

管道运输是指利用管道输送气体、液体的一种运输方式。其机理是运输物品在管道内顺着压力方向不断流动,以实现输送目的的过程。管道运输具有三种形式:液体管道(主要运送石油及其制品)、气体管道(主要运送天然气)、浆质管道(运送煤浆)。

1. 优点

由于运输管道属于封闭设备,这样可以避免在一般运输过程中的丢失、散失等问题,同样也可以避免其他运输设备经常遇到的回程空驶等无效运输问题,这样无形中节约了成本,单位运营成本低,管道运营仅需气站的极少数维护人员,人工成本很低。

管道运输不受地面气候影响,可以全天候 24 小时、全年 365 天连续作业。同时,管道运输具有运输速度快、流量大、环节少、运费低等优点,非常适合连续不断地输送相关物资。

2. 缺点

运输对象过于单一;机动灵活性小,局限于固定的管道内运送货物,且为单向运输;管道建设的初期固定投资成本大。

3. 适用范围

管道运输适用于流体物质、原油及其制品、天然气、煤炭的运输。

五种运输方式的优缺点综合比较如表 4-1 所示。

表 4-1 五种运输方式的优缺点综合比较

运输手段	优　点	缺　点
公路	(1) 可以进行门到门的连续运输 (2) 适合于近距离运输,比较经济 (3) 使用灵活,可以满足用户的多种需求	(1) 运输单位小,不适合于大量运输 (2) 长距离运输运费较高
铁路	(1) 可以满足大量货物一次性高效率运输 (2) 运输运费负担较小的货物时,单位运费低廉,比较经济 (3) 由于采用轨道运输,事故相对较少,安全性高 (4) 铁路运输网完善,可以将货物运往各地 (5) 运输上受天气影响小	(1) 近距离运输费用较高 (2) 不适合紧急运输的要求 (3) 长距离运输的情况下,由于需要进行货车配车,中途停留时间较长
水路	(1) 适合于运费负担能力较小的大量货物的运输 (2) 适合于宽大、重量大的货物运输	(1) 运输速度较慢 (2) 港口的装卸费用较高 (3) 航行受天气影响较大 (4) 运输的正确性和安全性较差
航空	(1) 运输速度快 (2) 适合于运费负担能力大的少量货物的长距离运输	(1) 运费高,不适合于低价值货物和大量货物的运输 (2) 重量受到限制 (3) 机场所在地以外的城市在利用上受到限制
管道	(1) 运输效率高 (2) 适合于气体、液体货物的运输 (3) 占用土地少 (4) 运输效率高,适合于自动化管理	运输对象受到限制

二、运输方式的选择

选择运输方式的判断标准主要包括以下一些要素:货物的性质、运输时间、交货时间的适应性、运输成本、批量的适应性、运输的机动性和便利性、运输的安全性和准确性等。对于货主来说,运输的安全性和准确性、运输费用的低廉性以及缩短运输总时间等因素是其关注的重点。

从业种来看,制造业重视运输费用的低廉性,批发业和零售业重视运输的安全性和准确性以及运输总时间的缩短等运输服务方面的质量。具体来说,在选择运输手段时,第一考虑运输物品的种类,第二考虑运输量,第三考虑运输距离,第四考虑运输时间,第五考虑运输费用。

(一)运输方式决策的原则

不论选择何种运输方式,企业在选择运输方式时都应遵循以下五大基本运输原则:安全、迅速、准确、节省、方便。

(1)安全:要求在运输过程中,保证商品完好无损和运输工具的安全。

(2)迅速:保证把商品及时地送到目的地。

(3)准确:保证把商品准确无误地运到交货地点,包括正确办理各种有关运输单证,使单货相符;准确地计收、计付运杂费用,避免错收、错付或漏收、漏付。

(4)节省:节约运杂费用和管理费用。

(5)方便:为货主着想,简化手续,减少工作层次,不断提高服务质量。

(二)运输方式选择考虑因素

1. 货物因素

对于运输货物的品种及性质、形状,要根据包装说明选择合适的运输方式。运输时间必须和交货期及服务水平相联系,保证及时运输。这就需要根据各种运输方式的运输时间来选择运输方式。可以按照各种运输工具的速度编组来安排日期,加上其两端及中转的作业时间,就可以算出所需的运输时间。另外,在运输物品种类方面,单件重量容积、危险性、变质性等都成为选择运输手段的制约因素。

2. 运输距离因素

货物运输距离的长短直接影响到运输手段的选择,一般来说,中短距离运输比较适合选择汽车运输。货物运输时间长短与交货期有关,应该根据交货期来选择适合的运输手段。对于运输距离,一般情况可以参考以下原则:300千米以内用汽车运输;300~500千米用铁路运输;500千米以上且高价的货物一般用航空运输。

3. 运输量因素

对于运输批量,可根据运输批量和各种运输方式的特点进行组合,以降低运输成本。在运量方面,一次运输的批量不同选择的运输手段也会不同,一般来说,原材料等大批量的货物运输适合选择铁路运输或水路运输。

4. 运输成本因素

基本成本因素,如果不将运输服务作为竞争手段,那么能够使该运输服务的成本与采用该运输服务水平而必须保持的库存成本之间达到平衡的运输服务就是最佳服务方案。即运输的速度和可靠性会影响托运人和买方的库存水平(订货库存和安全库存),以及他们之间的在途库存水平。

如果选择速度慢、可靠性差的运输服务,物流渠道中就需要有更多的库存。这样,就需要考虑库存持有成本可能升高,而抵消运输服务成本降低的情况。因此现有方案中最合理的方案应该是既能满足顾客需求,又使总成本降到最低的服务。

5. 运输时间因素

货物运输时间长短与交货期有关,应该根据交货期来选择适合的运输手段。物品价格的高低关系到承担运费的能力,也成为选择运输手段的重要考虑因素。

6. 竞争因素

选择合适的运输方式有助于创造有竞争力的服务优势。如果供应渠道中的买方从多个供应商那里购买商品，那么物流服务就会和价格一样影响买方对供应商的选择。相反，如果供应商针对各自的销售渠道选择不同的运输方式，就可以控制其物流服务的各项要素，进而影响买方的购买。

总之，虽然货物运输费用的高低是选择运输手段时要重点考虑的内容，但在考虑运输费用时，不能仅从运输费用本身出发，必须从物流总成本的角度联系物流的其他费用综合考虑。作为物流总成本，除了运输费用外，还有包装费用、保管费用、库存费用、装卸费用以及管理费用等。运输费用与物流其他费用之间存在着相互作用的效益背反关系。作为基本原则，在选择最为适宜的运输手段时，在成本方面应该保证物流总费用最低。

当然，在具体选择运输手段时，往往要受到当时运输环境的制约，而且没有一个固定的标准，必须根据运输货物的各种条件，通过综合判断来加以确定。

（三）物流运输方式选择的方法

1. 综合评价选择法

物流运输系统的目标是实现物品迅速安全和低成本的运输。但是，运输的安全性、及时性、准确性、便利性和经济性之间是相互制约的。若重视运输速度、准确、安全、便利，则运输成本会增大；反之，若运输成本降低，运输的其他目标就不可能全面实现。

因此，在选择运输方式或运输工具时，应综合考虑运输的各种目标要求，采取定性分析与定量分析相结合，选择合理的运输方式或运输工具。如果以运输方式的安全性、及时性、准确性、便利性和经济性五个标志（或称之为运输的功能需求）选择，那么就可以采用综合评价的方法得出合理的选择结果。这种评价方法的步骤如下。

1）确定运输方式的评价因素

评价运输方式的因素有运输方式的经济性、及时性、安全性、便利性和准确性等。

2）确定运输方式的综合评价值

如果用 F_1、F_2、F_3、F_4、F_5 分别表示运输方式的经济性、及时性、安全性、便利性和准确性值，且各因素对运输方式的选择具有同等重要性，则运输方式的综合评价值 F 为

$$F = F_1 + F_2 + F_3 + F_4 + F_5$$

但是，由于货物的形状、价格、交货日期、运输批量和收货单位的不同，运输方式的这些特性对运输方式的选择所起的作用也各不相同，因此，可以通过给这些评价因素赋予不同的权数加以区别。如这五个评价因素的权数分别为 a_1、a_2、a_3、a_4、a_5，则运输方式的综合评价值可表示为

$$F = a_1 F_1 + a_2 F_2 + a_3 F_3 + a_4 F_4 + a_5 F_5$$

如果可选择的运输方式有铁路、公路、船舶、航空，且它们的评价值分别为 $F(R)$、$F(T)$、$F(S)$、$F(A)$，则有

$$F(R) = a_1 F_1(R) + a_2 F_2(R) + a_3 F_3(R) + a_4 F_4(R) + a_5 F_5(R)$$
$$F(T) = a_1 F_1(T) + a_2 F_2(T) + a_3 F_3(T) + a_4 F_4(T) + a_5 F_5(T)$$
$$F(S) = a_1 F_1(S) + a_2 F_2(S) + a_3 F_3(S) + a_4 F_4(S) + a_5 F_5(S)$$

$$F(A) = a_1 F_1(A) + a_2 F_2(A) + a_3 F_3(A) + a_4 F_4(A) + a_5 F_5(A)$$

显然,其中评价值最大者为选择对象。

3) F_1、F_2、F_3、F_4、F_5 以及 a 的确定

(1) 经济性 F_1 的数量化。运输方式的经济性是用运费、包装费、保险费以及运输手续费用的合计数来表示的。费用越高,运输方式的经济性就越低,这是不利因素。假设这四种运输方式的所需成本分别为 $C(R)$、$C(T)$、$C(S)$、$C(A)$,则平均值为

$$C = [C(R) + C(T) + C(S) + C(A)]/4$$

四种运输设备经济性的相对值分别为

$$F_1(R) = C(R)/C \qquad F_1(T) = C(T)/C$$
$$F_1(F) = C(F)/C \qquad F_1(A) = C(A)/C$$

(2) 及时性 F_2 的数量化。运输方式的及时性是用从发货地到收货地所需时间(天数)来表示的。所需时间越多,则及时性越低,这是不利因素。假设这四种运输方式的所需时间分别为 $H(R)$、$H(T)$、$H(S)$、$H(A)$,则平均值为

$$H = [H(R) + H(T) + H(S) + H(A)]/4$$

四种运输方式及时性的相对值分别为

$$F_2(R) = H(R)/H \qquad F_2(T) = H(T)/H$$
$$F_2(S) = H(S)/H \qquad F_2(A) = H(A)/H$$

(3) 安全性 F_3 的数量化。运输方式的安全性可以通过历史上一段时间货物的破损率来表示。破损率越高,安全性越差。假设这四种运输方式的破损率分别为 $D(R)$、$D(T)$、$D(S)$、$D(A)$,则平均值为

$$D = [D(R) + D(T) + D(S) + D(A)]/4$$

四种运输方式安全性的相对值分别为

$$F_3(R) = D(R)/D \qquad F_3(T) = D(T)/D$$
$$F_3(S) = D(S)/D \qquad F_3(A) = D(A)/D$$

(4) 便利性 F_4 的数量化。运输方式的便利性的数量化表示方法,可采用代办运输点的经办时间与货物运到代办运输点的运输时间之差来表示。其中,时间差越大,表明便利性越高,所以时间差大是有利因素。假设这四种运输方式的时间差分别为 $V(R)$、$V(T)$、$V(S)$、$V(A)$,则平均值为

$$V = [V(R) + V(T) + V(S) + V(A)]/4$$

四种运输方式便利性的相对值分别为

$$F_4(R) = V(R)/V \qquad F_4(T) = V(T)/V$$
$$F_4(S) = V(S)/V \qquad F_4(A) = V(A)/V$$

各评价因素赋予权数的大小的确定,没有绝对的办法。一般来说,结合货物本身的特征,并尽可能吸收实际工作者或有关专家的意见进行确定。

2. 成本费用分析选择法

物流运输费用是承运单位提供运输劳务所耗费的费用,即运价。运价是由运输成本、税金和利润构成的。运输费用占物流费用比重最大,是影响物流费用的重要因素。为了达到以最快的速度、最少的运输费用实现物资流转,必须要对所选择的运输方式进行技术

经济比较分析,即进行成本费用分析,这就要求掌握各种运输方式成本的构成内容及运价计算方法。

1) 运价的分类

由于物资运输采用的运输工具、运输范围、运输距离、货物品种等因素的不同,货物运价可按不同的分类方法进行划分。

(1) 按适用的范围划分。

① 普通运价。它适用于一般货物的正常运输,是货物运价的基本形式。例如,铁路运价适用于全国正式营业铁路,是全国各地统一的铁路运价。

② 特定运价。它是运价的一种辅助形式,用以补充普通运价。它是指对某种货物、某种流向、某一段线路规定的特殊运价。特定运价是根据运价政策考虑制定的,比普通运价水平升高或降低一定的数量,或改用较低的或较高的运价标准,以在某一时间内对某种货物加以鼓励或限制。有时也可以单独制定特定运价。

③ 地方运价。它适用于某地区、某一条线路的运价。如临管营业的新建铁路或未与铁路网接通的营业铁路规定的临管运价率,交通系统的地方水运运价等。

④ 国际联运运价。它就是国际联运出口、进口或过境货物的运价,国内区段按有关规定办理,过境运价根据国际的有关规定办理。

(2) 按货物发送批量、使用的容器划分。

① 整车(批)运价。整车运价是指按整车运送办理的货物所规定的运价,按整车运价号规定的运价率计算费用。整批运价是指规定满足一定重量且可作为一张运单,一批托运的按整批运价计算。

② 零担运价。它是指不满整车、整批吨位以下托运的零星货物,按零担运价号规定的运价率计算收费,货物按实际重量计算。

③ 集装箱运价。它是指以集装箱运送货物规定的运价。

(3) 按计算方式不同划分。

① 分段里程运价。它是指把里程分为若干区段,在不同区段使用不同的运价率。铁路和交通部直属运输企业的现行运价就是采用这种计算方式。

② 单一里程运价。它是指每1千米的运价不变,在运输全程用一个单一的运价率。运价的增加是与运输距离成正比的。

③ 航线里程运价。它是指在同一航线上使用同一基本运价,航空运输的现行运价就是采用这种形式。

2) 货物运价定价规则

为了根据按货种、距离,以及要求不同运输条件的货物计算运费,各种运输方式均制定了简单易行、合理的有关货物运价问题的规定,如《铁路货物运价规则》《水路货物运价规则》《汽车货物运输规则》《中国民航国内货物运输规则》等,各个规则对运费的计算都做了具体规定,主要内容有货物运价分号表、货物运价率表、货物装卸费率以及有关问题的说明。

(1) 货物运价分号表。由于货物的种类多,运输条件和运输成本各不相同,不可能为每一种货物定一个运价率。为了明确对各种货物应该收的运费,对有相同性质、特点的货物进行分类,然后把运输条件和运输成本大致相等的划分为一级,构成货物运价分号表,铁路称为运价号,水运称为运价等级。运价号和运价等级没有本质的不同,都是为了说明运价率的差别。货物的运价号表就是将拟采用同一运价率的各种货物品名划归一个运价号,划分阶段的数量不能太多,也不宜太少。

(2) 货物运价率表。货物运价率表是确定运价水平的关键,关系到运输企业的收入、发货单位运输费用的支出,影响到国家的积累和企业的利润。

货物运价率是由运价基数、各运价号或等级间的增减比例,按距离区段的划分数量及其递增递减的比例,整车、零担、集装箱运价的比例等确定的。运价基数是指最低运价号的起码计算里程运价率,它是制定货种、距离的各种不同运价率的基础。

运价基础的确定,首先是确定货物起码计算里程,起码计算里程是根据各种运输方式间运量的分配情况,为促进各种运输的合理分工,有利于发展合理运输而确定的。在运价基数、运价率的基础上,按照运输距离递增递减率求平均各区段的递差率,然后计算各运价号、各里程区段的每吨货物运价率,编制货物运价率表。

(3) 货物运价里程。货物运价里程表是计算货物运费的重要依据,是说明运送距离的一组文件,即货物从发站至到站间的距离。铁路运价的制定是按最短路线考虑的,所以,铁路货物里程表中各站之间的距离是按最短路线的原则制定的。

3) 运费计算

在对铁路、水路、公路货物运价规则有了一定的认识后,就可以根据托运的货物品种、数量、发到站计算运费了。计算的步骤大致如下。

(1) 根据托运货物的发到站,按运价里程表确定运价里程。铁路运价里程根据《铁路货物运价里程表》按照发站至到站间最短的线路计算,在《铁路货物运价里程表》内规定有计费线路的,按规定的计费线路计算运价里程。运价里程不包括专用线、货物支线的里程。水运运价的里程按公布的《水路货物运价里程表》计算,未规定里程的地点按实际里程计算,实际里程当时难以确定时,按里程表中距离起运或到站地点邻近的地点里程计算。

公路汽车货物运输计费里程根据《汽车运价规则》规定计费,里程包括运输里程和装卸里程。

(2) 根据货物名称,查找货物运价分号表,确定适用的运价号。铁路货物运价分类表中划分为煤焦、石油及其制品、矿石等二三十类;水运货物运价采用十级运价,每类中分若干项;公路分为普通货物和特种货物分类表。

(3) 根据货物的运价里程及运价号,在货物运价率表中查出适用的运价率。铁路货物运价率分为三部分:整车、零担、集装箱。其中,整车货物的运价率为1~10号;零担货物的运价率为11~15号;集装货物的运价分为5t和10t两种箱型,每种箱型又分为两个运价号。

水运货物运价率:长江有干线、下游、上游三种运价率表;内河由各省、市、自治区自行制定运价率表。

公路与铁路、水运不同,只分整车和零担,运价率水平由地方根据公路状况等具体情况制定;铁路和水运运价查找的方法是根据不同的发运方式,零担或整车,不同运价等级和运输里程,在货物运价率表中找到纵横交叉的一格,此交叉格的数字就是运价率表中确定适用的运价率。

(4) 按有关规定确定货物计费重量。铁路和公路整车运输,按使用的货车已载重计算运费,如30t的铁路货车按30t计算运费,4t的汽车按4t计算运费。水运货物计算吨分:体积吨按货物"满尺丈量"的体积,以1立方米为1体积吨。货物分级表中,计费单位为"W/M"的货物,按货物的重量吨和体积吨二者择大计费。

换算重量的货物,按换算重量计算。铁路、公路、航空零担运输一般按实际重量计算。

(5) 确定计费重量后进行运费计算。

① 铁路(整车)、水运、航空运输的运费计算公式为

$$运费 = 计费重量(t) \times 适用的运价率$$

② 铁、水联运运费计算公式为

$$运费 = (铁路计费重量 \times 适用的运价率 + 水路计费重量 \times 适用的运价率) \times (1 - 15\%)$$

4) 运输方式的确定

通过对运输成本与费用的分析,对同一批货物应计算其铁路、公路、水运的成本费用,然后根据运输时间、运输的条件、货物的特征,选择合理的运输方式。如果是自营运输,还应加强对各种运输工具和运输设施的合理运用,运输工具、运输设施都属于固定资产,这类费用可称为相对固定费用。

这就是说,这部分费用在物流变动时,其绝对额通常保持不变或变化较小。这部分费用水平同物流量成反比关系,即物流量增长时,费用水平反而下降,分摊到每一单位物资上的这一类物流费用就会减少。因此,应加强对运输工具和运输设施的合理运用。尽可能加快物流速度,扩大运输量,从而使这部分费用相对减少。

3. 线性规划方法

这里再介绍一种运输方式选择模型,根据预定的决策规则对备选运输方式的选择进行估计。决策规则考虑评估每一种备选运输方式优劣标准,如总成本$C(T)$。若给定了通道,并已知货类的货流量时,那么就可确定各备选运输方式的一个集合,并估计每个备选运输方式的$C(T)$值。优化模型就是把每一组货物分配到$C(T)$值最低的备选运输方式上的方法。

最简单最普遍的优化法一般是假定运输成本函数是线性函数,即平均运费是常量,与货流量无关。在这种情况下,货流量在备选运输方式上的分配通过线性规划模型完成,其目标函数是总的系统成本最小。由于任一备选运输方式上的总运量是分配在该运输方式上的不同货种运量的和,所以,为使计算的运输费用符合实际,必须对常规线性规划模型进行修改。

总之,运输方式的选择将直接影响到物流供应链的整体效率和效益,而现今企业的竞争归根结底是供应链的成本与效益的竞争,因此,对运输方式的选择需要科学的决策,其决策的主要依据就是上述各种函数关系在运输基本原则条件下通过运输数据库的权衡。为了加强决策的正确性,还须建立决策评价体系,对决策进行科学的评价。

第三节 物流运输路线规划

由于在整个物流成本中运输成本占相当大的比重,因而最大化地利用运输设备和人员,提高运作效率是我们关注的首要问题。货物运输在途时间的长短可以通过运输工具在一定时间内运送货物的次数和所有货物的总运输成本来反映。尽管路线选择问题种类繁多,但可以将其归为以下几个基本类型:一是起讫点不同的单一路径规划;二是多个起讫点的路径规划;三是起点和终点相同的路径规划。下面分别介绍以上三种问题的解决方法。

一、起讫点不同的单一问题

这类运输路径规划问题可以通过特别设计的方法很好地加以解决。最简单、最直接的方法就是最短路径法(shortest route method)。该方法可描述如下:已知一个由链和节点组成的网络,其中节点代表由链连接的点,链代表节点之间的成本(距离、时间或距离和时间的加权平均)。

最初,所有的节点都没有经过求解,也就是说,没有通过各个节点的明确的路线。已解的节点是在某一条路线上的,开始时只有起点是已解的节点。

第一步:第 n 次迭代的目的。找出第 n 个距起点最近的节点,取 $n=1,2,\cdots$,重复此过程,直到所找出的最近节点是终点。

第二步:第 n 次迭代的输入值。在前面的迭代过程中找出 $(n-1)$ 个距起点最近的节点,及其距起点最短的路径和距离。这些节点和起点统称为已解的节点,其余的称为未解的节点。

第三步:第 n 个最近节点的候选点。每个已解的节点直接和一个或多个未解的节点相连接,就可以得出一个候选点——连接距离最短的未解点。如果有多个距离相等的最短连接,则有多个候选点。

第四步:计算出第 n 个最近的节点。将每个已解节点与其候选点之间的距离累加到该已解节点与起点之间最短路径的距离上,所得出的总距离最短的候选点就是第 n 个最近的节点,其最短路径就是得出该距离的路径(若多个候选点都得出相等的最短距离,则都是已解的节点)。

例题

如图 4-6 所示,需要找到起点 A、点 I 和终点 J 之间行车最短的路线。节点之间的每条路线上都标有相应的行车时间,节点代表公路的连接处。

解:首先列出一张表格。第一个已解的节点就是起点 A,与 A 点直接连接的未解的节点有 B、C、和 D 点。第一步,从图中可以看到 B 点是距 A 点最近的节点,记为 AB。由于 B 点是唯一选择,所以它成为已解的节点。

随后,找出距 A 点和 B 点最近的未解的节点。列出距各个已解的节点最近的连接

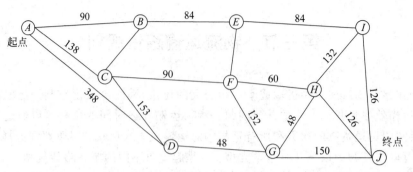

图 4-6 A、I、J 之间的高速公路网示意图(附行车时间,单位为分钟)

点,有 A→C 和 B→C,记为第二步。注意从起点通过已解的节点与未解的节点所需的时间应该等于到达这个已解节点的最短时间加上已解节点与未解节点之间的时间。也就是说,从 A 点经 B 点到达 C 点所需的总时间是 AB+BC,即 156 分钟。比较到达未解节点的总时间,最短时间是从 A 点到 C 点的 138 分钟,这样 C 点就成为已解节点。

重复上述过程直到到达终点 J。连接各段路径,得到的最佳路径是 A→B→E→I→J,这些路径在表中加上角标①表示,如表 4-2 所示。

表 4-2 最短路径法的计算步骤

步骤	直接连接到未解节点的已解节点	与其直接连接的未解节点	相关总成本	第 n 个最近节点	最小成本	最新连接
1	A	B	90	B	90	$AB^{①}$
2	A B	C C	138 90+66=156	C	138	AC
3	A B C	D E F	348 90+84=174 138+90=228	E	174	$BE^{①}$
4	A C E	D F I	348 138+90=228 174+84=258	F	228	$CF^{①}$
5	A C E F	D D I H	348 138+156=294 174+84=258 258+126=384	I	258	$EI^{①}$
6	A C F I	D D H J	348 138+156=294 228+60=288 258+126=384	H	288	$FH^{①}$

续表

步骤	直接连接到未解节点的已解节点	与其直接连接的未解节点	相关总成本	第 n 个最近节点	最小成本	最新连接
7	A C F H I	D D G G J	348 138＋156＝294 288＋132＝420 288＋48＝336 258＋126＝384	D	294	$CD^{①}$
8	H I	J J	288＋126＝414 258＋126＝384	J	384	$LJ^{①}$

注：①表示成本最小路径。

二、多起讫点问题

如果有多个货源地可以服务多个目的地，那么我们面临的问题是：要指定各目的地的供货地，同时要找到供货地、目的地之间的最佳路径。该问题经常发生在多个供应商、工厂或仓库服务于多个客户的情况下。如果各供货地能够满足的需求数量有限，则问题会更复杂。解决这类问题常常可以运用一类特殊的线性规划算法，就是所谓的"运输方法"。

例题

一制造商与三个位于不同地点的供应商签订合同，由他们供货给三个工厂，条件是不超过合同所订的数量，但必须满足需求。如图4-7所示，其中显示了各运输线路的运输费率。这些费率是每个供应商到每个工厂之间最短路径的运输费率。

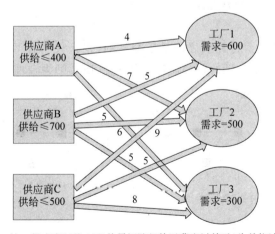

注：供应商A到工厂1的最短路径的运费率以美元/t为单位计算。

图 4-7　多起讫点路径问题示例

供求都以 t 为单位计算。在解决该问题时应用运筹学的运输问题计算,利用计算机软件 TRANLP 可以解决。输出结果如表 4-3 所示。

表 4-3 输出结果

供应商	工厂		
	1	2	3
A	400	0	0
B	200	200	300
C	0	300	0
运送单位总量	1400		
最低总成本	6600 美元		

对该结果的解释如下。

从供应商 A 运输 400t 到工厂 1。

从供应商 B 运输 200t 到工厂 1。

从供应商 B 运输 200t 到工厂 2。

从供应商 B 运输 300t 到工厂 3。

从供应商 C 运输 300t 到工厂 2。

该运行线路的计划成本最低,为 6600 美元。

三、起讫点重合的问题

起讫点重合的路径问题一般被称为"流动推销员"问题,人们已提出不少方法来解决这类问题。如果某个问题中包含很多个点,要找到最优路径是不切实际的,因为许多现实问题的规模太大,即使用最快的计算机进行计算,求最优解的时间也非常长。感知式和启发式求解法是这类问题求解的好办法。

1. 各点空间相连

在实际生活中,合理的经停路线之间是不交叉的,并且只要有可能路径就会呈凸形,或水滴状。图 4-8 所示为不合理的路径设计,而图 4-9 所示则为合理的路径设计。

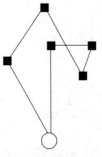
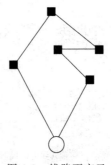

图 4-8 线路交叉   图 4-9 线路不交叉

2. 空间上不相连的点的问题

如果无论是将路径中各点绘制在地图上还是确定其坐标位置,都难以确定各点之间的空间关系,或者各点之间由于实际的原因而被扭曲,就应该说明每对点之间的确切距离或时间。这时的感知法不起作用,必须借助多年来人们提出的各种数学方法来解这类问题。

四、行车路线和时刻表的制定

行车路线和时刻表的制定问题是运输路径问题的扩展形式。其中更接近实际的限制条件包括:在每个站点既要取一定量的货,又要送一定量的货;使用多部车辆,每部车的载货重量和容积不同;司机的总驾驶时间达到一定上限时,就必须休息至少 8 小时(运输部门的安全限制);每个站点每天只允许在特定的时间内取货或送货(称为时间窗口);途中只有在送货后才能取货;允许驾驶员每天在特定的时间休息和用餐。

(一) 合理路线和时刻表的制定原则

(1) 安排车辆负责相互距离最接近的站点的货物运输。
(2) 安排车辆各日途经的站点时,应注意使站点群更加紧凑。
(3) 从距仓库最远的站点开始设计路线。
(4) 卡车的行车路线应呈水滴状。
(5) 尽可能使用载重量最大的车辆进行运送,这样设计出的路线是最有效的。
(6) 取货、送货应该混合安排,不应该在完成全部送货任务之后再取货。
(7) 对过于遥远而无法归入群落的站点,可以采用其他配送方式。
(8) 避免时间窗口过短。

这些原则只是提供了合理线路设计的准则,但操作人员还是要处理一些在这些原则中没有考虑到,而车辆运作中可能出现的限制或例外情况(如加急订单、绕行等)。采用这些方法设计的路线和时刻表,比采用其他未经仔细推敲的方法制订的计划有实质性改进。

(二) 行车路线和时刻表的制定方法

随着限制条件的增加,寻找行车路线和时刻表最优解的工作变得越来越困难。时间窗口、载重量和容积各不相同的车辆、司机途中总驾驶时间的上限要求、不同地区对速度的不同要求、途中的障碍(湖泊、迂回的道路、山脉)、司机的休息时间等都是实际路线设计中需要考虑的因素。有许多方法可以处理这类复杂的问题,下面主要介绍其中两种方法。

1. 扫描法

路线设计中的扫描法很简单,即使问题规模很大,也可以通过手工计算得出结果。如果利用计算机程序计算,能够很快求出结果,所需的计算机内存也不大。对于各类问题,该方法的平均误差率预计在 10%。如果需要很快得出结果,且只要求结果是合理的(而不是最优的),那么该误差水平还是可以接受的。

求解过程分为两步:第一步是分派车辆服务的站点;第二步是决定行车路线。因为整个过程分成两步,所以对诸如在途总运行时间和时间窗口等时间问题处理得不好。扫描法可阐述如下。

（1）在地图或方格图中确定所有站点的位置。

（2）自仓库开始沿任一方向向外画一条直线。沿着顺时针或逆时针方向旋转该直线直到与某站点相交。考虑若在某线路上增加该站点，是否会超过车辆的载货能力？若没有超过则继续旋转直线与下一个站点相交，再次计算累计货运量是否超过车辆的运载能力（先用最大车辆），若超过则剔除最后的那个站点，并确定路线。随后从不包含在上一条路线的站点开始继续旋转直线寻找新线路。继续该过程直到所有站点都被安排到路线中。

（3）排定各路线上每个站点的顺序使行车路线最短。排序时可使用"水滴法"或"流动推销员"的求解方法。

此方法适用于以下情形。

（1）每个经停点的货量只占车辆运力很小的比重。

（2）所有车同样大。

（3）路上没有时间限制。

2. 节约法

节约法的目标是使所有车辆行驶的总里程最短，进而使为所有站点提供服务的卡车数量最少。该方法首先假设每一个站点都有一辆虚拟的卡车提供服务，随后返回仓库，如图 4-10 所示，这时的路线里程是最长的。下一步，将两个站点合并到同一条行车路线上，减少一辆运输车，相应地缩短路线里程。

在决定哪些站点要合并到一条路线时，需要计算合并前后节约的运输距离。由于其他任何不在一条运输路线上的两点（A 和 B）合并所节约的距离就是图 4-10 中路线的里程减去图 4-11 中路线的里程，节约值为 $S = d_{OA} + d_{BO} - d_{AB}$。对每对站点都进行这样的计算，并选择节约距离最多的一对站点合并在一起，修订后的路线如图 4-11 所示。

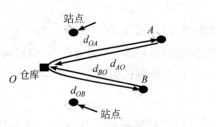
图 4-10　初始路线—线路里程

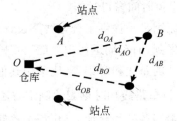
图 4-11　将两个站点合并到同一线路

第四节　物流运输优化

随着竞争越来越激烈，客户对供货时效的要求也越来越高。时间就是金钱，时间就是生命，既快又准的时效已成为物流人不断优化和追求的目标及努力的方向，那么，如何优化和提高物流服务呢？物流运输优化就是常用的一个策略。

一、运输优化的内容

运输优化的内容是避免不合理运输的出现，因为不合理运输是对运力的浪费，会造成运输费用不必要的增加,从而使运输费用及服务失衡。以下是运输优化所需要解决的问题。

1. 对流运输

对流运输又称"相向运输""交错运输",是指同一种货物,或彼此间可以互相代用而又不影响管理、技术及效益的货物,在同一线路上或平行线路上进行相对方向的运送,而与对方运程的全部或一部分发生重叠交错的运输。它是不合理运输中最突出、最普遍的一种。对流运输不合理的实质在于多占用了运输工具,出现了额外的车辆走行的功力和货物走行的吨公里,增加了不必要的运费。对流运输所产生的多余吨公里可表示为

对流运输浪费的吨公里 = 最小对流吨数×对流区段里程×2

2. 空车无货载行驶

可以说,这是不合理运输的最严重形式。在实际运输组织中,有时候必须调运空车,从管理上不能将其看成不合理运输。但是,因调运不当、货源计划不周,不采用运输社会化而形成的空驶,是不合理运输的表现。

造成空驶的不合理运输主要有以下几种原因。

(1) 能利用社会化的运输体系而不利用,却依靠自备车送货提货,这往往会出现单程重车、单程空驶的不合理运输。

(2) 由于工作失误或计划不周,造成货源不实,车辆空去空回,形成双程空驶。

(3) 由于车辆过分专用,无法搭运回程货,只能单程实车,单程回空周转。

3. 迂回运输

迂回运输的原因很多,但多是选择运输路径不当引起的。如果因道路施工、事故等因素被迫绕道是允许的,但应当尽快恢复正常,因为它会引起运输能力的浪费和运输费用的超支。迂回运输造成的损失可表示为

迂回运输浪费的费用=迂回运输浪费的吨公里×该种物质每吨公里的平均运费

4. 重复运输

把可以直线运输的物资进行不必要的中转,称为重复运输。这不仅浪费装卸劳力,增加作业和负担,而且增加物资损耗和出入库手续,造成物流时间长、费用消耗和占用多等不利情况。

5. 过远运输

过远运输在运输总量中占有相当大的比重,主要表现在木材和建筑材料上。在木材的不合理运输总量中,过远运输甚至达到70%以上。

过远运输浪费的运输吨公里=过远运输的货物吨数×(过远运输的全部里程
　　　　　　　　　　　　　　　　　　　　　　　　－该物资的合理运输里程)

过远运输浪费的运输费用=过远运输浪费的运输吨公里×该物资的平均运费

6. 无效运输

无效运输即不必要的运输,它不仅浪费大量的能力,而且往往人为地夸大了生产单位的成果,使消费者不能按量得到价格适当的产品,如大众是由于增设了原油脱水设备,使原油含水量由7%下降到2%,一年就消除了18万吨水的无效运输,由此可减少罐车4500辆,节约运费500万元。

二、运输优化的作用

1. 有利于加速社会再生产

合理组织物品的运输,有利于加速社会再生产的进程,促进国民经济持续、稳定、协调发展。

2. 降低物流成本

物品合理运输能节约运输费用,降低物流成本。运输费用是构成物流费用(成本)的重要组成部分。在物流过程中,运输作业所消耗的活劳动和物化劳动占的比例最大。据统计,物流成本中运输费用的支出占30%左右,如果把运输过程中的装卸搬运费加上,其比例更大。因此,降低运输费用是提高物流系统效益、实现物流系统目标的主要途径之一。

物流过程的合理运输,就是通过运输方式、运输工具和运输线路的选择,进行运输分类的优化,实现物品运输的合理化。物品运输合理化必然会缩短运输里程,提高运输工具的运用效率,从而达到节约运输费用、降低物流成本的目的。

3. 缩短运输时间

合理的运输缩短了运输时间、加快了物流速度。运输时间的长短决定着物流速度的快慢,所以,物品的运输时间是决定物流速度的重要因素。合理组织物品的运输,才能使被运输物品的在途时间尽可能缩短,达到到货及时的目的,因而可以降低库存物品的数量,实现加快物流速度的目标。因此,从宏观的角度来讲,物流速度的加快,减少了物品的库存量,节约了资金的占用。

4. 节约运力、节约能源

运输合理化可以节约运力,缓解运力紧张的状况,还能节约能源。物品运输的合理化克服了许多不合理的运输现象,从而节约了运力,提高了货物的通过能力,起到了合理利用运输能力的作用。同时,物品运输的合理性还可以降低运输部门的能源消耗,提高能源的利用率。

评价运输活动的优劣,通常用安全性、及时性、准确性、便利性和经济性五项标准来衡量,这也是运输合理化所要实现的目标,因此也可作为选择运输方式的基本原则。

三、运输优化的方法

(一)按商品的自然流向组织运输

商品的自然流向是指商品由生产地向消费地内在的、必然的流通方向。这是商品流通的客观规律。

商品按自然流向进行流通,客观上要求按照各类商品的不同供求关系、不同消费习惯和特点所形成的不同产销联系,把价廉物美、适销对路的商品从生产地运达消费地。主要的组织形式有以下两种。

1. 实行分区产销平衡、组织合理运输

分区产销平衡、组织合理运输是指根据商品的产销分布情况和交通运输条件,在产销平衡的基础上,按照近产近销的原则,规划商品的基本流向和流通范围,划分商品的调运区域,绘制商品合理流向图,并据此选择合理的运输路线和运输方式。

实行商品分区产销平衡、组织合理运输,要正确划分商品供销区域,切实掌握各种商品的产量、产地分布、销地分布、商品需求量、历史上的产销关系、交通条件等。凡生产比较集中、销售范围较广、品种规格比较简单和运量较大的商品,可以实行以产地为中心,划分若干销售区域,组织合理运输;凡是产地分散、消费区域相对比较集中、品种规格比较简单和运量较大的商品,可以实行以消费地为中心,划分若干供给区域,组织合理运输。

2. 按经济区域组织合理运输

经济区域是指由生产布局、地理位置、交通运输条件、供求关系以及消费习惯等因素形成的经济联系的地域范围。经济区域的形成有以下三种情况:一是以生产城市为中心的经济区域;二是以交通枢纽为中心的经济区域;三是以生产城市和交通枢纽同时为中心的经济区域。按照经济区域组织商品流通,不受行政区划的限制,按照商品的自然流向,对分居两个以上行政区划管辖的地方,划入同一经济区域内组织商品流通。

(二)选择最短的运输路线,减少中间环节

1. 开展直达、直线运输

直达运输是指在组织运输过程中,越过中间的某些环节,把货物从产地或起运地直接运到销地或用户单位。

直线运输是指在运输过程中,有多种运输路线存在时,只选择路线最短、费用最低的运输路线,使货物运输直线化。

直达运输是为了减少运输环节,直线运输是为了缩短运输里程。在实际运输工作中,为了收到双重的经济效果,往往将直达运输和直线运输结合起来,统称直达、直线运输。

2. 开展"四就"直拨运输

"四就"直拨运输是指在调运时,可以越过批发仓库和装卸搬运环节,采取就工厂(产地)、就车站(码头)、就仓库、就车船过载等方法,直接把商品运到收货地。其具体形式和内容如下。

1) 就工厂(产地)直拨

就工厂(产地)直拨是指企业对从工厂或产地收购的商品,经验收后直接从生产厂或者从工厂的专用线、专用码头把商品直接拨给批发商、零售商或消费者,而不经过企业的仓库。

2) 就车站(码头)、专用线直拨

就车站(码头)、专用线直拨是指企业对外地到达车站(码头)、专用线的商品,不经过自己的仓库,在交通运输部门允许的占用货位时间内,直接分拨给批发商、零售商或消费者。

3) 就库直拨

就库直拨是指对需要储存保管或更新库存的商品,在发货时不采取逐级层层调拨的方式,不经过中间环节,直接从仓库拨给要货单位。

4) 就车(船)过载

就车(船)过载是指对外地用车或船运来的商品,经交接验收后,不在车站(码头)停放,也不入库保管,随即通过其他运输工具,把商品运给要货单位或用户。

3. 组织联运

联运是用两种以上运输方式,联合完成客、货部任务的一种运输形式,以减少托运手续,节约运费开支,提高运输效率,有利于企业的经营管理。联运的形式很多,目前我国开展的联运有铁水干线货物联运、海江河联运、干支联运、百货干线联运、国际联运等。

(三) 选用经济合理的运输方式和运输方法

各种运输方式都有其各自的特点和与这些特点相适应的、所能提供运输服务的内容。运输方式本身的特点和所提供运输服务的范围,是选择运输方式的主要依据。选择合理的运输方式和运输方法需要考虑以下几点。

1. 充分利用水运

水运的最大优势在于其运量大、能耗小、成本低、投资少。在组织商品运输中应从整体利益出发,宜水则水,宜陆则陆,综合利用。在运量分配上,凡有水运的地方应优先安排水运,充分发挥水运的能力,提高水运量在总运量中的比重,促进各种运输方式之间的合理分工。

2. 开展集装箱运输

集装箱运输是根据货物特征和运输任务的需要,设计一种特殊容器(即集装箱)用来集装货物,再用车(船)进行运送。这是一种新型高效率的运输方法。集装箱运输具有安全、迅速、简便、高效等特点,它的经济效益十分明显,是一种现代化的运输方式。

3. 提高运输工具的使用效率

1) 提高整车发运比重

整车发运和零担发运是铁路运输的两种基本形式。企业经营的商品品种规格复杂,供应区域广阔,商品运量很大。提高整车发运比重意味着在商品发运中要集零为整,组织轻重配装,用同样多的车辆装运更多的商品,这不仅能加速商品的运输,降低运输费用,还能充分发挥运输工具的使用效率,节约运力。

2) 提高技术装载量

商品在车船上配装、积载、堆码的方法和技巧,称为商品装载技术。运用商品的装载技术,在各种运输工具上所装商品的数量或重量称为技术装载量。提高技术装载量,一方面是最大限度地利用车船载重吨位;另一方面是充分使用车船的装载容积。

第五节 物流运输成本管理

一、运输成本的概念

运输成本是指为完成运输活动所发生的一切相关费用,包括支付的运输费用及与运输行政管理和维护运输工具有关的费用。根据分析个体的不同,可以用多种不同的方法来考察运输的支出。运输成本可以按客户、生产线、渠道类型、运输商、方向(进货与发货)等分类。根据发运量、运输的重量、距离以及出发地和目的地不同,成本相应地变化很大。

二、运输成本的构成

1. 变动成本

变动成本是指在一段时间内所发生的费用,通常以一种可预计的、与某种层次的活动直接有关的形式变化,因此,变动成本只有在运输工具未投入营运时才有可能避免。除例外的情况,运输费必须至少弥补变动成本。变动成本中包括与承运人运输每一票货物有关的直接费用,这类费用通常按照每公里/海里或每单位重量多少成本来衡量。

在这类成本构成中还包括劳动成本、燃料费用和维修保养费用等。要求承运人按低于其变动成本来收取运费而又期望他能维持营运是不可能的。

2. 固定成本

固定成本是指在短期内虽不发生变化,但又必须得到补偿的那些费用,哪怕公司关闭了(如休假或罢工)也是如此,在这类固定成本中包括承运人那些不受装运量直接影响的费用。对运输公司来说,固定成本构成中包括端点站、通道、信息系统和运输工具等费用;在短期内,与固定资产有关的费用必须由上述按每票货计算的变动成本来弥补;从长期来看,多少可以通过固定资产的买卖来降低固定成本的负担,但实际上要出售运输通道或运输技术往往是非常困难的。

3. 联合成本

联合成本是指决定提供某种特定的运输服务而产生的不可避免的费用。例如,当承运人决定拖一卡车货物从地点 A 运往地点 D 时,意味着这项决定中已产生了从地点 D 至地点 A 的回程运输的"联合"成本。于是,这种联合成本要么必须由最初从地点 A 至地点 D 的运输弥补,要么必须找一位有回程货的托运人以得到弥补。

联合成本对于运输收费有很大的影响,因为承运人索要的运价中必须包括隐含的联合成本,或者这种回程运输由原先的托运人来弥补。

4. 公共成本

公共成本是承运人代表所有的托运人或某个分市场托运人支付的费用。公共成本,诸如端点站、路桥费或管理部门之类的费用,具有企业一般管理费用的特征,通常是按照活动水平,如装运处理的数目之类分摊给托运人来承担。但是,用这种方式来分摊企业一般管理费用有可能发生不正确的成本分配。例如,一个托运人也许在其并没有实际使用运送服务时,就需要为这种约定支付费用。

三、影响运输成本的因素

运输成本通常受七个因素的影响,尽管这些因素并不是运费表上的组成部分,但在承运人制定运输费率时,都必须对每一个因素加以考虑,这七个因素分别是输送距离、载货量、货物的疏密度、装载能力、装卸搬运、责任以及运输供需因素。一般来说,上述的顺序也反映了每一个因素的重要程度,其具体的影响程度如下。

1. 输送距离

输送距离是影响运输成本的主要因素,因为它直接对劳动力、燃料和维修保养等变动成本产生作用。

2. 载货量

载货量之所以会影响运输成本,是因为与其他许多物流活动一样,大多数运输活动中存在着规模经济,但是这种关系受到运输工具(如卡车)最大尺寸的限制,一旦该车辆满载,就会对下一辆车重复这种关系。这种关系对管理部门产生的启示是,小批量的载货应整合成更大的载货量,以期实现规模经济。

3. 货物的疏密度

货物的疏密度是把重量和空间方面的因素结合起来考虑。这个因素之所以重要,是因为运输成本通常表示为每单位重量所花的数额,如每吨金额数等。在重量和空间方面一辆运输卡车更多地受到空间限制,而不是重量限制,即使该产品的重量很轻,车辆一旦装满,也不可能再增加装运数量。

4. 装载能力

装载能力这一因素是指产品的具体尺寸及对其运输工具(火车、拖车或集装箱)的空间利用程度的影响。装载能力还受到装运规模的影响。大批量的产品往往能够相互嵌套、便利装载,而小批量的产品则有可能难以装载。例如,整车的垃圾罐有可能实现相互嵌套,而单独一个垃圾罐装载起来就显得较困难。

5. 装卸搬运

卡车、铁路机车或船舶等的运输可能需要特别的装卸搬运设备。此外,产品在运输和储存时实际所采用的成组方式(例如,用带子捆起来、装箱或装在托盘上等)也会影响到搬运成本。

6. 责任

责任与货物的六个特征有关,主要关系到货物损坏风险和事故索赔。因此,承运人必须通过向保险公司投保来预防可能发生的索赔,否则有可能要承担任何可能损坏的赔偿责任。托运人可以通过改善保护性包装或通过减少货物灭失损坏的可能性,降低其风险,最终降低运输成本。

7. 运输供需因素

运输通道的流量和通道流量是否均衡等运输供需市场因素也会影响到运输成本。这里的运输通道是指起运地与目的地之间的移动,显然运输车辆和驾驶员都必须返回到起运地,于是,对他们来说,要么找一票货带回来,要么只能空车返回。当发生空车返回时,有关劳动力、燃料和维修保养等费用仍然必须按照原先的"全程"运输支付;于是,理想的情况就是"平衡"运输,即运输通道两端的流量相等。

四、不同运输方式的成本特征

决定物流运输经济性的关键是每种运输方式的成本特征。因为每种运输方式都有自己独特的成本特征,所以在给定条件下,某一种运输方式的潜在优势可能会是其他服务方式无法相比的,从而也就给予企业比较选择、优化组合的机会。

1. 铁路运输成本

作为货运和客运承运人,铁路部门的固定成本高,可变成本相对较低。装卸成本、制单和收费成本,多种产品、多批货物货车的调度换车成本,导致铁路运输的端点成本很高。

每批货物的运费增加以及由此会导致的端点成本的下降,都将带来一定程度的规模经济效益,即每批货的运量越大,单位成本就越低。

铁路维护和折旧、端点设施的折旧和管理费用也会提高固定成本的水平。铁路运输的线路成本(或可变成本)通常包括工资、燃油、润滑油和维护成本。根据定义,可变成本会随运距和运量成比例变化。但某些可变成本(如人工成本)确实存在一定程度的不可分性,所以单位可变成本会随运量和运距的增加略有下降。虽然人们对可变成本、固定成本的确切比例关系争议很大,但传统上,铁路运输部门常常将总成本的 1/2 或 1/3 当作可变成本。

2. 公路运输成本

公路运输与铁路运输的成本特征形成鲜明对比。卡车运输的固定成本是所有运输方式中最低的,因为承运人不拥有用于运营的公路,拖挂车只是很小的经济单位,车站的运营也不需要昂贵的设备。另一方面,卡车运输的可变成本很高,因为公路建设和公路维护成本都以燃油税、公路收费、重量—公里税的方式征收。

卡车运输成本主要可分为端点费用和线路费用。端点费用包括取货和送货成本、站台装卸成本、制单费和收费成本,约占卡车运输总成本的 15%～25%。这些成本以元/吨公里计算,在运输批量为 2000～3000t 时,这些成本会随运输批量变化很快。当运量超过 3000t 时,随着取货、送货和装卸成本分摊到更大的运量上,端点费用会持续下降,但下降的速度比小批货物运输时费用下降的速度慢得多。

3. 水路运输成本

水运承运人主要将资金投放在运输设备和端点设施上(从某种程度上说)。水路和港口都是由政府运营,只有少数项目向水运承运人收费,在内陆水运中尤其如此。水运承运人预算中主要的固定成本都与端点作业有关。这些费用包括船只进入港口时的港口费和货物装卸费。水运货物装卸速度特别慢,除散货和集装箱货可以有效使用机械化物料搬运设备外,昂贵的搬运成本使得其他情况下的端点费用高得令人几乎无法接受。

水运中常见的高端点成本,在一定程度上被很低的线路费用所抵消。水路不对使用者收费,水运的可变成本仅包括那些与运输的运营设备相关的成本。因为水运以很慢的速度、很小的牵引力进行运输,营运成本(不包括人工成本)尤其低。由于端点站成本很高,线路费用很低,吨公里成本随运距和运量的变化急速下降,所以水运是最廉价的大宗货物运输方式之一,适合长距离、大批量运输。

4. 航空运输成本

航空运输与水运和卡车运输的成本特征有很多相同之处。航空运输的端点和空中通道一般为不同航空公司所有。航空公司根据需要,以燃油、仓储、场地租金和起降费的形式购买机场服务。如果将地面装卸、取货和送货服务包括在航空货运服务中,这些成本就成为空运端点成本的一部分。

固定成本和可变成本合在一起通常使航空运输成为最贵的运输方式,短途运输尤其如此。但是,随着端点费用和其他固定开支分摊在更大的运量上,单位成本会有所降低。如果在长距离内营运,还会使单位成本进一步下降。

5. 管道运输成本

管道运输与铁路运输的成本特征一样。管道公司（或拥有管道的油气公司）拥有运输管道、泵站和气泵设备。他们可能拥有或租赁管道的使用权。这些固定成本加上其他成本使管道的固定成本与总成本的比例是所有运输方式中最高的。

为提高竞争力，管道运输的运量必须非常大，以摊销这么高的固定成本。可变成本主要包括运送产品（通常为原油、成品油或天然气）的动力和与泵站经营相关的成本。管道运输对动力的需求差异很大，取决于线路的运量和管道的直径。大管道与小管道相比，周长之比不像横截面面积之比那么大。摩擦损失和气泵动力随管道周长变大而增加，而运量则随截面的增大而提高。其结果是，只要有足够大的运量，大管道的每吨公里成本会迅速下降。在一定的管道规格条件下，如果运送的产品过多，管道运输的规模收益会递减。

上述各种运输方式成本结构的比较如表 4-4 所示。

表 4-4 各种运输方式成本结构的比较

运输方式	固定成本	变动成本
铁路	高（车辆及轨道）	低
公路	高（车辆及修路）	适中（燃料、维修）
水路	适中（船舶、设备等）	低
航空	低（飞机、机场）	高（燃料、维修）
管道	最高（敷设管道）	最低

五、运输成本的核算

（一）运输成本计算对象和成本计算单位

运输成本计算对象是企业的各项运输业务，也是各项营运费用的承担者。营运费用的汇集、分配以及成本计算，都要以成本计算对象为依据。运输企业的生产经营活动主要是运输业务，根据管理上的需要，对货物运输业务，需要设置不同的成本计算对象和成本计算单位。

1. 运输成本计算对象

运输企业的营运车辆的车型较为复杂，为了反映不同车型货车的运输经济效益，应以不同燃料和不同厂牌的营运车辆作为成本计算对象。对于以特种大型车、集装箱车、零担车、冷藏车、油罐车等从事运输活动的企业，还应以不同类型、不同用途的车辆分别作为单独的成本计算对象。

2. 运输成本计算单位

运输成本计算单位是以运输工作量的计量单位为依据的。货物运输工作量通常称为货物周转量，其计量单位为"吨公里"，即实际运送的货物吨数与运距的乘积。为计量方便起见，通常以"千吨公里"作为成本计算单位。

大型车组的成本计算单位可为"千吨位小时"，集装箱车辆的成本计算单位为"千标准箱公里"。

集装箱以 20 英尺为标准箱,小于 20 英尺箱的,每箱按一标准箱计算;40 英尺箱或其他大于 20 英尺箱的集装箱,每箱按 1.5 标准箱计算。

其他特种车辆,如零担车、冷藏车、油罐车等运输业务,其运输工作量仍以"千吨公里"为成本计算单位。

(二)运输成本核算程序

运输企业的完全成本的核算程序主要是指成本的会计核算程序。

(1)根据企业营运管理的要求,确定成本计算对象、成本计算单位、成本项目和成本计算方法。

(2)由车队根据费用支出和生产消耗的原始凭证,按照成本计算对象、费用类别和部门对营运费用进行归集、分配,并编制各种费用汇总表,包括工资及职工福利费分配表,燃料、材料及轮胎消耗汇总表,以及低值易耗品摊销表,固定资产折旧及大修理费用提存计算表,轮胎摊销分配表等。

(3)根据各种费用汇总表或原始凭证,登记"辅助营运费用""营运间接费用""待摊费用""预提费用"以及"运输支出""装卸支出""其他业务支出"的明细分类账;并将辅助营运费用、营运间接费用按成本计算对象分配和结转计入"运输支出""其他业务支出"账户,确定各项业务应负担的费用,计算各种业务成本。

(4)企业根据车队、车站等所属单位上报的成本核算资料,汇总分配企业各项费用,编制企业成本计算表。

(三)运输成本的核算方法

1. 车辆直接费用的核算

1)工资及职工福利费

工资是指按规定支付给营运车辆司机的基本工资、工资性津贴和生产性奖励金,随车售票乘务人员工资和工资性津贴,实行承包经营企业的司乘人员个人所得的承包收入也包括在本项目内。职工福利费是指按规定的工资总额和比例计提的职工福利费。

工资及职工福利费的计算根据工资分配表和职工福利费计算表中分配给各分类成本的金额计入成本。

对有固定车辆的司机及其随车售票人员的工资、行车津贴和津贴,应由有关车型的运输成本负担,将其实际发生数直接计入运输成本的工资项目。按照工资负担对象和金额计算应计提的职工福利费,直接计入各分类运输成本的"职工福利费"项目。

没有固定车辆的后备司机的工资及津贴,应按营运车吨位或营运车日,分别计入有关车辆的分类运输成本。其分配计算公式为

$$\text{每营运车吨日工资分配额(元/车吨日)} = \frac{\text{应分配的司机工资总额}}{\text{总营运车吨日}}$$

$$\text{某车型应分摊的司机工资额(元)} = \text{该车型实际总营运车吨日} \times \text{每车营运车吨日工资分配额}$$

2)燃料

燃料是指营运车辆运行中所耗用的各种燃料,如汽油、柴油等,自动倾卸车辆卸车时

所耗用的燃料也在本项目内核算。

营运车辆消耗的燃料,应根据行车路单或其他有关燃料消耗报告所列实际消耗量计算计入成本。燃料消耗计算的范围与期间应与车辆运行情况一致,以保证燃料实际消耗量与当月车辆行驶总车公里和所完成的运输周转量相对应。

实行满油箱制的运输企业,在月初、月末油箱加满的前提下,车辆当月加油的累计数即为当月燃料实际消耗数。企业根据行车路单领油记录核实的燃料消耗统计表,即可计算当月燃料实耗数。

实行实地盘存制的企业,应在月底实地测量车辆油箱存油数,并根据行车路单加油记录计算各车当月实际耗用的燃料数。其计算公式为

$$当月实耗数 = 月初车存数 + 本月领用数 - 月末车存数$$

营运车辆在本企业以外的油库加油,其领发数量不作为企业购入和发出处理,应在发生时按照分类成本领用的数量和金额,直接计入各分类运输成本。

3) 轮胎费用

轮胎费用是指营运车辆耗用的外胎、内胎、垫带的费用支出,以及轮胎翻新费和零星修补费。营运车辆领用的内胎、垫胎以及轮胎零星修补费用和轮胎翻新费用,按实际领用数和发生数计入各分类运输成本。外胎可以按领用轮胎实际成本计入当月运输成本,但在一次领用轮胎较多时,可以在一年内分月摊入各月运输成本。

4) 修理费

修理费是指营运车辆进行各级维护和小修所发生的工料费、修复旧件费用和行车耗用的机油费用,以及车辆大修费用。采用总成互换维修法的企业,维修部门领用的周转总成的价值和卸下总成的修理费用,也在本项目内核算。

营运车辆因维护和修理而领用的各种材料、配件费,直接计入各分类成本的修理费项目;预提的车辆大修理费用,可根据"预提大修理费用计算表"计入本项目。

$$\frac{某车型营运车月大修}{费用提取额(元)} = \frac{该车型营运车千公里}{大修费用预提额(元/千公里)} \times \frac{该车型营运车月实际}{行驶里程(公里)/1000}$$

5) 车辆折旧

车辆折旧是指营运车辆按规定方法计提的折旧费。营运车辆的折旧按实际行驶里程计算,特种车、大型车按年限法计算列入本项目。不采取预提大修费的企业,可不分大修和小修,所发生的修理费用直接计入本项目。

6) 养路费及公路运输管理费

养路费是指按规定向公路管理部门缴纳的养路费。公路运输管理费是指按规定向公路运输管理部门缴纳的运输管理费。按运输收入的一定比例计算缴纳的企业,应按不同车型分别计算应缴纳的养路费和运输管理费,计入各分类成本;按车辆吨位于月初或季初预先缴纳养路费或运输管理费的企业,应根据实际缴纳数分摊计入各分类运输成本的本项目内。

7) 车辆保险费

车辆保险费是指向保险公司缴纳的营运车辆的保险费用。按实际支付的投保费用和投保期,并按月分车型分摊计入各分类成本的本项目内。

8）事故费

营运车辆在运营过程中因碰撞、翻车、碾压、落水、失火、机械故障等原因而造成的人员伤亡、牲畜死伤、车辆损失、物资毁损等行车事故所发生的修理费、救援费和赔偿费,以及支付给外单位人员的医药费、丧葬费、抚恤费、生活补助费等事故损失,在扣除向保险公司收回的赔偿收入,以及事故对方或过失人的赔偿金额后,计入有关分类成本的本项目内。在事故发生时,可预估事故损失。在预估事故费用时,通过预提费用账户进行核算。根据当年结案事故的实际损失与预提数的差额,调整本年度有关业务成本。因车站责任发生的货损、货差等事故损失,应计入"营运间接费用"账户,不列入本项目。

9）税金

税金是指规定缴纳的车船使用税,按实际发生金额计入运输成本项目。

10）其他费用

其他费用是指不属于以上各项的车辆营运费用,如行车杂费、随车工具费、篷布绳索费、防滑链条费、中途故障救济费、车辆牌照和检验费、洗车费、停车住宿费、过桥费、过渡费、高速公路建设费等。

随车工具、篷布绳索、防滑链及司机的劳动保护用品等,应根据"低值易耗品发出汇总表"和"材料发出汇总表",将按各分类成本对象归集的费用数额计入分类运输成本的本项目内。一次领用量较大时,也可以通过"待摊费用"账户分期摊销。企业发生的行车杂费、车辆牌照费、检验费和过渡费等,可根据付款凭证计入各分类成本项目。

2. 营运间接费用的核算

营运间接费用是指企业在营运过程中发生的不能直接计入成本计算对象的各种间接费用。其主要内容包括运输公司或公司以下的基层分公司、车队、车场、车站的营运管理费用,但不包括企业行政管理部门的管理费用。

1）车队管理费的分配

车队管理费应分配计入本车队各类车型的运输成本。为方便起见,其分配方法通常先按车队发车的营运车辆的车辆费用和其他业务的直接费用比例,由运输业务和其他业务分摊,然后再按各类车辆的直接费用比例或营运车比例,由各类运输成本分摊。

2）车站经费的分配

为简便起见,车站经费应在车站各种业务之间分配,通常按运输直接费用、其他业务直接费用比例分摊。由运输业务负担的车站费用应按车型类别的直接费用比例分摊。

案例讨论

布局"天网"12年　跨越速运抢占航空物流先机

航空就是下一个5年中国物流业资源争夺的关键,对一家物流公司的长远发展来说意义重大。近年来,随着国内快递行业的蛋糕越做越大,快递市场集中度不断提高,规模效应与龙头效应逐渐显现,未来的快递之争已经指向了门槛更高的航空货运。

率先布局"天网"　抢占市场先机

"没有飞机的快递公司不是真正的快递公司"。快递是一种点到点的运输,是规模化

之下的速度竞争,"地上"份额的争夺异常激烈,各大快递物流企业纷纷将征战的触角伸到"天上"。在快递业最为发达的美国,联邦快递、UPS的竞争早已从地面转向天空,飞机更是成为各大快递巨头的标配。

跨越速运,作为最早布局航空物流企业之一,目前拥有货运包机11架。从行业地位与所处的竞争环境来看,跨越速运在布局航空货运方面既有代表性,又有前瞻性。

跨越速运从2007年成立之初就明确方向,成为主营"限时速运"服务的大型现代化综合速运企业;2008年,正式成立华南、华东、华北三大机场操作中心;2009年,提供四地夜航包机服务,实现"夜发晨至";2017年,跨越速运"珠三角—长三角"夜航包机,促使国内跨省速运服务从"跨省8小时"提速到"跨省6小时",这也标志着跨越速运"跨省限时达"在航空货运业务方面实现了新的突破。

航空衔接物流网　满足"时效"高要求

"飞机是速度这一核心竞争力的有力保障",无论是客机腹仓还是全货机,都能更好地满足商家与消费者对于"时效"的高需求。

跨越速运是一家主营"限时速运"服务的大型现代化综合速运企业,主要推出"跨省限时达"——当天达、次日达、隔日达三大时效产品,采用直营＋空运模式,切入高端快递市场,赢得B2B企业客户信赖。由此可见,强有力的航空物流就是实现这一系列高要求时效产品的主要路径。

冷链物流,航空直发。跨越生鲜速递是跨越速运又一重要时效产品,是定位于B2C时效类的生鲜产品,它对运输时限、保鲜、冷运技术要求极高。这次跨越速运将自有的强大航空物流优势再次发挥到了极致:跨越生鲜速递开通"生鲜绿色通道",产品当天达覆盖30＋城市,次日达覆盖200＋城市,通过航空物流,一天之间,从田间到餐桌,即使在千里之外你也能第一时间尝到新鲜美味。

"跨越领鲜"生鲜速递业务的成功开展与跨越"限时速运"、完善航空物流体系是分不开的。近年来,跨越速运也凭借直营模式、"天网＋地网＋信息网"三网合一网络资源和强大的科技实力,不断为企业客户提供优质的服务。

(资料来源:布局"天网"12年 跨越速运抢占航空物流先机[EB/OL].2019-12-11.[2020-06-17]. http://old.chinawuliu.com.cn/.)

讨论问题:
(1)为什么说自有航空运输网络将是未来快递行业竞争的关键?
(2)航空物流的竞争优势体现在哪里?

本章思考题

(1)运输的概念是什么?
(2)按运输设备及运输工具不同,运输可以分成哪几种类型?
(3)运输方式选择需要考虑哪些因素?
(4)列举物流运输方式选择的方法。
(5)影响运输成本的因素有哪些?
(6)企业可采用哪些降低运输成本的方法?

实践课堂

一、运输市场调研实训

1. 项目简介

请以团队的形式4~5人,根据某地区运输企业的类型,选择一种类型的典型企业进行调研,设计出对某物流企业的调研表。调查内容要涉及企业基本情况、物流业务情况、物流设备情况、物流信息化情况及物流管理与作业人员素质情况。调查结束后,对数据采取一定的方法进行分析,并提交Word版调研报告及通过PPT的形式在班级交流。

2. 技能训练目标

通过对不同类型运输企业调研和班级小组间的交流,对不同类型的运输企业形成感性认识,了解其主要工作任务、一般工作流程、组织结构、岗位职责、素质要求以及不同类型运输配送企业的共同特点和差异之处。

3. 技能训练准备

(1) 按组实施调研,组长负责安全。

(2) 上网查找相关企业资料,拟定调研提纲。

(3) 调研前要事先通知指导老师。

4. 技能训练步骤

(1) 组长带领本组成员到一家物流运输企业调研。

(2) 记录该企业在有关运输工作任务、工作流程、运输企业组织结构、运输部门各岗位职责、工作人员的素质要求等方面的内容。

(3) 以小组为单位整理调研记录,总结出调研的两个企业运输部门工作的共性和不同点,并进行书面调查总结。在调查总结中,可适当附加一些单据或图片等能支持总结论点的资料。

5. 技能训练评价

评价要点如下。

(1) 企业的类型、岗位设置、业务情况描述正确。

(2) 调研问卷的设计。

(3) 语言表达沟通能力强。

实际得分 = 自我评价20% + 小组评议40% + 教师评价40%

二、运输合理化

有一条公路 A 至 D,全长400km,其中 B、D 为煤炭供应点,B 点有煤500t,D 点有煤3000t。A、C 为煤炭的销售点,A 可售煤3000t,C 可售煤500t。其中各站点站间距离如图4-12所示,试问如何组织运输最为合理?

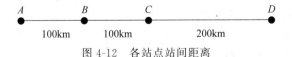

图4-12 各站点站间距离

三、运输商选择

现某食品公司需要选择一家运输公司进行长期业务合作,共有四家运输公司前来投标,如表 4-5 所示,请根据运输商评估步骤,为这家公司选择一家适合的运输商。

表 4-5 运输公司概况

运输商	报价/万元	平均作业时间/天	运输时间误差/小时	能　力	直　达　性	安全性
1	25	7	<10	提供各种运输车辆,提供 EDI 服务、货物追踪、仓储等服务	可以实现各种运输方式的联运	连续 5 年没有出过事故
2	25	8	<12	提供一般的运输车辆、温控车,提供 EDI 服务、货物追踪服务	可以实现铁路与公路的联运	连续 10 年没有出过事故
3	30	5	<2	提供一般运输车辆,提供 EDI 服务、货物追踪服务	可以实现各种运输方式的联运	连续 3 年没有出过事故
4	28	5	<1	只提供一般运输车辆	可以实现铁路与公路的联运	连续 2 年没有出过事故

要求:该公司评估运输商的指标分别为运输成本、运输时间、运输的可靠性、运输的能力、运输的直达性、运输安全六项指标。

请根据自己的判断分别给出各指标的权重,然后对四家运输公司做出评估。

四、天津天环物流公司的运输路线优化方案

1. 项目简介

天津天环物流公司现有一批从上海天环物流公司发来的货物,托运人是上海家化,货物包括妮维雅润肤露、洗面奶、佰草集化妆品、六神沐浴露、六神花露水等。这批货物收货人及其地址信息如下。

(1) 华润万家北辰店,地址:北辰区京津公路。

(2) 华润万家奥园店,地址:北辰路辰昌路。

(3) 物美大卖场水木天成店,地址:红桥区咸阳北路。

(4) 新世界百货,地址:南开区东马路。

(5) 家乐福鞍山西道店,地址:南开区鞍山西道。

(6) 华润万家友谊路店,地址:河西区友谊路。

现公司安排一辆车将货物送至各收货人处,请拟定运输路线。

2. 技能训练目标

通过指导学生绘制物流公司、收货客户等节点的分布示意图,估计并标出各阶段路线的距离,利用所学知识(如最短路径法)找出从物流公司出发,将货物送至各个客户,最终车辆返回物流公司的路线选择方案。

3. 技能训练准备

(1) 按组实施调研,组长负责。

(2) 上网查找相关企业资料。

(3) 掌握表上作业法、图上作业法、最短路径法。

4. 技能训练步骤

(1) 能够找出任意两节点间的最短路径。

(2) 能根据供需双方的数量等要素合理安排可行方案。

(3) 能对现有方案进行合理化判别并优化。

(4) 能制定最优运输路线方案。

5. 技能训练评价

(1) 画出各节点防卫示意图并标注距离。

(2) 从运输距离最短角度制定送货路线方案。

(3) 小组调查实施情况。

(4) 运输设计与分析的合理性。

实际得分＝自我评价20%＋小组评议40%＋教师评价40%

五、天津海峰物流公司洽谈运输业务的设计方案

1. 项目简介

假设现在你所属的公司拟与天津西门子真空泵有限公司进行有关物流运输业务洽谈。经过你的多方面沟通，了解到以下信息。

(1) 西门子真空泵有天津至上海的运输需求(每周大概200t)。

(2) 公司谈判目标：天津至上海运费每吨450元，费用月结——每月5日兑账、10日结账、开发票。

(3) 西门子真空泵货物描述：木箱包装、1m×0.5m×0.3m、1t/件、货物价值单件10万元。

(4) 西门子真空泵有限公司要求在2020年6月底选择好物流承运商，并且签订2020年7月1日至2022年6月30日的合同。

(5) 西门子真空泵有限公司的此项目负责人是王刚，天津人，男，35岁，已婚，女儿3岁，喜欢篮球、旅游、性格内向、思维敏捷，从事企业物流7年。

公司的要求如下。

(1) 请你制定谈判的步骤：时间、地点、方式、每个步骤想要的结果。

(2) 现在有竞争对手天津杰拓物流公司与你竞争，你将制定怎样的策略打败竞争对手？

(3) 草拟一份完整的运输合同及注意事项。

2. 技能训练目标

要求学生分角色扮演运输业务洽谈双方，按照运输业务的步骤进行业务洽谈，并能关注谈判过程中的关键问题和事态发展，运用恰当的方法有效展示企业竞争优势，采取有效措施与对手竞争，最终完成运输业务谈判结果，并以运输合同甲、乙双方的身份讨论运输合同条款，签订运输合同。

3. 技能训练准备

(1) 熟悉客户的基本运输需求。

(2) 掌握谈判步骤及注意事项。

(3) 拟定的运输合同内容应有完整、合理的结构。

4. 技能训练步骤

(1) 制定合理的谈判步骤。

(2) 对谈判过程中的关键问题进行恰当分析。

(3) 采取有效的竞争措施。

(4) 确定运输合同主要条款。

(5) 签订运输合同。

5. 技能训练评价

(1) 是否有效展示企业竞争优势。

(2) 竞争措施设计的合理性、严密性及准确性。

(3) 运输合同内容的合法性。

$$实际得分 = 自我评价\ 20\% + 小组评议\ 40\% + 教师评价\ 40\%$$

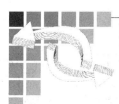

第五章

配送管理

◆ 学习目标 ◆

- 了解配送的概念、特点与配送的作业过程。
- 掌握配送中心的类别与作用、配送中的进货与订单处理作业。
- 掌握配送中心的作业流程,制定配送作业方案。
- 了解配送成本的构成、配送成本控制的方法。
- 掌握配送绩效评估指标。

【引导案例】

盒马的配送网络

一、盒马物流配送之"形":去中心化的网络

盒马基于新零售的物流体系是一套全新设计的去中心化、分布式的物流配送网络。跟以往比,这套网络不是细节上的优化调整,而是完全不同的架构,如图5-1所示。首先从整个网络上看,分为三层,即供应商—配送中心—客户。

(1)采购。盒马的商品坚持原产地直采+本地化直采两种方式相结合。

原产地直采方面,盒马的团队会从世界各地引进最优质的生鲜产品。国内直采则结合实际情况分为两种模式:第一种是单品的,比如赣南橙、阿克苏苹果,这样国内有成熟基地的,会前置到基地做品控、做采购,整批发到盒马的加工中心;第二种比如蔬菜、肉类,则基于本地采购,跟本地相关企业合作,早上采购下午送到门店售卖。值得一提的是,盒马销售的部分商品已经实现了与天猫的统一采购。

(2)配送中心。盒马由于以生鲜为主,除了传统意义上的常温或低温仓库外,还有具有自身特色的配送中心,如蔬果加工中心、水产中心等。

盒马鲜生—新零售供应链架构

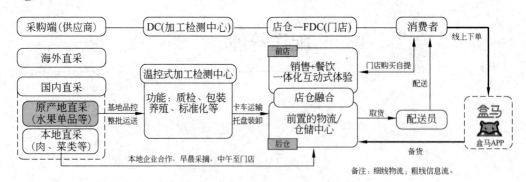

图 5-1　盒马鲜生—新零售供应链架构

(3) 店仓。这张网络的第三层是离客户最近的门店，盒马内部称之为"店仓"，是前置的物流中心，同时还承载着销售、餐饮等线上线下一体化的互动体验。这种形式下前面是店，后面是仓，人员和场地均做复用，无论人效还是坪效都大大得以提升。同时由于线上线下的融合，线下门店已能够覆盖所有的日常运营成本，线上完全是增量。

二、盒马物流配送之"神"：四个智能化，一个自动化

(1) 智能履约集单算法。原来是一单一送，像生鲜外卖，服务体验很好，但不划算。而履约集单算法是基于线路、时序、客户需求、温层、区块以及整个 POI 的智能履约集单算法则实现了最优的订单履约成本，在算法指导下系统把订单串联起来，并且保证串联出最优的配送批次，实现多单配送。

(2) 智能店仓作业系统。盒马是店仓模式，这就注定其与传统的门店商超不一样，它会更像一个物流中心。传统的门店不管货位，库存也做不到实时监测，但盒马却有一套足够智能的店仓作业系统，这套系统不仅知道货位在哪里，任务怎么派，还能对不同工种之间进行调动。

(3) 智能配送调度。新零售新物流一直说重构人、货、场，在整个配送物流行业也一样。这里的人、货、场可以分别这样理解：配送员的位置在哪里，对哪类商品哪类订单，这是人；货是订单、批次、包裹，配送员不是一单一做，一单一做是低效的方式，高效只有在外卖或者是超强时效的场景里去做；场就是配送员的位置，他现在在哪里，他送完下一单要去哪里。这三者之间做一个调度，最优匹配，实现配送效率的最大化。

(4) 智能订货库存分配系统。盒马打造出一套智能的订货库存分配系统：一方面是盒马门店的历史销量；另一方面则是依托淘系数据。依靠这套系统，盒马可以做到不同区域商品分配的预测。

(5) 自动化设备。除了智能化以外，盒马的每个门店里还大量使用自动化设备。大家所熟知的是在前场看到的悬挂链，其功能在于一个是输送，另外一个是拣选合流。

三、盒马物流的优势

(1) 速度快。因为只做 3km，离客户最近，所以速度足够快，实现了 30min 送达。

(2) 全温层。B2C 模式一般来说只做常温，但是因为盒马离客户足够近，它就能做到

冷热冰鲜的温度保证，并且不用耗费大量的耗材。所以说盒马是全温层。

（3）品类全而精。B2C模式长尾做得特别长，但盒马不同，其品类全，但选品精。与传统电商不同，盒马的理念是从供应链端选到最好的商品，直接告诉消费者选什么样的是最好的，帮助他做消费升级。

（4）耗材成本低。传统的生鲜B2C耗材成本比较高。但是由于盒马是前置式的网络，只要用少量的耗材保证短时间内温层就可以，不需要用大量的干冰、泡沫箱。其中一些耗材还是可循环的，比如盒马用的箱子只是作为一个运载的工具，是可回收的；同样冰袋也是可回收的，白天用完晚上放在冰柜里冻就可以了。

案例导学

配送是物流系统的终端，也是物流管理中非常重要的环节，同样需要配送的高效率与低成本。盒马作为新零售的代表，利用先进的信息技术与物流技术，优化配送，提升效率，缩小成本，以现代化的物流配送体系形成自身的优势竞争力。

第一节 配送与配送中心

一、配送

（一）配送的概念

中华人民共和国国家标准《物流术语》中将配送定义为：在经济合理区域范围内，根据用户的要求，对物品进行拣选、加工、包装、分割、组配等作业，并按时送达指定地点的物流活动。

小贴士

事实上，从配送活动的实施过程上看，配送包括两个方面的活动："配"是对货物进行集中、分拣和组配，"送"是以各种不同的方式将货物送达指定地点或用户手中。

配送作为一种特殊的物流活动方式，几乎涵盖了物流中所有的要素和功能，是物流的一个缩影或某一范围内物流全部活动的体现。一般来说，配送是在整个物流过程中的一种既包含集货、储存、拣货、配货、装货等一系列狭义的物流活动，也包括输送、送达、验货等以送货上门为目的的商业活动，它是商流与物流紧密结合的一种综合的、特殊的综合性供应链环节，也是物流过程的关键环节。

由于配送直接面对消费者，最直观地反映了供应链的服务水平。所以，配送"在恰当的时间、地点，将恰当的商品提供给恰当的消费者"的同时，也应将优质的服务传递给客户，配送作为供应链的末端环节和市场营销的辅助手段，日益受到重视。

（二）配送的特点

（1）配送是一种末端物流活动。配送的对象是零售商或客户（包括单位客户、消费者），因此配送处于供应链的末端，是一种末端物流活动。

（2）配送是"配"和"送"的有机结合。配送的主要功能是送货，科学、经济的送货以合理配货为前提。即送货达到一定的规模,可以更有效地利用运输资源,才产生了配送。少量、偶尔的送货不算配送。

(3) 配送以客户的需求为出发点。配送是从客户利益出发,按客户的需求进行的一种活动,体现了配送服务性的特征。配送的时间、数量、各种规格都必须按照客户的需求进行,以客户满意为最高目标。

(4) 配送是物流活动和商流活动的结合。配送作业的起点是集货,必然包括订货、交易等商流活动。在买方市场占优势的现代社会,由于商流组织相对容易,故配送被视作一种以物流活动为主的业务形式。

(5) 配送是一种综合性物流活动。配送过程包含了采购、运输、储存、流通加工、信息处理等多项物流活动,是一种综合性很强的物流活动。

(三) 配送的基本作业流程

配送的一般作业流程如图 5-2 所示。

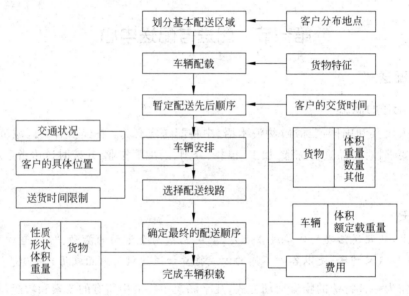

图 5-2 配送的一般作业流程

1. 划分基本配送区域

为使整个配送有一个基本依据,应首先将客户所在地的具体位置做系统的统计,并将其做区域上的整体划分,将每一客户包括在不同的基本配送区域之中,以作为下一步决策的基本参考。如按行政区域或依交通条件划分不同的配送区域,在这一区域划分的基础上再做弹性调整来安排配送。

2. 车辆配载

由于配送货物品种、特性各异,为提高配送效率,确保货物质量,必须首先对特性差异大的货物进行分类。在接到订单后,将货物依特性进行分类,分别采取合理的配送方式和运输工具,如按冷冻食品、速食品、散装货物、箱装货物等分类配载;其次,配送货物也有轻重缓急之分,必须初步确定哪些货物可配于同一辆车,哪些货物不能配于同一辆车,以做好车辆的初步配装工作。

3. 暂定配送先后顺序

在考虑其他影响因素，做出确定的配送方案前，应先根据客户订单要求的送货时间将配送的先后作业次序做一总体的预定，为后面车辆限载量做好准备工作。计划工作的目的是为了保证达到既定的目标。所以，预先确定基本配送顺序既可以有效地保证送货时间，又可以提高运作效率。

4. 车辆安排

车辆安排要解决的问题是安排什么类型、吨位的配送车辆进行最后的送货。一般企业拥有的车型有限，车辆数量也有限，当本公司车辆无法满足要求时，可外雇车辆。在保证配送运输质量的前提下，是组建自营车队，还是以外雇车辆为主，则须视经营成本而定，具体如图5-3所示。

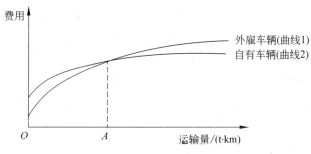

图 5-3 外雇车辆和自有车辆费用比较

在图5-3中，曲线1表示外雇车辆的配送费用随运输量的变化情况，曲线2表示自有车辆的配送费用随运输量的变化情况。当运输量小于 A 时，外雇车辆费用小于自有车辆费用，所以应选用外雇车辆；当运输量大于 A 时，外雇车辆费用大于自有车辆费用，所以应选用自有车辆。

但无论自有车辆还是外雇车辆，都必须事先掌握有哪些符合要求的车辆可供调派，即这些车辆的容量和额定载重是否满足要求；其次，安排车辆之前，还必须分析订单上货物的信息，如体积、重量、数量等对于装卸的特别要求等，综合考虑各方面因素的影响，做出最合适的车辆安排。

5. 选择配送线路

知道了每辆车负责配送的具体客户后，如何以最快的速度完成对这些货物的配送，即如何选择配送距离短、配送时间短、配送成本低的线路，这需要根据客户的具体位置、沿途的交通情况等做出优先选择和判断。

除此之外，还必须考虑有些客户所在地点环境对送货时间、车型等方面的特殊要求，如有些客户不在中午或晚上收货，有些道路在某高峰期实行特别的交通管制等。

6. 确定最终的配送顺序

做好车辆安排及选择最佳的配送线路后，依据各车负责配送的具体客户的先后顺序，确定客户的最终配送顺序。

7. 完成车辆积载

明确了客户的配送顺序后,接下来就是如何将货物装车,以什么次序装车的问题,即车辆的积载问题。原则上,知道了客户的配送先后顺序,只要将货物依"后送达先装载"的顺序装车即可。但有时为了有效利用空间,可能还要考虑货物的性质(怕震、怕压、怕撞、怕湿)、形状、体积及重量等做出适当调整。此外,对于货物的装卸方法也必须依照货物的性质、形状、重量、体积等来做具体决定。

二、配送中心

(一)配送中心的基本含义

中华人民共和国国家标准《物流术语》中关于配送中心是这样定义的:从事配送业务的物流场所或组织,应基本符合下列要求:主要为特定的用户服务;配送功能健全;完善的信息网络;辐射范围小;多品种、小批量;以配送为主,储存为辅。

配送中心是集多种流通功能(商品分拣、加工、配装、运送等)于一体的物流组织,是利用先进的物流技术和物流设备开展业务活动的大型物流基地。

传统企业在没有配送中心的情况下,物流通路混杂,如图 5-4 所示。在建立配送中心以后,尤其是大批量、社会化、专业化配送中心建立以后,物流配送的局面就显得非常合理和有序,物流通路简捷,如图 5-5 所示。

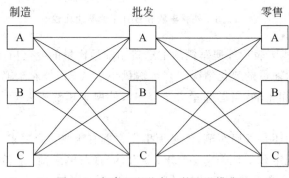

图 5-4　未建立配送中心的配送模式

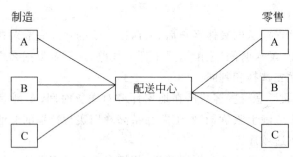

图 5-5　建立配送中心后的物流配送模式

（二）配送中心的类别

随着社会生产的发展、商品流通规模的不断扩大，配送中心的数量也在不断增加。然而，在众多的配送中心中，由于各自的服务对象、组织形式和服务功能不尽相同，因此形成了不同类别的配送中心。按照不同的分类标准，可以把配送中心分为不同类别。

1. 按配送中心的经济功能分类

1）供应型配送中心

供应型配送中心是专门向某个或某些用户供应货物，充当供应商角色的配送中心。

在实际工作中，有很多从事货物配送活动的经济实体，其服务对象主要是生产企业和大型商业组织（超级市场或联营商店），所配送的货物主要有原料、元器件、半成品和其他商品，客观上起到了供应商的作用。这些配送中心类似于用户的后勤保障部门，故属于供应型配送中心。

例如，为大型连锁超级市场组织供应的配送中心；代替零件加工厂送货的零件配送中心，使零件加工厂对装配厂的供应合理化。又如，上海6家造船厂共同组建的钢板配送中心，也属于供应型配送中心。

2）销售型配送中心

销售型配送中心是以销售商品为主要目的，以开展配送活动为手段组建的配送中心。

这类配送中心完全是围绕着市场营销而开展配送业务的。在市场竞争中，为了不断扩大自己的市场份额，提高市场占有率，商品生产者和商品经营者采取了多种降低流通成本和完善其服务的办法和措施，同时改造和完善了物流设施，组建了专门从事配送活动的配送中心，因此销售型配送中心属于商流、物流一体化的配送模式，在国内外普遍存在。

3）储存型配送中心

储存型配送中心是充分强化商品的储备和储存功能，在充分发挥储存作用的基础上开展配送活动的配送中心。一般来讲，在买方市场下，企业商品销售需要有较大库存来支持，其配送中心可能有较强储存功能；在卖方市场下，生产企业原材料、零部件供应也需要有较大库存，也可能是储存型配送中心。实践证明，储存一定数量的物质乃是生产和流通得以正常进行的基本保障。国内外储存型配送中心多起源于传统的仓储企业。

案例

美国福来明公司的食品配送中心是典型的储存型配送中心。该配送中心有7万多平方米的储备仓库，其中包括4万平方米的冷藏库和3万平方米的杂货仓库，经营商品达8万多种。又如中国物资储运总公司天津物资储运公司唐家港仓库即是国内储存型配送中心的雏形。这种配送中心在物资紧缺条件下，能形成丰富的货源优势。

4）加工型配送中心

加工型配送中心的主要功能是对商品进行清洗、下料、分解、集装等加工活动，以流通加工为核心开展配送活动。在生活资料和生产资料配送活动中有许多加工型配送中心。如深圳市菜篮子配送中心，就是以肉类加工为核心开展配送业务的加工型配送中心。另外,如水泥等建筑材料以及煤炭等商品的加工配送也属于加工型配送中心。

2. 按运营主体的不同分类

1) 以制造商为主体的配送中心

以制造商为主体的配送中心里的商品 100% 是由自己生产制造的,这样可以降低流通费用,提高售后服务质量,及时地将预先配齐的成组元器件运送到规定的加工和装配工位。从商品制造到生产出来及条码和包装的配合等多方面都较易控制,所以按照现代化、自动化的配送中心设计比较容易,但不具备社会化的要求。

2) 以批发商为主体的配送中心

商品从制造者到消费者手中,传统的流通过程中要经过一个批发环节。一般是按部门或商品种类的不同,把每个制造厂的商品集中起来,然后以单一品种或搭配形式向消费地的零售商进行配送。这种配送中心的商品来自各个制造商,它所进行的一项重要的活动便是对商品进行汇总和再销售,而它的全部进货和出货都是社会配送的,社会化程度高。

3) 以零售商为主体的配送中心

零售商发展到一定规模后,就可以考虑建立自己的配送中心,为专业商品零售店、超级市场、百货商店、粮油食品商店、宾馆饭店等服务,其社会化程度介于前二者之间。

4) 以物流企业为主体的配送中心

以物流企业为主体的配送中心最强的是运输配送能力,而且地理位置优越,如港口、铁路和公路枢纽,可迅速将到达的货物配送给用户。它提供仓储仓位给制造商或供应商,而配送中心的货物仍属于制造商或供应商所有,配送中心只是提供仓储管理和运输配送服务。这种配送中心的现代化程度往往较高。

(三) 配送中心的作用

配送中心是联结生产与生产、生产与消费的流通场所或组织,在现代物流活动中的作用十分明显,可以归纳为以下几个方面。

1. 使供货适应市场需求变化

配送中心不是以储存为目的的,然而,现代化的配送中心保持一定的库存起到了"蓄水池"的作用。各种商品的市场需求在时间、季节、需求量上都存在大量随机性,而现代化生产、加工无法完全在工厂、车间来满足和适应这种情况,必须依靠配送中心不断地进货、送货,快速周转,在产销之间建立起一个缓冲平台,有效解决产销不平衡问题,缓解供需矛盾。例如,节假日的销售量比平日成倍增加,配送中心的库存对确保销售起到了有力的支撑。

2. 实现储运的经济高效

从工厂企业到销售市场之间需要复杂的储运环节,要依靠多种交通、运输、库存手段才能满足,传统的以产品或部门为单位的储运体系明显存在不经济和低效率的问题。故建立区域、城市的配送中心,能批量进发货物,组织成组、成批、成列直达运输和集中储运,从而提高了流通社会化水平,实现了规模经济所带来的规模效益。

3. 实现物流的系统化和专业化

当今世界没有哪家企业不关注成本控制、经营效率、改善对顾客的服务,而这一切的基础是建立在一个高效率的物流系统上。配送中心在物流系统中占有重要地位,配送中心能提供专业化的保管、包装、加工、配送、信息等系统服务。

由于现代物流活动中物质的物理、化学性质的复杂多样化,交通运输的多方式、长距离、长时间、多起点和多终点,地理与气候的多样性,对保管、包装、加工、配送等信息提出了很高的要求,因此,只有建立配送中心,才有可能提供更加专业化、系统化的服务。

4. 促进地区经济的快速增长

在我国市场经济体系中,物流配送如同人体的血管,把国民经济各个部分紧密地联系在一起。配送中心同交通运输设施一样,是联结国民经济各地区,沟通生产与消费、供给与需求的桥梁和纽带,是经济发展的保障,是拉动经济增长的内部因素,也是吸引投资的环境条件之一。配送中心的建设可以从多方面带动地区经济的健康发展。

5. 完善连锁经营体系

配送中心可以帮助连锁店实现配送作业的经济规模,使流通费用降低;减少分店库存,加快商品周转,促进业务的发展和扩散。批发仓库通常需要零售商亲自上门采购,而配送中心解除了分店的后顾之忧,使其专心于店铺销售额和利润的增长,不断开发外部市场,拓展业务。

小贴士

在连锁商业中,配送中心以集中库存的形式取代以往一家一户的库存结构方式,这种集中库存比传统的"前店后库"大大降低了库存总量。

又如,配送中心的流通加工可减轻门店的工作量;拆零作业有利于商场多出样,以增加销售商品的品种数。此外,还加强了连锁店与供货方的关系。

(四) 配送中心业务流程内容

1. 进货

进货就是配送中心根据客户的需要,为配送业务的顺利实施而从事的组织商品货源和进行商品储存的一系列活动。

进货是配送的准备工作或基础工作,它是配送的基础环节,又是决定配送成败与否、规模大小的最基础环节。同时,也是决定配送效益高低的关键环节。

2. 订单处理

从接到客户订单开始到着手准备拣货之间的作业阶段,称为订单处理。订单处理是与客户直接沟通的作业阶段,对后续的拣选作业、调度和配送产生直接的影响,是其他各项作业的基础。

订单是配送中心开展配送业务的依据,配送中心接到客户订单以后需要对订单加以处理,据以安排分拣、补货、配货、送货等作业环节。

订单处理方式分为人工处理和计算机处理,目前主要采用计算机处理方式。

3. 拣货

拣货作业是依据顾客的订货要求或配送中心的送货计划,迅速、准确地将商品从其储位或其他区域拣取出来,并按一定的方式进行分类、集中,等待配装送货的作业过程。

拣货过程是是整个配送中心作业系统的核心工序。

拣货作业的种类按分拣的手段不同,可分为人工分拣、机械分拣和自动分拣三大类。

4. 补货

补货是库存管理中的一项重要内容,根据以往的经验、相关的统计技术方法或者计算机系统的帮助确定最优库存水平和最优订购量,并根据所确定的最优库存水平和最优订购量,在库存低于最优库存水平时发出存货再订购指令,以确保存货中的每一种产品都在目标服务水平下达到最优库存水平。

补货作业的目的是保证拣货区有货可拣,是保证充足货源的基础。补货通常是以托盘为单位,从货物保管区将货品移到拣货区的作业过程。

5. 配货

配货是指配送中心为了顺利、有序、方便地向客户发送商品,对组织来的各种货物进行整理,并依据订单要求进行组合的过程。即使用各种拣选设备和传输装置,将存放的货物按客户的要求分拣出来,配备齐全,送入指定发货区。

配货作业与拣货作业不可分割,二者一起构成了一项完整的作业。通过分拣配货可达到按客户要求进行高水平送货的目的。

6. 送货

配送业务中的送货作业包含将货物装车并实际配送,而达到这些作业则需要事先规划配送区域的划分或配送线路的安排,由配送路线选用的先后次序来决定商品装车顺序,并在商品配送途中进行商品跟踪、控制,制定配送途中意外状况及送货后文件的处理办法。

送货通常是一种短距离、小批量、高频率的运输形式。它以服务为目标,以尽可能满足客户需求为宗旨。

7. 流通加工

流通加工是配送的前沿,它是衔接储存与末端运输的关键环节。流通加工是指物品在从生产领域向消费领域流动的过程中,流通主体(即流通当事人)为了完善流通服务功能,为了促进销售、维护产品质量和提高物流效率而开展的一项活动。

流通加工的目的为:适应客户的多样化需求;提高商品的附加值;规避风险,推进物流系统化。

不同的货物,流通加工的内容是不一样的。

8. 退货

退货或换货在经营物流业中不可避免,但应尽量减少,因为退货或换货的处理只会大幅增加物流成本,减少利润。发生退货或换货的主要原因包括瑕疵品回收、搬运中的损坏、商品送错退回、商品过期退回等。

配送中心业务流程如图5-6所示。

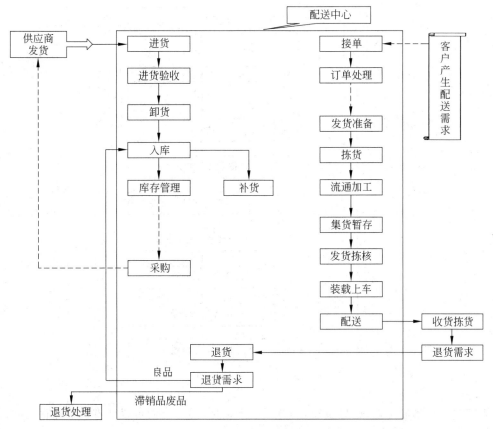

图 5-6 配送中心业务流程

第二节 配送作业

一、进货作业

（一）进货流程

进货作业包括接货、卸货、验收入库,然后将有关信息书面化等一系列工作。进货作业的基本流程如图 5-7 所示。在其流程安排中应注意以下事项。

(1) 多利用配送车司机卸货,以减少公司作业人员和避免卸货作业的拖延。

(2) 尽可能将多样活动集中在同一工作站,以节省必要的空间。

(3) 尽量避开进货高峰期,并依据相关性安排活动,以达到距离最小化。

(4) 详细记录进货资料,以备后续存取核查。

（二）货物编码

进货作业是配送作业的首要环节。为了让后续作业准确而快速地进行,并使货物品质及作业水准得到妥善维持,在进货阶段对货物进行有效的编码是一项十分重要的内容。

图 5-7 进货作业流程

编码结构应尽量简单,长度尽量短,一方面便于记忆,另一方面可以节省机器储存空间,减少代码处理中的差错,提高信息处理效率。

常用的编码方法有:顺序编码、数字分段编码、分组编码、实际意义编码、后数位编码、暗示编码。

(三)货物分类

货物分类是将多品种货物按其性质或其他条件逐次区别,分别归入不同的货物类别,并进行系统的排列,以提高作业效率。

在实际操作中,对品项较多的分类储存可分为两个阶段、上下两层输送同时进行。

(1)由条码读取机读取箱子上的物流条码,依照品项做出第一次分类,再决定归属上层或下层的储存输送线。

(2)上、下层的条码读取机再次读取条码,并将箱子按各个不同的品项分门别类到各个储存线上。

(3)在每条储存线的切离端,箱子堆满一只托盘后,一长串货物即被分离出来;当箱子组合装满一层托盘时,就被送入中心部(利用推杆,使其排列整齐),之后,箱子在托盘上一层层地堆叠,堆到预先设定的层数后完成分类。

(4)操作员用叉式堆高机将分好类的货物依类运送到储存场所。

(四)货物验收检查

货物验收是指对产品的质量和数量进行检查的工作。其验收标准及内容如下。

1. 货物验收的标准
(1) 采购合同或订单所规定的具体要求和条件。
(2) 采购合约中的规格或图解。
(3) 议价时的合格样品。
(4) 各类产品的国家品质标准或国际标准。
2. 货物验收的内容
(1) 质量验收。
(2) 包装验收。
(3) 数量验收。

(五) 货物入库信息的处理

到达配送中心的商品经验收确认后,必须填写验收单,并将有关入库信息及时准确地登入库存商品信息管理系统,以便及时更新库存商品的有关数据。货物信息登录的目的在于为后续作业环节提供管理和控制的依据。此外,对于作业辅助信息也要进行收集与处理。

二、订单处理作业

(一) 订单处理的含义

从接到客户订单开始到着手准备拣货之间的作业阶段,称为订单处理。通常包括订单资料确认、存货查询、单据处理等内容。图 5-8 所示为无纸化订单。

图 5-8 无纸化订单

(二) 订单处理的基本内容及步骤

订单处理分为人工和计算机两种形式。人工处理具有较大弹性,但只适合少量的订单处理;计算机处理则速度快、效率高、成本低,适合大量的订单处理,因此目前主要采取后一种形式。订单处理的基本内容及步骤如图 5-9 所示。

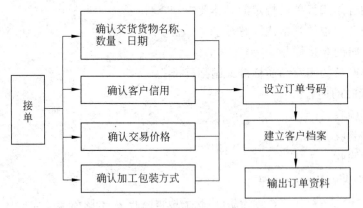

图 5-9 订单处理的基本内容及步骤

(三) 订单的确认

接单之后,必须对相关事项进行确认。主要包括以下几方面内容。

1. 货物数量及日期的确认

货物数量及日期的确认即检查品名、数量、送货日期等是否有遗漏、笔误或不符合公司要求的情形。尤其当送货时间有问题或出货时间已延迟时,更需与客户再次确认订单内容或更正运送时间。

2. 客户信用的确认

不论订单是由何种方式传至公司,配送系统都要核查客户的财务状况,以确定其是否有能力支付该订单的账款。通常的做法是检查客户的应收账款是否已超过其信用额度。

3. 订单形态的确认

1) 一般交易订单

(1) 交易形态:一般的交易订单,即接单后按正常的作业程序拣货、出货、发送、收款的订单。

(2) 处理方式:接单后,将资料输入订单处理系统,按正常的订单处理程序处理,资料处理完后进行拣货、出货、发送、收款等作业。

2) 间接交易订单

(1) 交易形态:客户向配送中心订货,直接由供应商配送给客户的交易订单。

(2) 处理方式:接单后,将客户的出货资料传给供应商由其代配。此方式需注意,客户的送货单是自行制作或委托供应商制作的,应对出货资料加以核对确认。

3) 现销式交易订单

(1) 交易形态:与客户当场交易、直接给货的交易订单。

(2) 处理方式:订单资料输入后,因货物此时已交给客户,故订单资料不再参与拣货、出货、发送等作业,只需记录交易资料即可。

4) 合约式交易订单

(1) 交易形态:与客户签订配送契约的交易,如签订某期间内定时配送某数量的商品。

（2）处理方式：在约定的送货日，将配送资料输入系统处理以便出货配送；或一开始便输入合约内容的订货资料并设定各批次送货时间，以便在约定日期系统自动产生所需的订单资料。

4. 订单价格的确认

对于不同的客户（批发商、零售商）、不同的订购批量，可能对应不同的售价，因而输入价格时系统应加以检核。若输入的价格不符（输入错误或业务员降价接受订单等），系统应加以锁定，以便主管审核。

5. 加工包装的确认

客户订购的商品是否有特殊的包装、分装或贴标等要求，或是有关赠品的包装等资料，系统都需加以专门的确认记录。

三、拣货作业

（一）拣货作业的概念

拣货作业是配送中心依据顾客的订单要求或配送计划，迅速、准确地将商品从其储位或其他区位拣取出来，并按一定的方式进行分类、集中的作业过程。

在配送中心的内部作业中，拣货作业是其中极为重要的作业环节，是整个配送中心作业系统的核心，其重要性相当于人的心脏部分。在配送中心搬运成本中，拣货作业搬运成本约占90%；在劳动密集型配送中心，与拣货作业直接相关的人力占50%；拣货作业时间约占整个配送中心作业时间的30%～40%。因此，合理规划与管理分拣作业，对提高配送中心作业效率和降低整个配送中心作业成本具有事半功倍的效果。

（二）拣货作业的基本流程

拣货作业在配送中心整个作业环节中不仅工作量大、工艺过程复杂，而且作业要求时间短、准确度高，因此，加强对拣货作业的管理非常重要。制定科学合理的分拣作业流程，对于提高配送中心运作效率及提高服务商品具有重要的意义。图5-10所示为拣货作业的基本流程图。

1. 发货计划

发货计划根据顾客的订单编制而成。订单是指顾客根据其用货需要向配送中心发出的订货信息。配送中心接到订货信息后需要对订单的资料进行确认、存货查询和单据处理，根据顾客的送货要求制定发货日程，最后编制发货计划。

2. 确定拣货方式

拣货通常有订单别拣取、批量拣取及复合拣取三种方式。订单别拣取是按每份订单来拣货；批量拣取是多张订单累计成一批，汇总数量后形成拣货单，然后根据拣货单

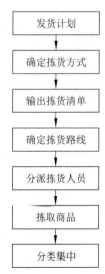

图 5-10　拣货作业的基本流程图

的指示一次拣取商品,再进行分类;复合拣取是充分利用以上两种方式的特点,并综合运用于拣货作业中。

1) 订单别拣取

订单别拣取是针对每一份订单,分拣人员按照订单所列商品及数量,将商品从储存区域或分拣区域拣取出来,然后集中在一起的拣货方式。

订单别拣取作业方法简单,接到订单可立即拣货,作业前置时间短,作业人员责任明确。但对于商品品项较多时,拣货行走路径加长,拣取效率较低。订单别拣取适合订单大小差异较大,订单数量变化频繁,商品差异较大的情况,如化妆品、家具、电器、百货、高级服饰等。

2) 批量拣取

批量拣取是将多张订单集合成一批,按照商品品种类别加总后再进行拣货,然后依据不同客户或不同订单分类集中的拣货方式。批量拣取可以缩短拣取商品时的行走时间,增加单位时间的拣货量。同时,由于需要订单累计到一定数量时才做一次性的处理,因此会有停滞时间产生。批量拣取适合订单变化较小,订单数量稳定的配送中心和外形较规则、固定的商品出货,如箱装、扁袋装的商品。其次,需进行流通加工的商品也适合批量拣取,再批量进行加工,然后分类配送,有利于提高拣货及加工效率。

3) 复合拣取

为克服订单别拣取和批量拣取方式的缺点,配送中心也可以采取将订单别拣取和批量拣取组合起来的复合拣取方式。复合拣取即根据订单的品种、数量及出库频率,确定哪些订单适合订单别拣取,哪些适合批量拣取,分别采取不同的拣货方式。

3. 输出拣货清单

拣货清单是指配送中心将客户订单资料进行计算机处理,生成并打印出拣货单。拣货单上标明储位,并按储位顺序来排列货物编号,作业人员据此拣货可以缩短拣货路径,提高拣货作业效率。拣货单格式如表5-1所示。

表 5-1 拣货单

拣货单号码		拣货时间	
顾客名称		拣货人员	
		审核人员	
		出货日期	年 月 日

序号	储位号码	商品名称	商品编码	包 装 单 位			拣取数量	备 注
				整托盘	箱	单件		

4. 确定拣货路线及分派拣货人员

配送中心根据拣货单所指示的商品编码、储位编号等信息,能够明确商品所处的位置,确定合理的拣货路线,安排拣货人员进行拣货作业。

5. 拣取商品

拣取的过程可以由人工或自动化设备完成。通常小体积、少批量、搬运重量在人力范围内且出货频率不是特别高的,可以采取手工方式拣取;对于体积大、重量大的货物可以利用升降叉车等搬运机械辅助作业;对于出货频率很高的可以采取自动拣货系统。

6. 分类集中

经过拣取的商品根据不同的客户或送货路线分类集中,有些需要进行流通加工的商品还需根据加工方法进行分类,加工完毕再按一定方式分类出货。多品种分货的工艺过程较复杂,难度也大,容易发生错误,必须在统筹安排形成规模效应的基础上,提高作业的精确性。在物品体积小、重量轻的情况下,可以采取人力分拣,也可以采取机械辅助作业,或利用自动分拣机自动将拣取出来的货物进行分类与集中。

(三) 拣货作业的方式

1. 摘果式拣选

对于每张订单,拣选人员或拣选工具在各个储存点将所需物品取出,完成货物分配。该方法作业前置时间短,针对紧急需求可以快速拣选,操作容易,对机械化、自动化无严格要求,作业责任明确,分工容易、公平。但是,当订单数量、商品品项较多,拣选区域较大时,该拣选方式耗费时间长,效率低,搬运强度大。鉴于该方法适合于配送中心初期阶段,可采用这一拣选方式作为过渡性办法。

2. 播种式拣选

把每批订单上的相同商品各自累加起来,从储存仓位上取出,集中到理货现场,然后将每一门店所需的数量取出,分放到要货单位商品运货处,直至配货完毕。

3. 分区、不分区拣选

将拣选作业场地划分成若干区域,每个作业员负责拣选固定区域内的商品。无论是摘果式拣选还是播种式拣选,配合分区原则,这样可以提高工作的效率。

四、补货作业

补货作业是指将货物从仓库保管区域搬运到拣货区的工作,其目的是确保商品能保质保量按时送到指定的拣货区。

(一) 补货方式

补货方式主要有以下三种。

(1) 整箱补货。
(2) 托盘补货。
(3) 货架上层—货架下层的补货方式。

(二) 补货时机

1. 批组补货

每天由计算机计算所需货物的总拣取量和查询动管区存货量后得出补货数量,从而在拣货之前一次性补足，以满足全天拣货量。这种一次补足的补货原则，较适合一日内作业量变化不大、紧急插单不多或是每批次拣取量大的情况。

2. 定时补货

把每天划分为几个时点，补货人员在时段内检查动管拣货区货架上的货品存量，若不足则及时补货。这种方式适合分批拣货时间固定且紧急处理较多的配送中心。

3. 随机补货

指定专门的补货人员，随时巡视动管拣货区的货品存量，发现不足则随时补货。这种方式较适合每批次拣取量不大、紧急插单多以至于一日内作业量不易事先掌握的情况。

五、出货作业

将拣选的商品按订单或配送路线进行分类，再进行出货检查，做好相应的包装、标识和贴印标签工作，根据门店或行车路线等将物品送到出货暂存区，最后装车配送。出货作业流程如图 5-11 所示。

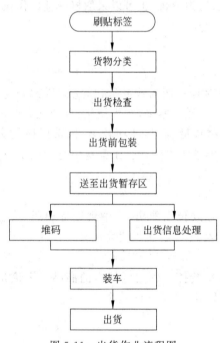

图 5-11　出货作业流程图

1. 分货作业

采用人工分货方式处理，在完成货物拣选之后，将所拣选的商品根据不同的门店或配送路线进行分类，对其中需要进行包装的商品，拣选集中后，先按包装分类处理，再按送货要求分类出货。

2. 出货检查作业

根据门店、车次对象等对拣选商品进行产品号码和数量的核对，以及产品状态和品质的检验。可以采取以下两种方法进行检查。

（1）人工检查。将货品一个个点数并逐一核对出货单，再检查出货品质水准及状态。

（2）商品条码检查。当进行出货检查时，只将拣出货品的条码用扫描机读出，计算机则会自动将资料与出货单对比，检查是否有数量或号码上的差异。

3. 出货形式

配送中心在拣取方面以托盘、箱、单品为单位。

4. 出货作业质量控制

拣选作业的效率和拣选准确性直接影响供应商的结算和库存的准确率以及后续作业的正常进行。

5. 条码技术在出货作业中的应用

在条码作业系统将拣选、包装和出货功能等多种作业会集成为一体。现配送中心为多家门店配送商品，处理采购订单较多，每张订单品种数也较多，如果仍采用以人工为主的订单拣选作业方式,那么很难避免较高的拣选错误率,出现出货差异也很难确认。条码技术识别产品、账单和库存准确率较高,接近100%,避免或减少错误率,提高工作效率,如图5-12所示。

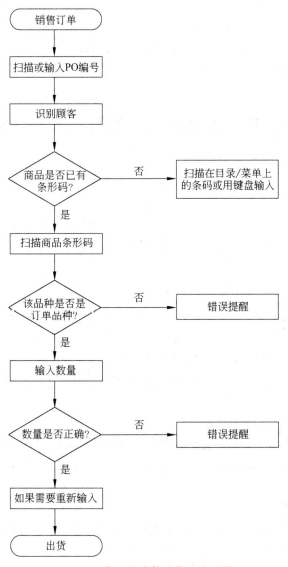

图 5-12　条码系统拣选作业流程图

1) 小型订单拣选

库存检查和单据准备完毕,发票和作业单应有一个订单编号。但号码必须以条形码和数字标识,如果使用射频技术(RF),相关作业可以无纸化,拣选作业员从储位将商品移动到包装处或暂存区,在此使用扫描器扫描订单号码和每一个品种。对于太小不能贴条形码标签的品种,可以提供印有条形码的商品目录,通过与计算机的电子图像匹配,校验拣选的准确性。当传输完毕,包装装置通知系统生成装箱单,如果单据准备不能在拣选作业前完成,拣选作业员可以提取商品,进入销售终端,扫描条形码和生成销售清单或发票。

2) 大型订单和大量拣选

拣选人员使用带扫描器的手持终端进入拣选作业区域,订单已经通过下载或无线传输进入主机系统,需拣选的品种和数量会在手持终端显示。拣选员到储位,扫描储位条形码和商品条形码,系统校验商品是否被正确拣选。拣选完成后,将拣选商品放入发货暂存区,拣选员发出完成拣选的信号,计算机生成相应的单据。

第三节 配送的成本管理与绩效评估

一、配送成本的构成

(一) 概念

配送成本是指在配送活动的备货、储存、分拣及配货、配装、送货、送达服务及配送加工等环节所发生的各项费用的总和,是配送过程中所消耗的各种活劳动和物化劳动的货币表现。

(二) 分类

配送费用诸如人工费用、作业消耗、物品消耗、利息支出、管理费用等,将其按一定对象进行汇集就构成了配送成本。配送成本的高低直接关系到配送中心的利润,进而影响连锁企业利润的高低。因此,如何以最少的配送成本"在适当的时间将适当的产品送达适当的地方",是摆在企业面前的一个重要问题,对配送成本进行控制变得十分重要。其成本应由以下费用构成。

1. 配送运输费用

运费是由运输成本、税金和利润构成的,其具体数量一般都有法律法规约束。配送费用占物流费用比重大,而运费又在配送成本中占据主要地位,是影响物流费用的主要因素。

2. 储存保管费用

储存保管费用是指物资在储存、保管过程中所发生的费用。因为储存活动是生产过程在流通领域的继续,故储存保管费用的性质属于生产性流通费用。

(1) 储运业务费用。储存业务费用是指货物在经济活动过程中所消耗的物化劳动和活动的货币表现。因为配送中心主要经营的业务是组织物品的配送,其中必然要包括储存和保管,这是生产过程在流通领域内继续消耗的劳动,由此所发生的储运业务费用是社会必要劳动的追加费用。

虽然这种劳动不会提高和增加物资的使用价值,但参加物资价值的创造,增加物资的价值。储运业务费用主要由仓储费、进出库费、代运费、机修费、验收费、代办费、装卸费、管理费组成。

① 仓储费。仓储费是指物资储存、保管业务发生的费用。仓储费主要包括:仓库管

理人员的工资,物资在保管保养过程中的苫垫、防腐、堆垛等维护保养费,固定资产折旧费,以及低值易耗品的摊销,修理费,劳动保护费,动力照明费等。

② 进出库费。进出库费是指物资进出库过程中所发生的费用。进出库费主要包括:进出库过程中装卸搬运和验收等所开支的工人工资、劳动保护费等,固定资产折旧费,以及大修理费、照明费、材料费、燃料费、管理费等。

(2) 服务费用。服务费用是指配送中心在对外保管过程中所消耗的物化劳动和活动的货币表现。

3. 包装费用

包装起着保护产品、方便储运、促进销售的作用。它是生产过程中的一个重要组成部分,绝大多数商品只有经过包装才能进入流通领域。据统计,包装费用占全部流通费用的10%左右,有些商品(特别是生活消费品)的包装费用高达50%。而配送成本中的包装费用,一般是指为了销售或配送的方便所进行的再包装的费用。

(1) 包装材料费用。常见的包装材料有木材、纸、金属、自然纤维和合成纤维、玻璃、塑料等。这些包装材料功能不同,成本相差也很大。物资包装花费在材料上的费用称为包装材料费用。

(2) 包装机械费用。现代包装发展的重要标志之一是包装机械的广泛运用。包装机械不仅可以极大地提高包装的劳动生产率,还大幅度地提高了包装的水平。然而,包装机械的广泛使用也使包装费用明显提高。

(3) 包装技术费用。由于物资在物流过程中可能受到外界不良因素的影响,因此,物资包装时要采取一定的措施,如缓冲包装技术、防振包装技术、防潮包装技术、防锈包装技术等。这些技术的设计、实施所支出的费用,合称为包装技术费用。

(4) 包装辅助费用。除上述包装费用外,还有一些辅助性费用,如包装标记、标志的印刷,拴挂物费用等的支出等。

(5) 包装人工费用。即从事包装工作的工人以及相关人员的工资、奖金、补贴的费用总和。

4. 流通加工费用

为了提高配送效率,便于销售,在物资进入配送中心后,必须按照用户的要求进行一定的加工活动,这便是流通加工。由此而支付的费用称为流通加工费用。

(1) 流通加工设备费用。流通加工设备因流通加工的形式不同而不同。比如剪板加工需要剪板机、木材加工需要电锯等,购置这些设备所支出的费用,以流通加工的形式转移到被加工的产品中。

(2) 流通加工材料费用。在流通加工过程中,投入加工过程的一些材料(如包装加工所需要的包装材料、天然气的液化加工所需要的容器等)消耗所需要的费用,即流通加工材料费用。

(3) 流通加工劳务费用。在流通加工过程中从事加工活动的管理人员、工人以及有关的人员工资、奖金等费用的总和,即流通加工劳务费用。应当说明,流通加工劳务费用的大小与加工的机械化程度和加工形式存在密切关系。一般来说,加工机械化程度越高,则劳务费用越低,反之则劳务费用越高。

（4）流通加工其他费用。除上述费用之外，在流通加工过程中耗用的电力、燃料、油料等费用，也应加到流通加工费用中。

二、配送成本的控制

（一）影响配送成本的因素

1. 与产品有关的因素

（1）配送物的数量和重量。配送物的数量和重量增加虽然会使配送作业量增大，但大批量的作业会提高配送效率。配送的数量和重量是委托人获得活动折扣的理由。

（2）货物种类及作业过程。不同种类的货物配送难度不同，对配送作业的要求不同，承担的责任也不一样，因而对成本会产生较大幅度的影响。采用原包装配送的成本支出显然要比配装配送低，因而不同的配送作业过程直接影响到成本。

（3）外部成本。配送经营时或许要使用到配送企业以外的资源，比如当地的起吊设备租赁市场具有垄断性，则配送企业就需要租用起吊设备，从而增加成本支出。若当地的路桥普遍收费且无管制，则必然使配送成本居高不下。

2. 与市场有关的因素

（1）时间。配送时间持续的后果是占用了配送中心，耗用仓储中心的固定成本。而这种成本往往表现为机会成本，使得配送中心不能提供其他配送服务获得收入或者在其他配送服务上增加成本。

（2）距离。距离是构成配送成本的主要内容。距离越远，也就意味着运输成本越高。同时造成运输设备增加，送货员工增加。

（二）配送成本的控制方法

配送成本的控制应从以下四个方面进行。

1. 加强配送的计划性

在配送活动中，临时配送、紧急配送或无计划的随时配送都会大幅度增加配送成本。临时配送由于事先计划不善，未能考虑正确的装配方式和恰当的运输路线，到了临近配送截止时期时，不得不安排专车，单线进行配送，造成车辆不满载、里程多。

紧急配送往往只要求按时送货，来不及认真安排车辆配装及配送路线，从而造成载重和里程的浪费。而为了保持服务水平，又不能拒绝紧急配送。但是如果认真核查并有调剂准备的余地，紧急配送也可纳入计划。

随时配送对订货要求不做计划安排，有一笔送一次。这样虽然能保证服务质量，但是不能保证配装与路线的合理性，也会造成很大浪费。

为了加强配送的计划性，需要制定配送申报制度。所谓配送申报制度，就是零售商店订货申请制度。解决这个问题的基本原则是：在尽量减少零售店存货、尽量减少缺货损失的前提下，相对集中各零售店的订货。应针对商品的特性制定相应的配送申报制度。

2. 确定合理的配送路线

配送路线合理与否对配送速度、成本、效益影响很大，因此，采用科学方法确定合理的配送路线是配送的一项重要工作。确定配送路线可以采用各种数学方法和在数学方法基础上发展和演变出来的经验方法。无论采用何种方法都必须满足一定的约束条件。一般配送的约束条件有以下几项。

(1) 满足所有零售店对商品品种、规格、数量的要求。
(2) 满足零售店对货物到达时间范围的要求。
(3) 在交通管理部门允许通行的时间内进行配送。
(4) 各配送路线的商品量不超过车辆容积及载重量的限制。
(5) 要在配送中心现有的运力允许的范围内配送。

3. 进行合理的车辆配载

各分店的销售情况不同,订货情况也不大一致,一次配送的货物可能有多个品种。这些商品不仅包装形态、出运性质不一,而且密度差别较大。密度大的商品往往达到了车辆的载重量,但体积空余很大,密度小的商品虽然达到车辆的最大体积,但达不到载重量。实行轻重配装,既能使车辆满载,又能充分利用车辆的有效体积,会大大降低运输费用。

4. 量力而行,建立计算机管理系统

在物流作业中,分拣、配货要占全部劳动的60%,而且容易发生差错。如果在拣货配货中运用计算机管理系统,应用条形码,就可使拣货快速、准确,配货简单、高效,从而提高生产效率,节省劳动力,降低物流成本。

(三) 降低配送成本的五种策略

1. 混合策略

混合策略是指配送业务一部分由企业自身完成。这种策略的基本思想是,尽管采用纯策略(即配送活动要么全部由企业自身完成,要么完全外包给第三方物流完成)易形成一定的规模经济,并使管理简化,但由于产品品种多变、规格不一、销量不等等情况,采用纯策略的配送方式超出一定程度后不仅不能取得规模效益,反而会造成规模不经济。而采用混合策略,合理安排企业自身完成的配送和外包给第三方物流完成的配送,能使配送成本降低。

2. 差异化策略

差异化策略的指导思想是:产品特征不同,顾客服务水平也不同。当企业拥有多种产品线时,不能对所有产品都按同一标准的顾客服务水平来配送,而应按产品的特点、销售水平来设置不同的库存、不同的运输方式以及不同的储存地点,忽视产品的差异性会增加不必要的配送成本。

3. 合并策略

合并策略包含两个层次,一个是配送方法上的合并;另一个是共同配送。

配送方法上的合并是指企业在安排车辆完成配送任务时,充分利用车辆的容积和载重量,做到满载满装,是降低成本的重要途径。由于产品种类繁多,不仅包装形态、储运性能不一,在容重方面,也往往相差甚远。一辆车上如果只装容重大的货物,往往只是达到了载重量,但容积会空余很多;只装容重小的货物则相反,看起来车装得满,但实际上并未达到车辆载重量。这两种情况实际上都造成了浪费。实行合理的轻重配装、容积大小不同的货物搭配装车,不但可以在载重方面达到满载,而且能充分利用车辆的有效容积,取得最优效果。最好是借助计算机计算货物配车的最优解。

共同配送是一种产权层次上的共享,又称集中协作配送。它是几个企业联合集小量为大量共同利用同一配送设施的配送方式,其标准运作形式是:在中心机构的统一指挥和调度下,各配送主体以经营活动(或以资产)为纽带联合行动,在较大的地域内协调运作,共同对某一个或某几个客户提供系列化的配送服务。

这种配送有两种情况:第一种是中小型生产、零售企业之间分工合作实行共同配送,即同一行业或在同一地区的中小型生产、零售企业单独进行配送的运输量少、效率低的情况下进行联合配送,不仅可以减少企业的配送费用,使配送能力得到互补,而且有利于缓和城市交通拥挤,提高配送车辆的利用率;第二种是几个中小型配送中心之间的联合,针对某一地区的用户,由于各配送中心所配物资数量少、车辆利用率低等原因,几个配送中心将用户所需物资集中起来,共同配送。

4. 延迟策略

传统的配送计划安排中,大多数的库存是按照对未来市场需求的预测量设置的,这样就存在着预测风险,当预测量与实际需求量不符时,就会出现库存过多或过少的情况,从而增加配送成本。延迟策略的基本思想就是对产品的外观、形状及其生产、组装、配送应尽可能推迟到接到顾客订单后再确定。一旦接到订单就要快速反应,因此采用延迟策略的一个基本前提是信息传递要非常快。

实施延迟策略常采用两种方式,即生产延迟(又称形成延迟)和物流延迟(又称时间延迟),而配送中往往存在着加工活动,所以实施配送延迟策略既可采用形成延迟方式,也可采用时间延迟方式。具体操作时,常常发生在诸如贴标签(形成延迟)、包装(形成延迟)、装配(形成延迟)和发送(时间延迟)等领域。

5. 标准化策略

标准化策略就是尽量减少因品种多变而导致附加配送成本,尽可能多地采用标准零部件、模块化产品。如服装制造商按统一规格生产服装,直到顾客购买时才按顾客的身材调整尺寸大小。

采用标准化策略要求厂家从产品设计开始就要站在消费者的立场去考虑怎样节省配送成本,而不要等到产品定型生产出来后才考虑采用什么技巧降低配送成本。

三、成本预测与决策

物流成本预测是指根据有关成本数据和企业具体发展情况,运用一定的科学方法,对未来成本水平及其变化趋势做出科学的估计。通过成本预测,掌握未来的成本水平及其变动趋势,有助于减少决策的盲目性,使经营管理者易于选择最优方案,做出正确决策。成本预测是成本管理的重要环节,在实际工作中必须予以高度重视。成本预测的特点有:预测过程的科学性、预测结果的近似性、预测结论的可修正性。

(一)成本预测程序

(1)根据企业总体目标提出初步成本目标。

(2)初步预测在目前情况下成本可能达到的水平,找出达到成本目标的差距。其中,初步预测就是不考虑任何特殊的降低成本措施,按目前主客观条件的变化情况,预计未来时期成本可能达到的水平。

（3）考虑各种降低成本方案，预计实施各种方案后成本可能达到的水平。

（4）选取最优成本方案，预计实施后的成本水平，正式确定成本目标。

以上成本预测程序表示的只是单个成本预测过程，而要达到最终确定的正式成本目标，这种过程必须反复多次进行。也就是说，只有经过多次的预测、比较以及对初步成本目标的不断修改、完善，才能最终确定正式成本目标，并依据本目标组织实施成本管理。

（二）成本预测的方法

1. 定量预测法

定量预测法是指根据比较完备的历史和现状统计资料，运用数学方法对资料进行科学的分析、处理，找出预测目标与其他因素的规律性联系，从而推算出未来的发展变化情况。

定量预测法可以分为两大类，一类是时间序列分析法；另一类是因果关系分析法，这里主要介绍时间序列分析法。

时间序列是指同一经济现象或特征值按时间先后顺序排列而成的数列。时间序列分析法是运用数学方法找出数列的发展趋势或变化规律，并使其向外延伸，预测市场未来的变化趋势。时间序列分析法的应用范围比较广泛，如对商品销售量的平均增长率的预测、季节性商品的供求预测、产品的生命周期预测等。

2. 趋势预测分析法

趋势预测分析法又称时间数列预测分析法。所谓时间数列预测分析法，就是指按时间顺序排列有关的历史成本资料，运用一定的数学模型和方法进行加工计算并预测的各类方法。这种方法之所以能够用来进行预测分析，是基于以下假设：即事物的发展具有一定的连贯性，一定的事物过去随时间而发展变化的趋势，也是今后该事物随时间而发展变化的趋势。

3. 定性预测法

定性预测法由熟悉情况和业务的专家根据过去的经验进行分析、判断，提出预测意见，或是通过实地调查的形式来了解成本耗用的实际情况，然后再通过一定的形式（如座谈会、函询调查征集意见等）进行综合，作为预测未来的主要依据。

定性预测法主要是在没有历史资料，或主客观条件有了很大的改变，不可能根据历史资料来推断的情况下应用。

4. 成本预测的高低点法

成本预测的高低点法是指企业根据一定期间产品成本的历史资料，按照成本习性原理和 $y=a+bx$ 直线方程式，选用最高业务量和最低业务量的总成本之差 Δy，同两种业务量之差 Δx 进行对比，先求 b 的值，然后再代入原直线方程，求出 a 的值，从而估计推测成本发展趋势。这种方法简便易行，在企业的产品成本变动趋势比较稳定的情况下较为适用。

例题

某工厂 1—6 月份有关产量和成本的资料如表 5-2 所示，7 月份预计产量为 2900 件。

表 5-2　某工厂 1—6 月份产量、成本表

月份	1	2	3	4	5	6	合计
产量/件	2250	2400	2500	2400	2600	2850	15 000
成本/元	12500	13300	14500	13600	14600	15500	84000

则单位变动成本$(b) = \dfrac{15500 - 12500}{2850 - 2250} = 5(元)$

固定成本总额$(a) = 15500 - 5 \times 2850 = 1250(元)$

则成本方程为 $y = 1250 + 5b$

则 7 月份预计成本 $= 1250 + 5 \times 2900 = 15750(元)$

(三) 物流成本决策

物流成本决策是在成本预测的基础上,结合其他有关资料,运用一定的科学方法,从若干个方案中选择一个满意的方案的过程。从整个物流过程来说,有配送中心新建、改建、扩建的决策;装卸搬运设备、设施添置的决策;流通加工合理下料的决策等。进行成本决策、确定目标成本是编制成本计划的前提,也是实现成本的事前控制、提高经济效益的重要途径。

1. 物流成本决策的基本程序

(1) 确定决策目标。决策的目标要具体化、定量化,并且要明确约束条件。

(2) 提出备选方案。

(3) 收集整理与备选方案相关的资料。

(4) 通过定量分析对备选方案做出初步评价。

(5) 考虑其他因素影响,确定最优方案。

2. 物流成本决策中应注意的问题

(1) 应全面考虑物流的各种成本因素。

(2) 注意决策成本。

(3) 站在综合物流的角度设计决策方案。

(4) 注意决策相关和非相关成本的划分。

(5) 尽量避免决策失误导致的沉没成本。

(6) 考虑企业资源的机会成本。

四、配送绩效评估

对配送进行绩效评估是配送管理的重要组成部分,也是改进配送服务的必要手段,及时、准确的绩效评估对配送工作总结经验、继续发展起着非常重要的作用。下面把绩效评估的表格列举如下,以供配送企业或企业的配送部门参考。

(一) 配送服务质量的评估及评分标准

1. 配送前的评估指标

(1) 组织结构的完整性,即是否有客户服务部。

(2) 可联系性,即客户是否能随时联系到配送部门。

2. 配送中的评估指标

配送中的评估指标如表 5-3 所示。

表 5-3 配送服务中的评估指标

序号	指标名称	指标定义	达标客户数	指标计算结果	指标加权值	备注
1	集货延误率	未按照合同约定时间到达指定集货地点				
2	配送延误率	未按照合同约定时间到达指定配送地点				
3	货物破损率	在集货、城间配送、市内配送及仓库管理中总的货物破损率				
4	在途货物破损率	在集货、城间配送、市内配送中总的破损率,以票数计				
5	货物差错率	在发货过程中,发错、少发及送错的货物占总货物的比率				
6	货物丢失率	在配送过程中货物丢失的比率				
7	签收率	城间配送、市内配送单据签收的比率				
8	签收单返回率	城间配送、市内配送签收单的返回比率				
9	信息准确率	各个部门为使指标能够准确地反映客观事实,要求信息准确、完整				
10	城间配送稳定性	根据延误率、货损率、货差率等指标汇总,考评某一条线路在一定时间内的稳定性				

3. 配送后的评估指标

配送后的评估指标如表 5-4 所示。

表 5-4 配送后的评估指标

序号	指标名称	指标定义	达标客户数	指标计算结果	指标加权值	备注
1	通知及时率	到货信息、货损信息、延误信息及时通知客户率				
2	投诉预警率	在物流各环节,发生问题前给客户满意答复比率				
3	客户满意度	客户及时收货方对配送公司整体满意的比率				
4	索赔赔偿率	客户得到索赔的比率				

(二)配送质量的评估指标

对于配送活动的绩效量化指标,可以归纳如下。

1. 商品配送量

以实物件为计量单位:

$$商品配送量(吨)=商品件数 \times 每件商品的毛重量(千克) \div 1000$$

以金额为计量单位：

$$商品配送量(吨) = 配送商品的总金额 \div 该类商品每吨的平均金额$$

2. 运费损失

按照配送收入计算：

$$损失率 = 经济损失之和 \div 配送业务收入$$

按照商品价值计算：

$$损失率 = 经济损失之和 \div 发送抵达商品的总价值$$

3. 配送费用水平

$$配送费用水平 = 配送费用总额 \div 商品纯销售总额$$

4. 配送费用效益

$$配送费用效益 = 经营赢利额 \div 配送费用支出额$$

5. 货损货差率

$$货损货差率 = 货损货差票数 \div 办理商品发送抵达总票数$$

6. 配送质量评估指标

$$准时配送率 = 报告期内准时运送次数 \div 报告期内配送总次数$$

$$车船满载率 = 车船实际装载率 \div 车船实际装载能力$$

(三) 车辆绩效评估指标

1. 车辆绩效评估项目的基本数据资料

基本数据资料有：行车里程（实际行驶里程、空载行驶里程）；行车时间（实际行驶时间、空载行驶时间）；装载量（重量、体积）；车辆配置（载重量、车辆数、出勤比例）；耗油量；工作天数；肇事车辆数，货物故障件数；营运状况（成本、利润）。

2. 车辆运行质量评估指标

车辆运行质量评估指标如表 5-5 所示。

表 5-5　车辆运行质量评估指标

序号	指 标 名 称	指标定义	指标计算结果	备　注
1	车辆周转率			
2	车辆实际行驶里程率			
3	车辆装载比率			
4	车辆耗油率			
5	月油效率			
6	轮胎耗用率			
7	人员贡献率			
8	平均车次收入			
9	车辆平均每公里收入			

案例讨论

京东商城的物流模式

京东快递于2007年开始建设自有物流体系,2009年斥巨资成立物流公司,建立覆盖全国的物流配送体系。近几年,京东商城先后在北京、上海、广州、成都、武汉、沈阳建立六大物流中心,并在个别城市建立二级库房。

2010年建立的"华东物流仓储中心"如今承担了京东商城一半以上的物流配送任务,成为京东商城目前最大的仓储中心。随着物流市场的不断壮大,京东商城应运推出"211限时达"的物流配送服务,使物流配送更加高效。京东快递的物流配送服务分为四种模式。

1. FBP 配送模式

FBP配送模式是一种全托管式的物流配送模式。商家与京东商城确定合作后,商家在京东商城上传店铺信息和标价并进行备货,京东商城在消费者产生订单后从仓库进行调货、打印发票,同时进行货物的配送,京东结束交易后与商家进行结算。京东商城根据消费者订单进行货物配送和开具发票,商家查看库存信息及时进行补货。从而在配送过程中减少货物运输的成本,减少物流配送成本。由于商家提前进行备货,京东商城能够第一时间进行货物配送,缩短配送时间,做到京东提出的"211限时达"服务。

2. LBP 配送模式

LBP配送模式是一种无须提前备货的配送模式。商家与京东商城确定合作后,商家无须备货,只需在12小时内对订单进行包装和发货,36小时内到达京东配送中心,由京东进行货物的配送和发票的开具。京东商城与商家合作时,只提供配送和客服两项服务,减轻京东库存压力。运用LBP模式的优势在于,产生订单后,商家能够第一时间进行配货,发货相对方便。但是货物在配送时需经过京东仓库,所以运输速度有所下降,配送周期有所增加。同时,加大商家的配送运输成本,降低京东的配送效率。

3. SOPL 配送模式

SOPL配送模式与LBP配送体系相似,在配送过程中无须提前备货,直接从商家库房发货。商家与京东商城确定合作后,商家无须备货,只需在12小时内对订单进行包装和发货,36小时内到达京东配送中心,由京东进行货物的配送。与LBP配送模式不同的是,SOPL配送模式的发票开具环节是由商家完成的,京东在整个物流过程中只发挥仅有的配送服务,其他的工作都由商家自己完成。SOPL配送模式的运用在一定程度上减轻了京东仓储的压力,减少了物流配货过程中的配货成本。与LBP配送模式相同,订单的生成和发货从商家开始,会影响货物的发货速度和运输时间,降低配送效率,导致客户满意度下降。

4. SOP 配送模式

SOP配送模式是一种直接由商家发货的物流配送模式,京东在物流过程中不起任何作用。商家与京东商城合作,京东商城只提供可操作的后台,物流配送的工作以及后期服务全部由商家自己完成。京东商城只要求商家在订单产生12小时内进行配货发送。SOP配送模式的整个物流配送过程都由商家独自完成,大大降低了京东商城的物流配送压力,减少了配送支出和运输成本,减轻了京东的库存压力。SOP配送模式的优势在于商家已有成型的团队同时操作京东平台。

（资料来源：京东商城的物流模式[EB/OL].2016-06-08.[2020-06-11]. http://www.chinawuliu.com.cn/xsyj.）

讨论题：
（1）京东物流配送的四种模式是如何控制配送成本的？
（2）根据京东物流配送模式，分析配送成本的构成。

本章思考题

（1）简述配送的概念与特点。
（2）简述配送中心的作业流程。
（3）简要分析进货作业的主要流程。
（4）简要分析订单处理的基本内容及步骤。
（5）配送成本分别由哪些因素构成？其影响因素有哪些？
（6）成本预测可以分为哪几类？

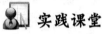

实践课堂

一、配送作业

1. 工作目标

配送计划是在配送过程中关于配送活动的周密计划。作为一种全局性的事前方案，它对于整个配送活动具有客观上的指导性和过程上的规范性，是有效开展配送的第一步。通过本项目的实训，旨在让学生了解配送的基本流程，了解配送过程的各种要求。

2. 工作准备

（1）了解配送作业的相关知识。
（2）准备配送的作业单证，如客户订单、库存单等。
（3）将全班学生分成若干组，每组选组长1人。
（4）工作时间安排2学时。
（5）工作环境模拟，需要学院的仓库实训室、机房等资源配合。

3. 工作任务

（1）根据客户订单汇总表（见表5-6）、商品库存情况，完成商品库存一览表，如表5-7所示。

表5-6 客户订单汇总表

客户名称	品　名	规　格	重量/(千克/箱)	数量/箱	体　积	送货时间
家乐福超市	娃哈哈纯净水	596ml/瓶	8.5	50	85cm×60cm×45cm	6月22日16点之前（不允许缺货）
	达能饼干	118g/袋	3	100	80cm×75cm×85cm	
	百事可乐	500ml/瓶	7.5	40	60cm×35cm×50cm	
	蛋黄煎饼	150g/袋	3.5	80	55cm×65cm×55cm	
	好多鱼	340g/袋	4.5	100	20cm×10cm×30cm	
	总毛重/千克		1755	370		

续表

客户名称	品名	规格	重量/(千克/箱)	数量/箱	体积	送货时间
家润多超市	雪碧汽水	600ml/瓶	8.5	70	60cm×35cm×50cm	6月22日16点之前（允许缺货）
	红枣饼干	150g/袋	3	110	55cm×35cm×55cm	
	好多鱼	340g/袋	2.5	60	20cm×10cm×30cm	
	百事可乐	500ml/瓶	7.5	30	60cm×35cm×50cm	
	娃哈哈纯净水	596ml/瓶	8.5	50	85cm×60cm×45cm	
	总毛重/千克		1725	320		
沃尔玛超市	雪碧汽水	600ml/瓶	8.5	80	60cm×35cm×50cm	6月22日16点之前（允许缺货）
	达能饼干	150g/袋	3	120	55cm×65cm×55cm	
	盼盼法式面包	320g/袋	4	60	80cm×35cm×75cm	
	旺旺大雪饼	118g/袋	7.5	70	80cm×75cm×85cm	
	总毛重/千克		1805	330		
步步高超市	百事可乐	500ml/瓶	7.5	50	60cm×35cm×50cm	6月22日16点之前（不允许缺货）
	康师傅方便面	320g/碗	6	50	50cm×40cm×55cm	
	娃哈哈纯净水	596ml/瓶	8.5	100	85cm×60cm×45cm	
	红枣饼干	250g/袋	3	60	55cm×35cm×55cm	
	旺旺大雪饼	118g/袋	6.5	80	80cm×75cm×85cm	
	总毛重/千克		2225	340		

表 5-7 商品库存一览表

客户名称	品名	规格	体积	库存数量/箱	需求数量	是否满足
A、C、D	娃哈哈纯净水	596ml/瓶	85cm×60cm×45cm	200		
A、C	达能饼干	118g/袋	80cm×75cm×85cm	260		
A、C、D	百事可乐	500ml/瓶	60cm×35cm×50cm	200		
A	蛋黄煎饼	150g/袋	55cm×65cm×55cm	100		
A、B	好多鱼	340g/袋	20cm×10cm×30cm	180		
B、C	雪碧汽水	600ml/瓶	60cm×35cm×50cm	200		
B、D	红枣饼干	150g/袋	55cm×35cm×55cm	170		
C	盼盼法式面包	320g/袋	80cm×35cm×75cm	40		
C、D	旺旺大雪饼	118g/袋	80cm×75cm×85cm	150		
D	康师傅方便面	320g/碗	50cm×40cm×55cm	80		

注：A 代表家乐福，B 代表家润多，C 代表沃尔玛，D 代表步步高。

(2) 制作每一位客户的信息订单，参考表 5-8，并排序。
(3) 制作每一位客户的拣货单，参考表 5-9。
(4) 制作客户缺货单和补货单，如表 5-10 和表 5-11 所示。

表 5-8 客户订单

No.: 00001

订货单位:					电话:			
地址:					订货日期:			
序号	商品名称	规格	数量	重量	总重量	体积/m³	备注
1							
2							
3							
4							
5							

交货日期:

交货地点:

订单形态:□一般交易　□现销式交易　☑间接交易　□合约交易

配送方式:□送货　□自提　□其他

用户信用:□一级　☑二级　□三级　□四级　□五级

付款方式:		特许要求:	
制单:		审核:	

表 5-9 客户拣货单

拣货单编号						订单编号	00001
用户名称							
出货日期						出货货位号	
拣货时间						拣货人	
核查时间						核查人	
序号	储位号码	商品名称	规格	商品编码	数量		备注
1							
2							
3							
4							
5							

表 5-10 客户缺货单

订单客户	货物名称	规格	单位	库存件数	需求件数	备注

表 5-11 客户补货单

订单客户	货物名称	规　格	单　位	补货件数	备　注

二、配送绩效考核

1. 工作目标

通过案例模拟，使学生认识配送绩效管理的内容和设计，懂得配送绩效相关内容的管理和考核。

2. 工作准备

(1) 了解配送绩效管理的内容。

(2) 准备设计相关的表格。

(3) 将全班学生分成若干组。

(4) 工作时间安排 2 学时。

3. 工作任务

目前有一个图书配送中心，其中有 20 人的仓储团队，20 人团队中包括组长一个，副组长一个，日常工作内容为：收货、清点、上架、取货、核对、盘点、贴标签、装车等。根据企业发展的需要，为了提高生产力和配送中心管理水平，完善原有的工作制度和模式，直面激励各配送中心管理员的积极性、责任心和工作热情，决定推出一套考核标准条款。鉴于仓库部门的工作多为事务性工作，对该部门员工的考核主要依据其基本职责的履行及工作目标的达成情况。目前，如果每个月有 10 000 元要分给这 20 人，那么通过什么方法可以考核他们的工作，比较公正公平地分给他们？然后每年年末又能通过考核制度决定他们的升职加薪情况？

配送中心员工绩效考核细则

一、奖惩办法

本方案主要由配送中心部门经理负责监督执行。配送中心部门主管根据每个员工每天的工作完成情况，依据本方案的相应标准予以打分。结果汇总出来后，按照本方案的相应标准对各个员工给予或扣减相应的绩效工资、绩效奖金。

二、考核来源(一线主管)

每日库房巡视表。

三、考核时间

月份：　　被考核人：　　考评人：　　考评日期：

四、工作(配送中心工作流程)考核(工作质量、目标完成程度)

(一) 图书入库

图书入库考核表如表 5-12 所示。

(二) 图书的储存与保管

图书的储存与保管考核表如表 5-13 所示。

表 5-12　图书入库考核表

考核分值	考核标准	考核得分
图书的验收 10 分	(1) 收货人员根据物流公司提供的承运单对图书件数点收,点收无误后在承运单上签字确认。在承运单上说明点收情况,并做好入库登记单(2 分) (2) 图书验收员要根据供货商提供的清单对图书进行验收,严格遵循图书接收标准进行验收(2 分) (3) 验收后,验收人员及实物复核员在清单上签字确认(2 分) (4) 签字确认后由验收员与配送中心数据员交接,并说明验收的实际情况和到货包件的情况(2 分) (5) 不论到货图书多少,都应予以严格验收,必须分清楚图书供货商的实际情况(图书公司、出版社、赠入图书),并在入库登记单上详细说明(2 分)	
图书的入库 10 分	(1) 数据人员根据验收员提供的验收清单,对验收情况进行复核,有差错的应填写差错回执单(如差错大的应与验收人员到现场重新复核)并反馈到相关采购部门(2 分) (2) 根据验收清单在软件上做好基础信息的录入及图书入库工作(2 分) (3) 数据入库后应填写好入库确认函(2 分) (4) 配送中心录入员把审核后的入库确认函和差错回执单分成三份,一份确认函及图书清单交至财务,一份交予相关采购人员,一份配送中心留存(2 分) (5) 不符合标准的图书不予接收,验收完后应及时核对打包退货(2 分)	

表 5-13　图书的储存与保管考核表

考核分值	考核标准	考核得分
2 分	新书上架,应根据图书的类别及数量堆放整理,对于配送少的图书应及时整理上架,合理存放	
2 分	做好配送中心内的日常卫生工作,保证配送中心卫生的清洁干净	
2 分	上下班前应检查好门窗,做好图书防潮、防损、防霉的措施,减少图书的损耗	
2 分	应把破损、发霉、潮湿的图书及时下架处理,并把破损图书交与配送中心录入员	
2 分	配送中心录入员应做好报损处理或退回图书公司	

(三) 图书的配送

图书的配送考核表如表 5-14 所示。

表 5-14　图书的配送考核表

考核分值	考核标准	考核得分
图书配送 5 分	(1) 配送人员根据配送中心负责人提供的配货单进行分拣配送并严把质量关 (2) 图书的配送应以先进先出原则配货	

续表

考核分值	考 核 标 准	考核得分
刷单作业 10 分	（1）刷书人员根据配送人员挑选后的图书进行刷单作业；在刷单过程中严格把守质量，重复图书、不适合团购单要求的图书应退回，保证图书配送质量 （2）生成团购订单后，应填写好捐赠回执并附在已配好的图书上，然后在配送进度表及回执单上签字确认并督促各经办人签字确认手续 （3）已配送好的团购单应及时返至配送中心负责人	
图书盖章打包 10 分	（1）捐赠印章必须盖在扉页空白处，印章必须清晰端正 （2）盖好印章后，打包人员对已配送好的图书进行打包、粘贴发货标签，并要在有回执单的外包上注明内有回执单，打完包后复核件数并在进度登记表上签字	

（四）图书出库

图书出库考核表如表 5-15 所示。

表 5-15　图书出库考核表

考核分值	考 核 标 准	考核得分
4 分	物流人员根据团购单及配送进度登记表对包件进行清点复核，复核无误后填写物流承运单和交接清单，并通知专业物流公司发货	
3 分	图书发出后，团购单转至配送中心负责人审核出库；与物流公司保持协调沟通，保证图书的及时到位	
3 分	同时做好图书出库登记表，保存相应单据，按相应单据编号归类备查	

第六章

包装、装卸搬运、流通加工

◆ 学习目标 ◆

- 了解包装、装卸搬运、流通加工的种类,理解包装、装卸搬运、流通加工的概念。
- 掌握包装、装卸搬运、流通加工的作用及合理化的表现。
- 熟悉包装、装卸搬运、流通加工在物流系统的地位。

【引导案例】

燕京啤酒出口包装与加工

现在,燕京啤酒已经畅销世界各地,但当年进军日本市场时也并不是一帆风顺的。为了满足消费者对口感新鲜、酒花多、香气浓郁等特点的要求,燕京啤酒在国内装瓶后贴标签,下线后,采用空运方式运抵日本,以保证两天内送达日本消费者手中。由于采用玻璃小瓶包装,在空运中造成了很高的破损率,而且每次装载量有限,这使得空运成本很高,进而售价也比国内高出很多。比如400ml瓶装的啤酒,国内卖3元,而到日本后售价为9元,因此,燕京啤酒的销售价格当时在日本市场可谓一筹莫展。

经过众多专家的研究,该公司发现引起成本升高的最主要因素是物流费用过高。首先是瓶子的数量使得空间占用增加,从而减少了酒的重量;其次是瓶子的易碎性造成了损失。据此专家一致提出意见改用先装大桶并空运到日本,运达后在当地改用小瓶分装并贴标签。结果日本消费者只需花5元钱就能喝到口感清香、纯正爽口的啤酒了,产品销路一时打开。

(资料来源:佚名. 燕京啤酒的包装与加工[EB/OL].2019-03-28.[2020-06-17]. http:// wenku.baidu.com.)

案例导学

从上述案例中可以看出,包装、装卸搬运是否合理会直接影响到企业的效益,而合理的流通加工则会给企业的产品带来增值与保值。本章的内容就是分析物流的其他几种功能,即包装、装卸搬运、流通加工的具体作业活动。

第一节 包 装

一、包装概述

(一) 定义

包装是为了在流通过程中保护产品、方便储运、促进销售,按一定技术方法而采用的容器、材料及辅助物等的总体名称;也指为了达到上述目的而在采用容器、材料和辅助物的过程中施加一定技术方法等的操作活动。

现代包装业已成为世界许多国家国民经济中一个独立的工业体系,如美国的包装工业在整个国民经济中占第五位,仅次于钢铁、汽车、石油、建筑工业;日本、德国、英国每年的包装工业产值占国民总产值的20%。我国在改革开放以后,包装业发展很快,包装工业产值年平均递增近10%,包装业总产值占国民生产总值的比重也在不断上升,我国包装工业已形成比较完整的工业体系。

(二) 包装和物流的关系

包装为物流系统的构成要素之一,它既是生产的终点,又是物流的始点,与运输、保管、搬运、流通加工均有十分密切的关系。合理的包装能提高服务水平、降低费用、改善物料搬运和储运的效率。物流系统的所有构成因素均与包装有关,同时也受包装的制约。

(三) 包装的主要功能

包装应是使用适当的材料、容器和技术,使物品安全到达目的地,即在物品运送过程的每一阶段,不论遇到何种外在影响,都能保证产品完好,而且不影响物品价值。

在物流中,包装主要有以下几种功能。

1. 保护功能

包装的第一项功能便是对于物品的保护作用。如避免搬运过程中的脱落,避免运输过程中的振动或冲击,避免保管过程中由于承受物重所造成的破损,避免异物的混入和污染,防湿、防水、防锈、防光,防止因为化学或细菌的污染而出现的腐烂变质,防霉变、防虫害等。

2. 定量功能

按单位定量,形成基本单件或与此目的相适应的单件。即为了材料搬运或运输的需要而将物品整理成适合搬动、运输的单元,如适合使用托盘、集装箱、货架或载重汽车、货运列车等运载的单元。能够缩短作业时间,减轻劳动强度,提高机械化作业的效率。

3. 标识功能

利用包装物使产品容易识别和计量。

4. 跟踪功能

良好的货物包装能使物流系统在收货、储存、取货、出运的各个过程中跟踪商品,如将印有时间、品种、货号、编组号等信息的条形码标签贴在物品上供电子仪器识别,能使生产厂家、批发商和仓储企业迅速准确地采集、处理和交换有关信息,加强了对货物的控制,减少了物品在流通过程中的货损货差,提高了跟踪管理的能力和效率。

5. 便利功能

良好的包装能够方便物流各个环节的处理。如对运输环节来说,包装的尺寸、重量和形状,最好能配合运输、搬运设备的尺寸、重量,以便于搬运和保管;对仓储环节来说,包装则应方便保管、移动,标志鲜明,容易识别,具备充分的强度。

二、包装的分类

(一) 按其在物流过程中的作用不同分类

1. 商业包装(又称销售包装、小包装或内包装)

商业包装是指以促进销售为主要目的的包装,这种包装的特点是外形美观,有必要的装潢,包装单位适于顾客的购买量以及商店陈设的要求。在流动过程中,商品越接近顾客,越要求包装能起促进销售的作用。

2. 运输包装(又称大包装或外包装)

运输包装是指以强化输送、保护产品为目的的包装。运输包装的特点,以在满足物流要求的基础上使包装费用越低越好,并应在包装费用和物流损失之间寻找最佳的结合点。

(二) 按包装的大小不同分类

1. 单件运输包装

单件运输包装是指在物流过程中作为一个计件单位的包装。常见的有:箱,如纸箱、木箱、条板箱、夹板箱、金属箱;桶,如木桶、铁桶、塑料桶、纸桶;袋,如纸袋、草袋、麻袋、布袋、纤维编织袋;包,如帆布包、植物纤维或合成树脂纤维编织包;此外,还有篓、筐、罐、捆、玻璃瓶、陶缸、瓷坛等。

2. 集合运输包装(又称成组化运输包装)

集合运输包装是指将若干单件运输包装组成一件大包装。常见的有以下三种。

(1) 集装袋或集装包。袋是指用塑料重叠丝编织成圆形大口袋;包也是用同样材料编成的抽口式方形包。

(2) 托盘。它是指用木材、金属或塑料(纤维板)制成的托板。托盘的底部有插口,供铲车起卸用。

(3) 集装箱。它具有坚固、密封、容量大、可反复使用等特点。

(三) 按在国际贸易中有无特殊要求分类

(1) 一般包装。即普通包装,货主对包装无任何特殊的要求。

(2) 中性包装和定牌中性包装。中性包装是指在商品内外包装上不注明生产国别、产地、厂名、商标和牌号;定牌中性包装是指在商品的内外包装上不注明生产国别、产地、厂名,但要注明买方指定商标或牌号。

（四）按对包装的保护技术不同分类

（1）防潮包装。

（2）防锈包装。

（3）防虫包装。

（4）防腐包装。

（5）防震包装。

（6）危险品包装。

（五）按包装使用的次数分类

（1）一次性包装。包装随商品的销售而消耗、损坏。

（2）重复使用包装。包装材料比较牢固，可以回收，并反复使用。

（六）按包装的耐压程度分类

（1）硬质包装。包装材料的质地坚硬，能承受较大的挤压，如木箱、铁箱。

（2）半硬质包装。包装材料能承受一定的挤压，如纸箱等。

（3）软质包装。包装材料是软质的，受压后会变形，如麻袋、布袋等。

（七）按包装的材料分类

（1）纸制品包装。经过处理，具有韧性、抗压性、弹性和防潮性等特点。

（2）纺织品包装。常用于存放小颗粒、粉状的货物。

（3）木制品包装。具有较强的抗挤压和冲击的能力，使用较广。

（4）金属制品包装。包装强度大，密闭性好，适合于盛装液体货物或较贵重的货物。

三、包装材料

包装材料是构成包装实体的主要物质，包装材料的选择对保护产品有着非常重要的作用。随着科学技术的发展，新型包装材料和包装技术不断出现，包装材料的性能将会更加完善。包装材料主要有以下几种类型。

（一）金属包装材料

将金属压成薄片制成容器用作物品的包装，一般指钢铁和铝材。通常制成罐、桶、箱、网、笼等，用量最大的材料是马口铁和金属箔，如图 6-1 所示。

图 6-1 金属包装

金属罐用于食品、化学药品、牛奶、油质类物品，而桶则主要用于以石油为主的非腐蚀性的半流体及粉末、固体的包装。

金属材料用于包装，具有牢固、易于加工、不透气、防潮、避光、可回收利用等优点；但金属作为包装材料受到成本高、在流通中易变形、易锈蚀等缺点的限制。

(二)纸质包装材料

在包装材料中,纸的应用最广,耗量最大。因为纸具有价格低、质地细腻均匀、耐摩擦、耐冲击、容易黏合、不受温度影响、适于包装生产的机械化等优点。

纸质材料的缺点是防潮性能不好,受潮后强度下降,密闭性、防潮性、透明性差。

纸质材料一般有纸袋、纸箱、瓦楞纸箱等,如图 6-2 所示。运输用大型纸袋可用 3~6 层牛皮纸多层叠合而成。纸箱的原料是各种规格的白纸板和瓦楞纸板,但要求其强度和耐压能力必须达到一定指标,在选材和尺寸设计时应加以注意。

图 6-2 纸质包装

(三)木质包装材料

木质材料一般用作外包装,更能显示其抗震、抗压等优点,包括木桶、木箱、木框等,如图 6-3 所示。为了增加强度也可加铁箍,对于重物包装,常在底部加木质垫板。

图 6-3 木质包装

但是,木材存在易于吸收水分、易于变形开裂、易腐、易受白蚁侵害等缺点,再加上资源有限,限制了木质材料在包装中的应用。

(四)塑料包装材料

塑料包装材料在包装中的应用日益广泛,包括塑料箱、塑料袋、塑料瓶、塑料盘、塑料绳等,如图 6-4 所示,其在现代包装中处于越来越重要的地位。塑料材料不仅可以用于包装固体物品,还可以用于包装液体物品,代替传统的玻璃、金属、木制品。

图 6-4 塑料包装

塑料材料用于包装具有许多优点,如有一定的强度和弹性、耐折叠、耐摩擦、抗震动、防潮、气密性好、耐腐蚀、易于加工等;但它也有不少缺点,如易老化、有异味、废弃物难处理、易产生公害等。

(五) 复合包装材料

复合包装材料是指将两种或两种以上具有不同特性的材料,通过各种方法复合在一起,以改进单一包装材料的性能。常见的复合包装材料有三四十种,使用较广泛的是塑料与玻璃复合材料、塑料与金属箔复合材料、塑料与塑料复合材料、塑料与纸张复合材料等。

四、包装的标识

包装商品时,会在外部印刷、粘贴或书写标识,其内容包括:商品名称、牌号、规格、等级、计量单位、数量、重量、体积、收获单位、发货单位、指示装卸、搬运、存放注意事项、图案和特定的代号。

包装标识是判别商品特征、组织商品流转和维护商品质量的依据,对保障商品储运安全、加速流转、防止差错有重要作用。

商品包装的标识通常分为两种:一是商品包装的标记;二是商品包装的标志。

(一) 商品包装的标记

商品包装的标记是指根据商品的特征和商品收发事项,在外包装上用文字和数字表明的规定记号。它包括以下内容。

(1) 商品标记。这是注明包装内的商品特征的文字记号,反映的内容主要是商品名称、规格、型号、计量单位、数量。

(2) 重量体积标记。这是注明整体包装的重量和体积的文字记号,反映的内容主要是毛重、净重、皮重和长、宽、高的尺寸。

(3) 收发货地点和单位标记。这是注明商品起运、到达地点和收发货单位的文字记号,反映的内容是收发货的具体地点和收发货单位的全称。例如,国外进口商品在外包装表面刷上标记,标明订货年度、进口单位和要货单位的代号、商品类别代号、合同号码、贸易国代号以及进口港的地名等。

(二) 商品包装的标志

商品包装的标志是指为了便于货物交接、防止错发错运,便于识别,便于运输、仓储和海关等有关部门进行查验等工作,也便于收货人提取货物,在进出口货物的外包装上标明的记号。商品包装的标志有以下类型。

1) 运输标志

运输标志即唛头。这是贸易合同、发货单据中有关标志事项的基本部分。它一般由一个简单的几何图形以及字母、数字等组成。唛头的内容包括:目的地名称或代号,收货人或发货人的代用简字或代号、件号(即每件标明该批货物的总件数)、体积(长×宽×高)、重量(毛重、净重、皮重)以及生产国家或地区等。

2) 指示性标志

指示性标志是指按商品的特点,对于易碎、需防湿、防颠倒等商品,在包装上用醒目图形或文字标明"小心轻放""防潮湿""此端向上"等,具体如表 6-1 所示。

表 6-1 包装标志的名称含义

包装标志	名　称	含　义
	易碎物品	运输包装件内装易碎品,因此搬运时应小心轻放
	禁用手钩	搬运运输包装时禁用手钩
	向上	表明运输包装件的正确位置是竖直向上
	怕晒	表明运输包装件不能直接照射
	怕雨	包装件怕雨淋
	怕辐射	包装物品一旦受辐射便会完全变质或损坏
	堆码重量极限	表明该运输包装件所能承受的最大重量极限

续表

包装标志	名　　称	含　　义
	禁止堆码	该包装件不能堆码并且其上也不能放置其他负载
	堆码层数极限	相同包装的最大堆码层数，n 表示层数极限
	此面禁用手推车	搬运货物时此面禁放手推车

3）警告性标志

对于危险物品，如易燃品、有毒品或易爆炸物品等，在外包装上必须醒目标明，以示警告。

五、包装技术

（一）防震保护技术

防震包装又称缓冲包装，在各种包装方法中占有重要地位。产品从生产出来到开始使用要经过一系列的运输、保管、堆码和装卸过程，置于一定的环境之中。在任何环境中都会有外力作用在产品之上，并使产品发生机械性损坏。为了防止产品遭受损坏，就要设法减小外力的影响。所谓防震包装，就是指为减缓内装物受到冲击和震动，保护其免受损坏所采取的一定防护措施的包装。

（二）破损保护技术

缓冲包装有较强的防破损能力，因而是防破损包装技术中有效的一类。此外，还可以采取以下几种防破损保护技术。

（1）捆扎及裹紧技术。捆扎及裹紧技术的作用，是使杂货、散货形成一个牢固整体，以增加整体性，便于处理及防止散堆来减少破损。

（2）集装技术。利用集装，减少与货体的接触，从而防止破损。

（3）选择高强保护材料。通过外包装材料的高强度来防止内装物受外力作用破损。

（三）防锈包装技术

1. 防锈油防锈蚀包装技术

大气锈蚀是空气中的氧、水蒸气及其他有害气体等作用于金属表面引起电化学作用的结果。如果使金属表面与引起大气锈蚀的各种因素隔绝（即将金属表面保护起来），就可以达到防止金属大气锈蚀的目的。防锈油防锈蚀包装技术就是根据这一原理将金属涂封防止锈蚀的。

用防锈油封装金属制品，要求油层要有一定厚度，油层的连续性好，涂层完整。不同类型的防锈油要采用不同的方法进行涂复。

2. 气相防锈包装技术

气相防锈包装技术就是用气相缓蚀剂（挥发性缓蚀剂），在密封包装容器中对金属制品进行防锈处理的技术。气相缓蚀剂是一种能减慢或完全停止金属在侵蚀性介质中的破坏过程的物质，它在常温下即具有挥发性，在密封包装容器中，通过很短的时间挥发或升华出的缓蚀气体就能充满整个包装容器内的每个角落和缝隙，同时吸附在金属制品的表面上，从而起到抑制大气对金属锈蚀的作用。

（四）防霉腐包装技术

在运输包装内装运食品和其他有机碳水化合物货物时，货物表面可能生长霉菌，在流通过程中如遇潮湿，霉菌生长繁殖极快，甚至伸延至货物内部，使其腐烂、发霉、变质，因此要采取特别防护措施。

包装防霉烂变质的措施，通常是采用冷冻包装、真空包装或高温灭菌方法。

（五）防虫包装技术

防虫包装技术常用的是驱虫剂，即在包装中放入有一定毒性和臭味的药物，利用药物在包装中挥发气体杀灭和驱除各种害虫。常用的驱虫剂有对位二氯化苯、樟脑精等。也可采用真空包装、充气包装、脱氧包装等技术，使害虫无生存环境，从而防止虫害。

（六）危险品包装技术

危险品有上千种，按其危险性质，交通运输及公安消防部门规定分为十大类，即爆炸性物品、氧化剂、压缩气体和液化气体、自燃物品、遇水燃烧物品、易燃液体、易燃固体、毒害品、腐蚀性物品、放射性物品等，有些物品同时具有两种以上危险性能。

对有毒商品的包装要明显地标明有毒的标志。对有腐蚀性的商品，要注意避免商品和包装容器的材质发生化学变化。对易自燃商品的包装，宜将其装入壁厚不少于1mm的铁桶中，桶内壁须涂耐酸保护层，桶内盛水，并使水面浸没商品，桶口严密封闭。对于易燃、易爆商品，有效方法是采用塑料桶包装，然后将塑料桶装入铁桶或木箱中，并应有自动放气的安全阀，当桶内达到一定气体压力时，能自动放气。

六、包装合理化

包装有效地保护了商品，方便了储运，在一定程度上增加了产品的价值，但也不可避免地要增加产品的体积和重量，使产品的成本上升，合理的包装总是尽量利用包装的优点，减少包装的缺点，更加有利于物流。

(一) 包装合理化的要点

包装合理化一方面包括包装总体的合理化,这种合理化往往用整体物流效益与微观包装效益统一来衡量;另一方面也包括包装材料、包装技术、包装方式的合理组合及运用。

从多个角度来考察,包装合理化应满足多方面的要求。因此,在进行包装合理化的过程中应注意以下几个方面的问题。

1. 包装应妥善保护商品

要制定相应的适宜标准,使包装物的强度恰到好处地保护商品质量免受损伤。除了要在运输装卸时经得住冲击、振动之外,还要具有防潮、防水、防霉、防锈等功能。

2. 包装材料和包装容器应当安全无害

包装材料要避免有聚氯联苯之类的有害物质,要避免包装容器的造型对人造成伤害。

3. 包装容量要便于装卸

不同的装卸方式决定了包装的容量。例如,采用人工操作装卸方式的情况下,包装的质量必须限制在手工装卸的允许能力下,包装的外形及尺寸也应适合于人工操作。

小贴士

在工人权力和健康受保护的今天,为减轻人的体力消耗,包装的质量一般应控制在工人体重的40%较为科学,即男劳动力20~25kg,女劳动力15~20kg比较合适。

4. 对包装容器的内装物要有明确的标志或说明

商品包装物上关于商品质量、规格的标志或说明,要能贴切地表示内装物的形状,尽可能采用条形码,便于出入库管理、保管期间盘点及销售统计。

5. 包装内商品外围空闲容积不应过大

为了保护内装商品,难免会使内装商品的外围产生某种程度的空闲容积,但合理包装要求空闲容积减少到最低限度,一般情况下,空闲容积最好降低到20%以下。

6. 包装费用要与内装商品相适应

包装费用应包括包装本身的费用和包装作业的费用。包装费用必须与内装商品相适应,但不同商品对包装要求也不同,所以包装费用占商品价格的比率是不相同的。一般来说,普通商品的包装费用应低于商品售价的15%,这只是一个平均比率。

7. 包装要符合环保要求

包装应尽量减少其废弃物数量,在制造和销售商品时,就应注意包装容器的回收利用或成为废弃物后的治理工作。近年来广泛采用一次性使用的包装和轻型塑料包装材料,从方便生活和节约人力角度来看,是现代包装的发展方向,但同时也产生了大量难以处理的垃圾,带来了环境污染及资源浪费等社会问题。

小贴士

绿色包装材料的种类

1. 重复再用和再生的包装材料

(1) 重复再用包装,如啤酒、饮料、酱油、醋等包装采用玻璃瓶反复使用。

（2）再生利用包装，可用两种方法再生，物理方法是指直接彻底净化粉碎，无任何污染物残留，经处理后的塑料再直接用于再生包装容器；化学方法是指将回收的PET粉碎洗涤之后，在催化剂作用下，使PET全部解聚成单体或部分解聚，纯化后再将单体重新聚合成再生包装材料。

包装材料的重复利用和再生，仅仅延长了塑料等高分子材料作为包装材料的使用寿命，当达到其使用寿命后，仍要面临对废弃物的处理和环境污染问题。

2. 可食性包装材料

（1）可食性包装膜。几十年来，大家熟悉的糖果包装上使用的糯米纸及包装冰激凌的玉米烘烤包装杯都是典型的可食性包装。

（2）人工合成可食性包装膜。其中比较成熟的是透明、无色、无嗅、无毒、具有韧性、高抗油性薄膜，能食用，可做食品包装，其光泽、强度、耐折性能都比较好。

（3）可食用保鲜膜。我国早在12—13世纪就已用蜡来涂橘子、柠檬以延缓它们的脱水失重，延长果蔬货架寿命。现在一般采用的可食性保鲜膜，已发展成具有多种功能性质的多组分食用膜，且具有明显的防水性及一定的可选择透气性，因而在食品工业，尤其在果蔬保鲜方面具有广阔的应用前景。

3. 可降解材料

可降解材料是指在特定时间内造成性能损失的特定环境下，其化学结构发生变化的一种塑料。可降解塑料包装材料既具有传统塑料的功能和特性，又可以在完成使用寿命之后，通过阳光中紫外光的作用或土壤和水中的微生物作用，在自然环境中分裂降解和还原，最终以无毒形式重新进入生态环境中，回归大自然。

4. 纸材料

纸的原料主要是天然植物纤维，在自然界会很快腐烂，不会污染环境，也可回收重新造纸。纸材料还有纸浆注型制件、复合材料、建筑材料等多种用途。

纸浆模塑制品除具有质轻、价廉、防震等优点外，还具有透气性好、有利于生鲜物品保鲜的优点，在国际商品流通上，被广泛用于蛋品、水果、玻璃制品等易碎、易破、怕挤压物品的周转包装上。

（二）包装合理化的发展趋势

1. 包装的轻薄化

由于包装只是起保护作用，对产品使用价值没有任何意义，因此在强度、寿命、成本相同的条件下，更轻、更薄、更短、更小的包装，可以提高装卸搬运的效率。而且轻薄短小的包装一般价格比较便宜，如果是一次性包装，也可以减少废弃包装材料的数量。

2. 包装的单纯化

为了提高包装作业的效率，包装材料及规格应力求单纯化，包装规格还应标准化，包装形状和种类也应单纯化。

3. 包装的标准化

包装的规格和托盘、集装箱关系密切，也应考虑到和运输车辆、搬运机械的匹配，从系统的观点制定包装的尺寸标准。

4. 包装的机械化

为了提高作业效率和包装现代化水平,各种包装机械的开发和应用是很重要的。

5. 包装的绿色化

绿色包装是指无害少污染的符合环保要求的各类包装物品。主要包括纸包装、可降解塑料包装、生物包装和可食性包装等,它们是包装经营发展的主流。

第二节　装 卸 搬 运

在整个物流过程中,装卸搬运是不断出现和反复进行的活动,它出现的频率高于其他各种物流活动,同时每次装卸搬运都要占用很多的时间和消耗很多的劳动,因此,装卸搬运不仅成为决定物流速度的关键,而且是影响物流费用高低的重要因素。

开展装卸搬运的研究,实现装卸搬运合理化,无疑对物流系统整体功能的发挥、降低物流费用、提高物流速度,都具有极其重要的意义。

一、装卸搬运概述

(一) 定义

装卸搬运是指在同一地域范围内进行的、以改变物品的存放状态和空间位置为主要内容和目的的活动。

一般情况下,物品存放的状态和空间位置是密切相连、不可分割的,因此,人们常用"装卸"或"搬运"来代替装卸搬运的完整意义。例如,在流通领域里,把装卸搬运活动称为"货物装卸",而在生产领域则称为"物料搬运"。

在整个物流活动中,当强调存放状态改变时,一般用"装卸"一词反映;当强调空间位置改变时,常用"搬运"一词反映。

装卸搬运活动在整个物流过程中占有很重要的位置。一方面,装卸作业将物流过程各环节之间以及同一环节的不同活动之间有机地结合起来,从而使物品在各环节、各种活动中处于连续运动或所谓的流动;另一方面,各种不同的运输方式之所以能联合运输,也是由于装卸搬运作业才使其形成。

在生产领域中,装卸搬运作业已成为生产过程中不可缺少的组成部分,成为直接生产的保障系统,从而形成装卸搬运系统。

(二) 特点

装卸搬运不仅是生产过程中不可缺少的环节,而且是流通过程中物流活动的重要内容。装卸搬运的特点主要表现在以下几个方面。

1. 均衡性与波动性

装卸搬运的均衡性主要是针对生产领域而言的,因为生产过程的基本要求是保证生产的均衡,因此,作为生产过程的装卸活动必须与生产过程的节拍保持一致,从这个意义来讲,装卸搬运基本上是均衡的、连续的、平稳的、具有节奏性的。

在流通领域的装卸搬运虽然力求平衡作业,但随着车船的到发和货物的出入库,其作业是波动的、间歇的。装卸搬运作业的波动性程度一般可用波动系数进行定量描述。对波动作业的适应能力是装卸搬运的特点之一。

2. 稳定性与多变性

装卸搬运的稳定性主要是指生产领域的装卸搬运作业,这是与生产过程的相对稳定相联系的,特别是在大量生产的情况下更是如此,虽略有变化但也具有一定的规律性。在流通领域里,由于物质产品本身的品种、形状、尺寸、重量、包装、性质等各不相同,输送工具类型又各异,再加上流通过程的随机性等,所有这些决定了装卸搬运作业的多变性。因此,在流通领域里,装卸搬运应具有适应多变作业的能力,这是它的又一特点。

3. 局部性与社会性

生产领域的装卸搬运作业所使用的设备、设施,及其管理工艺等涉及的面,一般限于企业内部。在流通领域里,装卸搬运恰恰相反,它涉及的面和因素是整个社会的。

因此,任何一个物流据点(车站、码头)的装货都有可能到任何一个物流据点去卸货,任何一个货主都有可能向任何一个收货人发货,任何一个发货点都可能成为收货点。所以,流通领域里所有装卸作业点的装备、设施、工艺、管理方式、作业标准都必须相互协调,才能发挥装卸搬运活动的整体效益。

4. 单纯性与复杂性

在很多情况下,生产领域中的装卸搬运是生产过程的一项生产活动,它只是单纯改变物料存放状态或改变空间位置,其作业较为简单。而流通过程由于装卸搬运与运输、储存紧密衔接,为了安全和输送的经济性原则,需要同时进行堆码、满载、加固、取样、检验、分拣等作业,并且较为复杂。因此,装卸搬运作业必须具有适应这种复杂性的能力,这样才能加快物流的速度。

(三) 目的和作用

1. 目的

1) 提高生产力

顺畅的装卸搬运系统能够消除瓶颈,以维持和确保生产水平,有效利用人力,减少设备闲置。

2) 降低装卸搬运成本

降低装卸搬运成本主要是指减少每位劳工以及每个单位货品的搬运成本,并减少延迟、损坏和浪费。

3) 提高库存周转率,降低存货成本

有效的装卸搬运可以加速货品移动及缩短搬运距离,进而减少总作业时间,使得存货存置成本及其他相关成本都得以降低。

4) 改善工作环境,增加人员、货品搬运的安全性

良好的装卸搬运系统能使工作环境大大改善,它不但能保证物品搬运的安全,减少保险费率,而且能使员工保持良好的工作情绪。

5) 提高产品品质

良好的装卸搬运系统可以减少产品的毁损,使产品品质提升,减少客户的抱怨与

投诉。

6）促进配销成效

良好的装卸搬运系统可增进系统作业效率，在缩短产品总配销时间、提高客户服务水平的同时，还能提高空间利用率，公司营运水平也得到相应的提高。

2. 作用

合理化的装卸搬运能够起到以下几个方面的作用。

1）降低物流费用

装卸搬运既是伴随生产过程和流通过程各环节所发生的活动，又是衔接生产各阶段和流通各环节之间相互转换的桥梁。因此，装卸搬运的合理化，对缩短生产周期、降低生产过程的物流费用、加快物流速度、降低物流费用等，都起着重要作用。

2）保障生产和流通各环节的顺利进行

装卸搬运活动本身虽不消耗原材料、不产生废弃物、不大量占用流动资金、不产生有形产品，但它的工作质量却对生产和流通其他各环节产生很大的影响，或者生产过程不能正常进行，或者流通过程不畅。所以，装卸搬运对物流过程其他各环节所提供的服务具有劳务性质，具有提供"保障"和"服务"的功能。

3）装卸搬运是物流过程中的一个重要环节

装卸搬运制约着物流过程其他各项活动，是提高物流速度的关键。无论在生产领域还是在流通领域，装卸搬运功能发挥的程度，都直接影响着生产和流通的正常进行，其工作质量的好坏，关系到物品本身的价值和使用价值。

由于装卸搬运是伴随着物流过程其他各环节的一项活动，因而往往不能引起人们的足够重视。可是，一旦忽视了装卸搬运，生产和流通领域轻则发生混乱，重则造成停顿。

例如，我国铁路运输曾由于忽视装卸搬运，出现过"跑在中间、窝在两头"的现象；我国有的港口由于装卸设备、设施不足以及装卸搬运组织管理等原因，曾多次出现过压船、压港、港口堵塞的现象。所以，装卸搬运在流通和生产领域具有"闸门"和"咽喉"的特点，制约着物流过程各环节的活动。

由此可见，改善装卸搬运作业、提高装卸业合理化程度对加速车船周转，发挥港、站、库功能，加快物流速度，减少流动资金占用，降低物流费用，提高物流服务质量，发挥物流系统整体功能等，都具有重要的意义和起着十分明显的作用。

二、装卸搬运作业方式分类

（一）按装卸搬运施行的物流设施、设备对象分类

以此分类可分为仓库装卸、铁路装卸、港口装卸、汽车装卸等。

1. 仓库装卸

仓库装卸是配合出库、入库、维护保养等活动进行，并且以堆垛、上架、取货等操作为主的装卸活动。

2. 铁路装卸

铁路装卸是对火车车皮的装进及卸出，其特点是一次作业就实现一车皮的装进或卸出，很少有像仓库装卸时出现的整装零卸或零装整卸的情况。

3. 港口装卸

港口装卸既包括码头前沿的装船,也包括后方的支持性装卸,有的港口装卸还采用小船在码头与大船之间"过驳"的办法,因而其装卸的流程较为复杂,往往经过几次的装卸及搬运作业才能最后实现船与陆地之间货物过渡的目的。

4. 汽车装卸

汽车装卸一般一次装卸批量不大,由于汽车的灵活性,可以减少或根本减去搬运活动,而直接、单纯利用装卸作业达到车与物流设施之间货物过渡的目的。

(二)按装卸搬运的机械及机械作业方式分类

以此分类可分为使用吊车的"吊上吊下"方式,使用叉车的"叉上叉下"方式,使用半挂车或叉车的"滚上滚下"方式,"移上移下"方式及"散装散卸"方式等。

1. "吊上吊下"方式

"吊上吊下"方式是采用各种起重机械从货物上部起吊,依靠起吊装置的垂直移动实现装卸,并在吊车运行的范围内或回转的范围内实现搬运或依靠搬运车辆实现小件搬运。由于吊起及放下属于垂直运动,因此这种装卸方式属于垂直装卸。

2. "叉上叉下"方式

"叉上叉下"方式是采用叉车从货物底部托起货物,并依靠叉车的运动进行货物位移,搬运完全靠叉车本身,货物可不经中途落地直接放置到目的处。这种方式垂直运动不大,而主要是水平运动,属于水平装卸方式。

3. "滚上滚下"方式

"滚上滚下"方式主要是指港口装卸的一种水平装卸方式。利用叉车或半挂车、汽车承载货物,连同车辆一起开上船,到达目的地后再从船上开下,故称为"滚上滚下"方式。

利用叉车的"滚上滚下"方式,在船上卸货后,叉车必须离船;利用半挂车、平车或汽车,则拖车将半挂车、平车拖拉至船上后,拖车离船,而载货车辆连同货物一起运到目的地,再原车开下或拖车上船拖拉半挂车、平车离开。"滚上滚下"方式需要有专门的船舶,对码头也有不同要求,这种专门的船舶称为"滚装船"。

4. "移上移下"方式

"移上移下"方式是指在两车之间(如火车及汽车)进行靠接,然后利用各种方式,不使货物垂直运动,而靠水平移动从一个车辆上推移到另一个车辆上。

"移上移下"方式需要使两种车辆水平靠接,因此,对站台或车辆货台需进行改变,并配合移动工具实现这种装卸。

5. "散装散卸"方式

采用"散装散卸"方式对散装物进行装卸,一般从装点直到卸点,中间不再落地,这是集装卸与搬运于一体的装卸方式。

(三)按被装物的主要运动形式分类

以此可分为垂直装卸、水平装卸两种形式。

(四)按装卸搬运对象分类

以此可分为散装货的装卸、单件货物装卸、集装货物装卸等。

（五）按装卸搬运的作业特点分类

以此可分为连续作业与间歇作业两种形式。

1. 连续作业

连续作业主要是同种大批量散装或小件杂货通过连续输送机械,连续不断地进行作业,中间无停顿,货间无间隔。在货物量较大、对象固定、货物对象不易形成大包装的情况下适合采取这一方式。

2. 间歇作业

间歇作业有较强的机动性,装卸地点可在较大范围内变动,主要适用于不固定的各种货物,尤其适用于包装货物,大件货物、散粒货物也可采取此种方式。

（六）按运输工具分类

按运输工具分类,有公路、铁路、船只、飞机等的搬运。

（七）按货物的包装形式、形状、式样分类

(1) 个别搬运：将包装货物一个一个地搬运。
(2) 单元货载搬运：将货物装上托盘或装进集装箱搬运。
(3) 散货搬运：对于类似于石油一类的液体货物或小麦一类的颗粒状货物的搬运。

（八）按搬运机械进行分类

按搬运机械分类,可以分为输送机搬运、起重机搬运、叉车搬运和装料器、输入器搬运等。

三、装卸搬运的合理化原则

如何使装卸搬运合理化是物流企业为提高效率、降低成本、改善服务和提高经济效益所应认真研究的问题。促使装卸搬运合理化是一项复杂的系统工程,涉及诸多方面,但一般而言,应遵循以下原则。

1. 提高机械化水平的原则

对于劳动强度大、工作条件差、搬运装卸频繁、动作重复的环节,应尽可能采用有效的机械化作业方式。如采用自动化立体仓库可以将人力作业降低到最低程度,而机械化、自动化水平得到很大提高。

2. 减少无效作业的原则

当按一定的操作过程完成货物的装卸搬运时,要完成许多作业。作业即产生费用,因此,应避免无效作业,可采取多种措施,如减少作业数、尽可能缩短搬运距离等。

3. 扩大产品单元的原则

为了提高搬运、装卸和堆存效率,提高机械化、自动化程度和管理水平,应根据设备能力,尽可能扩大货物的物流单元,如采用托盘、货箱等。目前发展较快的集装箱单元就是一种标准化的大单元装载货物的容器。

4. 提高搬运灵活性的原则

所谓物资装卸、搬运的灵活性,是指在装卸作业中对物资进行装卸作业的难易程度。所以在堆放货物时,要事先考虑到物资装卸作业的方便性。搬运活性指数如图 6-5

所示。

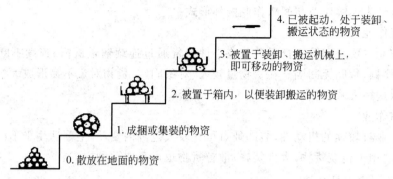

图 6-5 搬运灵活性指数

🍁 **小贴士**

物资装卸、搬运的灵活性，根据物资所处的状态，即物资装卸、搬运的难易程度，可分为不同的级别，通常用活性指数 0、1、2、3、4 来表示，指数越高，表明搬运的方便程度越高，越易于搬运。

5. 利用重力和减少附加重量的原则

在货物搬运、装卸和堆存时，应尽可能利用货物的自重，以节省能量和投资。如利用地形差进行装货，采用重力式货架堆货等。在保证货物搬运、装卸和堆存安全的前提下，应尽可能减少附加工具的自重和货物的包装物重量。

6. 各环节均衡、协调的原则

装卸搬运作业是各作业线环节的有机组成，只有各环节相互协调，才能使整条作业线产生预期的效果。应使装卸搬运各环节的生产率协调一致，相互适应，因为个别薄弱环节的生产能力决定了整个装卸搬运作业的综合能力，因此，要针对薄弱环节采取措施，提高能力，使装卸搬运系统的综合效率最高。

7. 系统效率最大化的原则

在货物的流通过程中，应力求改善包装、装卸、运输、保管等各物流要素的效率，由于各物流要素间存在着效益背反的关系，如果分别独自进行，则物流系统总体效率不一定能够提高，因此，要从物流全局的观点来研究问题。

第三节 流通加工

流通加工是现代物流的主要环节和重要功能之一。一般认为，流通加工是在物品进入流通领域后，到达最终消费者、使用者之前，对物品所进行的物理性的或化学性的加工。流通加工可以保护物品的质量，促进市场销售，提高物流速度和物品的利用率。

一、流通加工概述

（一）流通加工的定义和性质及其与生产加工的区别

1. 流通加工的定义

中华人民共和国国家标准《物流术语》中关于流通加工的定义为：物品在从生产地到使用地的过程中，根据需要施加包装、分割、计量、分拣、组装、价格贴付、标签贴付、商品检验等简单作业的总称。流通加工示意图如图 6-6 所示。

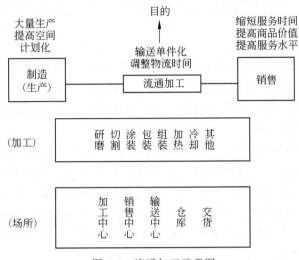

图 6-6　流通加工示意图

2. 流通加工的性质

流通加工在现代物流系统中主要担负的任务是提高物流系统对于用户的服务水平，有提高物流效率和使物流活动增值的作用。

1）流通加工的出现与现代生产方式有关

生产的集中化进一步引起产、需之间的分离，生产与消费之间存在着一定的空间差、时间差。少品种、大批量、专业化产品往往不能与消费者需要密切衔接，弥补这一分离的方法就是流通加工。

2）流通加工的出现还与现代社会消费的个性化有关

随着经济增长、国民收入增加，消费者的需求出现多样化，生产过程的加工制造常常满足不了消费的需求，于是加工活动开始向流通领域转移，在发达国家的物流中心里存在大量的流通加工业务。

3. 流通加工与生产加工的区别

如前所述，流通加工是在流通领域进行的简单生产活动，具有生产制造活动的一般性质。但是，从根本上说二者之间有着明显的区别。生产加工改变的是加工对象的基本形态和功能，是一种创造新的使用价值的活动。

流通加工并不改变商品的基本形态和功能，是一种完善商品使用功能、提高商品附加价值的活动。二者之间的区别如表 6-2 所示。

表 6-2　流通加工与生产加工的区别

项　目	流 通 加 工	生 产 加 工
加工对象	进入流通过程的商品	原材料、半成品、零配件
所处环节	流通过程	生产过程
加工难度	简单	复杂
价值	完善或提高价值	创造价值及使用价值
加工单位	流通企业	生产企业
目的	促进销售、维护产品质量、实现物流高效率	消费

（二）流通加工产生的原因

流通加工之所以产生，并且越来越成为物流领域的一个主要环节和重要的功能活动的根本原因，就在于它可以促进物流效率化的提高和满足消费者多样化的需求，同时也可以给流通业带来效益。具体而言，流通加工产生的原因有以下几个方面。

1. 弥补生产加工的不足

生产环节的加工往往不能完全满足消费者的需求。这是因为：第一，生产资料的品种众多、规格多样、型号复杂，但仍然不可能满足生产需求的多样性；第二，商品生产企业数量众多、分布面广、技术水平不一，产生供给与消费之间的差距；第三，社会需求日趋复杂多样，生产企业不可能完全满足消费者对品种、花色、单位包装量和规格型号的需要。合理有效的流通加工可以有效地弥补上述不足，满足消费者的多样化需求。

2. 方便客户的使用

在流通加工未产生之前，满足客户生产或消费需求的活动，如混凝土加工、钢板预处理等，一般由使用者或销售者承担。这不仅会增加下一生产环节的用时，还会因为设备投资大、利用率低和加工质量低而影响企业的经济效益，造成资源的浪费。这样的加工环节由流通环节来完成，可以根据使用部门的具体要求，将物品加工成可直接投入消费者使用的形式。

3. 增加流通企业的效益

通常情况下，物流环节不能直接创造价值。物流企业的利润，一般只能通过向货主企业提供物流服务的途径而从生产企业的利润中转移过来。对于物流企业来说，发展流通加工就成为创造价值、增加收益的一项理想的选择。

如此一来，物流企业不仅可以通过运输、保管、配送等物流功能获得一部分从生产企业转移过来的价值，还能通过流通加工创造新的价值，从而获得更大的利润，这正是流通加工产生和发展的根本动力。

4. 创造更加方便的配送条件

简而言之，配送是指流通加工、整理、拣选、分类、配货、末端运输等一系列活动的总和。配送中心的服务能力，在很大程度上受其所拥有的流通加工设备的种类、数量、技术先进程度等形成的加工能力的制约。

因此，流通加工就成为配送中心的前提，对配送中心业务的开展具有重要影响。设备完善、技术先进的流通加工，可以为配送创造更加方便的条件，提升配送的效率，增加配送企业的经济效益。

（三）流通加工的目的

流通加工可以提高物流活动的效率,满足消费者的多样化需求,同时还可以增加物流企业的经济效益。其目的具体表现在以下几个方面。

1. 强化流通阶段的保管功能

食品类商品的保鲜包装、罐装食品的加工等,可以保证在食品克服了时间距离后,仍然保证其新鲜状态。

2. 回避流通阶段的商业风险

钢板、玻璃等产品的剪裁,一般都是在接到客户的订单后才进行的,这样可以有效地避免商业上的风险。

3. 提高商品附加价值

蔬菜等原材料经过深度加工,如加工成半成品;稻米经过精加工,加工成免淘米等流通加工活动,可以明显提高产品的附加价值。

4. 满足消费者多样化的需求

例如,不同顾客对于商品的包装量有不同的要求,通过改变商品的包装量,可以满足不同消费者的需求。

5. 提高运输保管效率

组装型商品,如组合家具等商品的运输和保管都采用散件形态,待出库配送前或者送达客户后再进行组装,这样可以大大提高运输工具的装载率和仓库的保管率。

随着科学技术的发展和技术革新的开展,流通加工的形态也在不断地增加,并且对流通领域也产生了重大影响。一种全新的生产流通模式已经出现,并且以较快的速度发展。这就是在生产制造工厂并不完成加工对象的完全商品化,而是在最靠近消费者的地方才完成随后阶段的制品化工作。

> **小贴士**
>
> 随着经济全球化和国际分工的发展,以及采购全球化的趋势,产品的原材料和零部件往往由一个国家流向另一个国家,这样就使得原材料和零部件的物流环节和距离变得更长。因此,流通加工也会变得越来越重要。

总而言之,流通加工在提高物流效率、满足消费者多样化需求,以及降低物流成本、增加物流企业效益方面的作用会不断提高。

二、流通加工的类型

采用不同的标准,可以将流通加工划分为不同的类别。

（一）按照流通加工的目的分类

按照流通加工目的的不同,可以将流通加工划分为以下几种类型。

1. 弥补性加工

弥补性加工是指对产品的规格大小(如钢板、玻璃等)、存在形状(如钢板卷材、原木等)以及单位包装量等所进行的流通加工,以弥补生产环节的不足,满足不同客户和消费者的需求。

2. 服务性加工

服务性加工是指对以散件形式运输和保管的产品,在送达消费者时所进行的组装一类的流通加工。如自行车在销售时进行装配,拼装式家具在送达消费者时的组装等,都属于这类流通加工。

3. 保护性加工

保护性加工是指对新鲜度要求比较高的食品类商品,如水产品、禽蛋产品和肉类产品等,以及易生锈的钢材、易腐烂的木材等生产资料,为了克服时间隔离而采取的保鲜、冷冻或防锈、防腐等措施。

4. 销售性加工

销售性加工是指通过提高商品的附加值,方便消费者,同时可以促进销售的流通加工活动。如将蔬菜等原料加工成半成品等。

5. 物流性加工

物流性加工是指为了能直接提高物流效率而对某些特殊的产品所进行的流通加工,如造纸用的木材磨成木屑的加工,"集中煅烧熟料,分散磨制水泥"的加工,以及石油气的液化加工等,都可以极大地提高运输的效率。

(二) 按照流通加工的对象分类

按照流通加工对象的不同,可以将流通加工划分为以下几种类型。

1. 生产资料的流通加工

1) 钢材流通加工

钢材流通加工主要是指为了方便客户使用,对板材、线材所进行的集中下料加工,以及线材的冷拉加工等。

2) 水泥流通加工

水泥流通加工是指利用水泥加工机械和水泥搅拌运输车加工、运输混凝土。这种方式既可以节省现场作业空间,又可以降低成本。

3) 木材流通加工

木材流通加工包括磨制木屑压缩运输和集中开木下料两种主要的方式。前者主要适用于造纸木浆的原料——木屑的运输,后者则是将原木开裁成各种规格的锯材,以方便运输和适应客户的不同需要,还可以充分利用碎木屑加工成合成板。

另外,平板玻璃、铝材等也可进行类似的流通加工。

2. 消费资料的流通加工

消费资料的流通加工包括纤维制品的缝制、整形熨烫和加贴标签,以及家具的组装等。这种流通加工可以提高服务水平,同时也可以提高物流效率。

3. 食品的流通加工

食品流通加工的种类多样,既有为了保鲜而进行的流通加工,也有为了提高物流效率的流通加工,还有半成品、快餐食品的流通加工,具体如下。

1) 冷冻加工

冷冻加工是指利用低温冷冻的方式,解决鲜肉、鲜鱼在流通中的保鲜和搬运装卸问题所进行的加工。

2) 分选加工

分选加工是指对离散情况较大的农副产品,利用人工或机械的方式所进行的分选,以获得一定规格产品的流通加工。

3) 精致加工

精致加工是指在产地或销售地设置加工点,对农副产品进行的择选、切分、洗净、分装等提高产品附加值的流通加工。

4) 分装加工

分装加工是指为了满足消费者对不同包装量的需求,对大包装量的货物改为小包装量的流通加工。

三、各种流通加工方法与技术

(一) 木材的流通加工

1. 磨制木屑压缩输送

磨制木屑压缩输送是一种为了实现流通的加工。木材是容重轻的货物,在运输时占有相当大的容积,往往使车船满装但不能满载,同时,装车、捆扎也比较困难。从林区外送的原木中,有相当一部分用于制造纸材,一些国家采取在林木生产地就地将原木磨成木屑,然后采取压缩方法,使之成为容量较大、容易装运的形状,再运至靠近消费地的造纸厂,取得了较好的效果。根据一些国家的经验,采取这种办法比直接运送原木节约一半的运费。

2. 集中开木下料

在流通加工点将原木锯裁成各种规格锯材,同时将碎木、碎屑集中加工成各种规格板,甚至还可进行打眼、凿孔等初级加工。过去用户直接使用原木,不但加工复杂、加工场地大、加工设备多,而且更严重的是资源浪费大,木材平均利用率不到50%,平均出材率不到40%。实行集中下料,按用户要求供应规格料,可以使原木利用率提高到95%,出材率提高到72%左右,有相当大的经济效果。

(二) 生鲜食品的流通加工

1. 冷冻加工

为解决鲜肉、鲜鱼在流通中保鲜及搬运装卸的问题,可采取低温冻结方式的加工。这种方式也用于某些流体商品、药品等。

2. 分选加工

农副产品离散情况较大,为获得一定规格的产品,可采取人工或机械分选的方式加工。这种方式广泛用于果类、瓜类、谷物、棉毛原料等。

3. 精制加工

对农、牧、副、渔等产品,在其产地或销售地设置加工点,去除无用部分,甚至可以进行切分、洗净、分装等加工。这种加工不但大大方便了购买者,而且可对加工的淘汰物进行综合利用。例如,鱼类的精制加工所剔除的内脏可以制某些药物或制饲料,鱼鳞可以制高级黏合剂,头尾可以制鱼粉等;蔬菜的加工剩余物可以制饲料、肥料等。

4. 分装加工

许多生鲜食品零售起点较小,而为保证高效输送,出厂包装则较大,也有一些是采用集装运输方式运达销售地区。这样,为便于销售,在销售地区按所要求的零售起点进行新的包装,即大包装改小、散装改小包装、运输包装改销售包装,这种方式称为分装加工。

(三) 平板玻璃的流通加工

平板玻璃的"集中套裁,开片供应"是重要的流通加工方式。这种方式是在城镇中设立若干个玻璃套裁中心,负责按用户提供的图样统一套裁开片,为用户供应成品,用户可以将其直接安装在采光面上。在此基础上,可以逐步形成从工厂到套裁中心的稳定的、高效率的、大规模的平板玻璃"干线输送",以及从套裁中心到用户的小批量、多户头的"二次输送"这样一种现代物流模式。

(四) 煤炭等燃料的流通加工

1. 为管道输送煤浆进行的煤浆加工

煤炭的运输方法主要采用容器载运方法,运输中损失浪费较大,又容易发生火灾。采用管道运输,是近代兴起的一种先进技术水平,目前某些发达国家已开始投入运行,有些企业内部也采用这一方法进行燃料输送。

2. 配煤加工

在使用地区设置集中加工点,将各种煤及一些其他发热物质,按不同配方进行掺配加工生产出各种不同发热量的燃料,称为配煤加工。这种加工方式可以按需要发热量生产和供应燃料,防止热能浪费、"大材小用"的情况,也防止发热量过小,不能满足使用要求的情况出现。工业用煤经过配煤加工,还可以起到便于计量控制、稳定生产过程的作用,在经济及技术上都有价值。

3. 天然气、石油气的液化加工

由于气体输送、保存都比较困难,天然气及石油气往往只好就地使用,如果当地资源充足,使用不完,往往就地燃烧,造成浪费和污染。两气的输送可以采用管道,但因投资大、输送距离有限,也受到制约。在产出地将天然气或石油气压缩到临界压力之上,使之由气体变成液体,就可以用容器装运,使用时机动性也较强,这是目前采用较多的方式。

(五) 水泥的流通加工

在需要长途调入水泥的地区,变调入成品水泥为调进熟料这种半成品,在该地区的流通加工据点(粉碎工厂)粉碎,并根据当地资源和需要的情况掺入混合材料及外加剂,制成不同品种及标号的水泥,供应给当地用户,这是水泥流通加工的重要形式之一,在国外,采用这种物流形式已有一定的比重。

(六) 机械产品及零配件的流通加工

多年以来,自行车及机电设备储运困难较大,主要原因是不易进行包装,如进行防护包装,包装成本过大,并且运输装载困难,装载效率低,流通损失严重。但是,这些货物有

一个共同特点,即装配较简单,装配技术要求不高,主要功能已在生产中形成,装配后不需要进行复杂检测及调试,所以,为解决储运问题,降低储运费用,采用半成品(部件)高容量包装出厂,在消费地拆箱组装的方式,组装一般由流通部门进行,组装之后随即进行销售,这种流通加工方式近年来已在我国广泛采用。

(七)钢板剪板及下料加工

热轧钢板和钢带、热轧厚钢板等板材的最大交货长度可达 7~12m,有的是成卷交货,对于使用量不大的企业和多数中、小型企业来讲,单独设置剪板、下料的设备有设备闲置时间长、人员浪费大、不容易采用先进方法的缺点,钢板的剪板及下料加工可以有效地解决上述弊病。

剪板加工是在固定地点设置剪板机,下料加工是设置各种切割设备,将大规格钢板裁小,或切裁成毛坯运抵销售地点,便利用户。我国在北京大兴的某剪板厂,就是专门对进口卷板进行剪板加工,然后将小规格钢板进行销售的流通加工形式。和钢板的流通加工类似,还有圆钢、型钢、线材的集中下料,线材冷拉加工等。

(八)冷链系统和商品混凝土

冷链系统和商品混凝土是两种特殊的流通加工形式。一般的流通加工都是在物流节点上进行加工,而冷链系统和商品混凝土中的一种加工方式(不是全部商品混凝土),是在流通线路上,在流通设施运行的过程中进行加工,所以,这和一般的流通加工概念又有区别。

1. 冷链系统

冷链系统就是在物流过程中创造物流环境的温度条件进行控温或冷藏、冷冻的一种特殊的物流系统。冷链的"链"指的是"全过程",和一般冷藏物流系统相比较,特别强调一开始就进入所要求的温度环境之中,直到交给消费者为止。例如,水果从采摘之后开始,到送达最终消费者为止;肉类从屠宰冷却之后开始,直到交给消费者,全过程都在有效的温度环境控制之中。

2. 集中搅拌供应商品混凝土

改变以粉状水泥供给用户,由用户在建筑工地现制现拌混凝土的习惯使用方法,而将粉状水泥输送到使用地区的流通加工据点(集中搅拌混凝土工厂又称生混凝土工厂),在那里搅拌成生混凝土,然后供给各个工地或小型构件厂使用,这是水泥流通加工的另一种重要方式。它优于直接供应或购买水泥在工地现制混凝土的技术经济效果,因此,受到许多工业发达国家的重视。

四、流通加工合理化

流通加工属于在流通领域进行的简单生产活动,具有辅助加工的性质。从这个层面上来看,流通加工可以看作生产过程的"延续",也是生产本身或生产工艺在流通领域的"延续"。如前所述,流通加工可以维护产品质量、促进销售、提高物流效益,但是也应该看到,流通加工不合理就会适得其反,即产生负面的影响。这正是流通加工合理化问题提出的前提和必要性所在。

（一）流通加工不合理的形式

1. 流通加工地点设置不合理

流通加工地点设置（即布局状况）是否合理，是影响到整个流通加工效应的重要因素。

（1）衔接单品种大批量生产与多样化需求的流通加工地点设置不合理。为了衔接单品种大批量生产与多样化需求的流通加工，其加工地点一般应设置在靠近需求的地区，这样才有可能实现大批量的干线运输与多品种需求末端配送的物流优化。

如果将流通加工地点设置在生产地区，其不合理之处主要是：第一，多样化需求要求的多品种、小批量由产地向需求地的运输，将因距离太长而出现不合理；第二，在产地增加了一个加工环节，同时增加了短途运输、装卸、搬运等一系列物流活动，从而增加了物流成本。

（2）方便物流的流通加工地点设置不合理。一般来说，为了方便物流的流通加工，地点应该设置在产地。如果将其设置在需求地，则不能解决方便物流的问题，反而在流通中增加了一个中转环节，因此也是不合理的。

（3）小范围地域内流通加工的地点设置不合理。即使在产地或需求地设置流通加工的选址是合理的，但在小范围内选址如果不正确，仍然有可能出现地点设置不合理的问题。这种不合理的主要表现有：道路设施落后，交通不便；流通加工与生产企业或客户之间距离较远；投资过高（如地价过高）；环境不适宜（如扰民）等。

2. 流通加工方式选择不合理

流通加工的方式涉及对象、工艺、技术，以及加工程度等因素。流通加工方式的确定实际上是流通加工与生产加工的合理分工问题。

流通加工是生产加工过程的延续，但绝不是对生产加工的代替，应该也只能是对生产加工的补充和完善。因此，如果工艺复杂、技术装备要求较高，或者是加工可以由生产过程延续或容易解决的，都不应该再设置流通加工。

另外，从宏观上考虑，流通企业不能利用市场一时的压力迫使生产者变成初级加工或前期加工，而流通企业完成装配或最终形成产品的加工，与生产企业争夺效益较高的最终生产环节。总而言之，如果流通加工方式选择不合理，就会出现与生产企业夺利的现象，甚至有可能造成生产企业和流通企业两败俱伤的局面。

3. 流通加工效能不合理

如果流通加工过于简单，或者对生产、流通和消费者来说作用都不大，甚至盲目加工，不仅未能解决品种、规格、质量、包装等问题，未能发挥流通加工的效能，反而增加了不必要的环节，这也是流通加工不合理的表现。

4. 流通加工成本不合理

流通加工不仅可以维护产品的质量、促进销售、降低物流成本，还可以增加物流企业的收益。但是，如果流通加工成本过高，投入多产出少，流通加工就不可能存在，更谈不上发展了，流通加工的积极作用也就无从谈起。

（二）流通加工合理化的要求

要实现流通加工的合理化，就要避免上述不合理的流通加工现象，综合考虑流通加工与配送、运输、商流等之间的关系,使相关的各种要素实现有机的最优化的配置,最大限度地发挥流通加工的积极作用。

实现流通加工合理化,主要应从以下五个方面加以考虑。

1. 加工与配送相结合

加工与配送相结合是指将加工设置在配送地点(配送中心),这样既可以按照配送的需要及时进行加工,又可以使加工成为配送活动流程中与分货、拣货、配货密切相连的一环,保证经过加工的产品直接投入配货作业。

这样就可以使流通加工与配送有机地结合在一起,提高配送的服务水平。这种方式是流通加工合理化的重要方式之一,广泛应用于煤炭、水泥等产品的流通活动中。

2. 加工与配套相结合

加工与配套相结合是指对配套要求较高,而生产者不能完成全部配套的产品,由物流企业在流通过程中完成最后的产品配套工作的流通加工形式。这种形式可以有效地促进配套工作,从而提高流通作为连接生产与消费的桥梁与纽带的作用。

3. 加工与运输相结合

加工与运输相结合是指利用流通加工,实现干线运输与支线运输的有效衔接的流通加工形式。利用运输合理的要求,通过适当的流通加工,减少或避免干线运输转支线运输,或支线运输转干线运输过程中的停顿,可以大大提高运输及运输转载的水平。

4. 加工与商流相结合

加工与商流相结合是指从客户需要的角度出发,通过适当的流通加工(如钢板裁剪、原木开裁、改变包装量等)促进商品销售的流通加工形式。

5. 加工与节约相结合

加工与节约相结合是指在进行流通加工时要充分考虑节约问题,尽可能地节约能源、节约设备、节省人力、减少耗费等,从而有效提高流通加工的综合效益。

(三) 流通加工合理化的标准

流通加工是否合理,最终的判断标准是要看其是否实现了社会效益和企业自身效益的最优化。流通加工企业与生产企业的区别主要是,前者更要把社会效益放在首位(当然所有的企业都要注重社会效益),这是流通加工的性质决定的。如果流通加工企业为了追求自己的利益,不从宏观上考虑社会经济的需要,不适当地进行加工,甚至与生产企业争利,这就改变了流通加工的性质,或者其本身就不属于流通加工企业了。

案例讨论

零售业巨人的加工流通中心

零售业巨人"佳世客"(JUSCO)公司,又称"吉之岛",是销售额居日本第三位的大企业。佳世客的物流系统是由物流管理系统(软件)和物流基础设施(硬件)两大部分组成的,其功能主要有配送与中转功能、仓储功能、加工功能等。

佳世客从高速增长时期就建立了统一为店铺加工、供应食品的加工流通中心。其目的是为了减少每一个店铺的加工设备投资,提高商品加工的效率,如各种肉类、水产、熟食等食品都由这些加工中心统一加工、包装、标价、分货和配送。

佳世客直接和间接经营的综合超市店铺有258家。这些店铺分布在日本各地,大部分集中在首都圈、中部地区(名古屋周围地区)和京畿地区(大阪、京都地区)。各地店铺经营的食品,如蔬菜、肉类、豆腐等基本上是就地进货,服装、百货、家用电器等商品的供货单位大约80%集中在上述三个地区。佳世客的物流系统目前拥有6个具有加工、仓储功能的流通加工中心,在发展超市连锁经营的时候,一般在拥有三四个店铺时就要考虑建立具有配送功能的物流中心。当拥有30个店铺时,就要考虑建立加工流通中心。

佳世客在流通加工中心中,将采购来的蔬菜、肉等通过精选、清洗、剪切、烹饪等程序,实现了对商品的加工,不仅满足了消费者的需求,并且大大提高了商品的附加值,为企业带来增值效益。

(资料来源:佚名.佳世客赖以生存的土壤[EB/OL].2020-04-28.[2020-06-17]. http://wenku.baidu.com.)

讨论题:
(1)作为连锁零售企业,佳世客为什么要建立物流系统?
(2)佳世客建立的加工流通中心有哪些功能?

本章思考题

(1)包装的种类有哪些?
(2)装卸搬运合理化的原则是什么?
(3)为什么物流系统中包含流通加工?
(4)流通加工有几种主要类型?
(5)请观察生活中的商品,并举一例说明其包装是否合理,如不合理该如何改进?
(6)请举例说明生产加工与流通加工的区别。

实践课堂

一、课题项目

商品的搬运装卸。

二、实践目的

通过增加感性认识加深对本章讲述的内容的理解。

三、实践要求

通过参观一个物流配送中心,观察在物流中搬运装卸的实际操作。

四、实践环节

1. 实践场所选择

本市具有一定规模,物流机械化水平较高的配送中心。

2. 实践准备工作

复习本章有关内容,提出自己的问题,设计好参观目标。

3. 实践步骤

（1）该中心的物流规模。

（2）该中心主要的搬运装卸作业流程。

（3）该中心主要的搬运装卸设施。

（4）在搬运装卸中主要存在的困难和问题。

（5）该中心改善搬运装卸作业的有利条件和可行性。

五、实践结果

学生完成实践报告。

第七章

智慧物流

> ◆ 学习目标 ◆
> - 理解信息的概念和物流信息的定义,熟悉主要的物流应用技术。
> - 了解物流管理信息系统的主要组成。
> - 掌握目前物流企业主要使用的几种物流信息技术。
> - 理解供应链管理的组织架构模型,掌握供应链构建设计策略。
> - 了解物联网与物流的关系,以及物联网相关的应用技术。

【引导案例】

工业互联网环境下的供应链协同服务

爱姆意云商是一个专注于工业品交易的第三方互联网平台,提供包括一站式工业品采购、全渠道分销管控、供应链金融服务、个性化定制服务等方面的互联网服务,支持制造业企业实现"互联网+集中采购"和"互联网+渠道分销",帮助制造业上下游的企业之间实现互联网的链接,提高产业协同效率,降低供应链成本,提升企业应对市场变化的速度,推动传统工业制造业的"互联网+"转型,构筑制造业企业的供应链竞争优势。

爱姆意云商通过互联网的创新模式,为制造业企业提供采购和分销的SaaS化云平台,把企业上下游间供应链信息流、资金流、物流数字化、网络化,做到可管理、可统计、可分析、可追溯。目前,365me服务的客户既有国内著名的制造企业,又有外资500强的制造业企业,拥有振华重工、中船重工、上海电气、德国汉高、法国海格曼等一批在行业内具有较高知名度的核心企业客户。

平台通过"互联网+供应链",探索建立高效、阳光的工业品流通新模式,推动上海乃至于中国制造业的转型升级。

1. 供需有效对接

企业为了保证生产的连续与持续性,确保生产供应稳定,希望拥有充足的库存;另一方面,为了追求尽可能大的利润空间,希望尽可能快的资金流动,不希望有任何形式的库存。如何在二者中找到一个平衡点至关重要,互联网化背景下的供应与需求对接使其成了现实。

2. 实现社会库存产品资源共享

对产品制造商提供了快速进入市场的渠道,提供高效、便捷、低成本、低风险、高可控性的商务模式,使制造商具备对库存产品资源的集中管理、合理配备和对物权的绝对控制和调度的能力与手段;具备对产品的价格在应对市场变化时拥有统一而有效的调控手段和能力;具备了借助互联网的应用而建立起具有无限扩展前景的产品分销体系的条件;实现了社会库存产品资源的共享。

3. 实现零库存管控模式

(1) 为行业内的分销商、经销商提供了高效、低成本、低风险的销售商务模式;实现分销商零库存,避免了库存积压或沉淀而造成的损失;实现了对庞大的社会库存产品资源的享用。

(2) 供应商库存服务。大多制造企业备件品种多、采购批量小、消耗低且无规律,大部分备件从市场上众多零售商处采购,造成备件质量无法保证,严重影响企业的正常生产。

通过平台认证的集成服务商提供的供应商库存服务能够帮助客户实现真正的JIT库存管理,提高供货速度,减少缺货发生,降低企业的库存。

4. 实现制造商系统与平台的对接

提供第三方平台与制造企业ERP系统的无缝对接,实现信息实时传输和共享,提高自动化操作效率,深化制造企业的信息化应用。

5. 实现第三方物流商进入平台服务

通过集聚区域性的制造商入驻平台,带动区域范围内的集成服务商及物流商提供定向的仓储物流服务,直接对接用户与物流商,使社会物流资源得到最大可利用。

6. 物流过程全程可视化

用户可登录平台查看订单配送情况,对于订单执行进度更有掌控感,实现线下服务于线上展示的O2O融合,打破传统工业品流通行业物流信息闭塞、流程不透明的现状,实现物流过程全程可视化。

(资料来源:工业互联网环境下的供应链协同服务[EB/OL].2020-06-12.[2020-06-18]. http://www.chinawuliu.com.cn.)

案例导学

爱姆意作为生产性服务业的代表企业,针对制造业流通领域打造的第三方工业电子商务平台,通过"互联网＋供应链服务",探索建立高效、阳光、低成本的工业品流通新模式,实现产业化和信息化的融合,推动制造业的转型升级。不仅提供制造企业供应链交易的网络协同平台,同时也是为供应链提供端到端服务的网络协同平台,协助企业解决传统制造业工业互联、网络协同的需求,更专业、更可靠、更安全、更快速、更节约。

第一节 物流信息

一、物流信息概述

(一) 定义

中华人民共和国国家标准《物流术语》中关于物流信息的定义为:反映物流各种活动内容的知识、资料、图像、数据、文件的总称。物流信息是伴随物流活动产生的,在运输、仓储、配送、流通加工、包装、搬运等环节都会产生大量的信息,而这些信息又对物流活动的正常运作提供了支撑。

在现代物流中,物流的效率依赖于信息沟通的效率。物流企业可以通过信息为客户提供信息服务,畅通、准确、及时的信息从根本上保证物流的高质量和高效率。因此在整个物流系统中,物流信息起着神经系统的作用。

(二) 物流信息的功能

1. 交易功能

交易活动包括记录订货内容、安排存货任务、作业程序选择、装船、运价、收费以及客户查询等。

2. 管理功能

物流服务水平的高低和质量,在很大程度上依靠信息进行控制。建立完善的考核指标体系对作业计划和绩效进行评价和鉴别,是物流信息的一项重要功能。

3. 分析功能

物流信息可用来协助管理人员鉴别、评估和比较物流作业的水平高低,是管理人员事后对物流作业进行分析的重要手段,是对物流计划进行不断修正和改进的根据之一。

4. 战略功能

物流信息的重要性还体现在对高层管理人员在战略决策上的帮助上。物流信息来自于物流活动,经过提炼和挖掘所反映出的信息对物流管理决策往往具有重大的意义,是高层管理者进行战略方案选择时的重要参考。

二、物流信息的种类

(一) 根据物流的功能划分

物流活动的基本要素包括运输、仓储与保管、装卸搬运、包装、配送、流通加工等,其中每个环节都产生大量的信息,同时也需要大量的信息支持。如运输中的里程、运价等,仓储中的库存信息等。

(二) 根据物流信息的来源划分

1. 物流系统内部信息

物流系统内部信息主要是指伴随着物流活动而产生的信息,如采购的数量、供应商的资料等采购信息,下游经销商的订货量、订货时间等销售信息。这些信息量非常大,并以网络式传递,如图 7-1 所示。

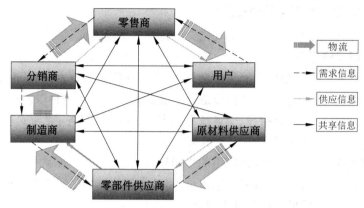

图 7-1　物流信息传递模型

2. 物流系统外部信息

物流系统外部信息是指物流活动之外,但是对物流活动能够产生影响的信息,如国家产业发展政策、物流人才培养等宏观信息,甚至天气和道路交通情况等具体的微观信息等。

(三) 根据物流信息的层次划分

1. 操作管理信息

操作管理信息主要是指由具体作业层面产生和运用的信息,如运输中车辆的调度管理、仓库的出入库信息等。

2. 一般行业信息

一般行业信息是指行业规定、技术以及行业内的信息,如竞争对手的信息、国家的规定和政策的变化等。

3. 决策管理信息

决策管理信息是指通过信息技术整理得出的具有决策参考价值的重大信息,如公司的经营数据,包括财务信息在内的机密数据,它们是高层进行战略决策的依据之一,只有高层管理人员才可以看到。

三、物流信息的地位和作用

物流信息是物流系统的功能要素之一,其地位与作用表现在以下几个方面。

(一) 物流信息是物流系统整体的中枢神经

物流系统是一个有自身运动规律的有机整体。物流信息经收集、加工、处理,成为系统决策的依据,对整个物流活动起着运筹、指挥和协调的作用。如果信息失误,则运筹、指挥活动便会失误。

(二) 物流信息是物流系统变革的决定性因素

物流是国民经济的服务性系统,社会经济秩序的变革必将要求现有的物流系统结构、秩序随之变革。物流信息化既是这种变革的动力,也是这种变革的实质内容。物流信息系统是把各种物流活动与某个一体化过程连接在一起的通道。

(三) 运输信息系统对运输的促进作用

信息化、智能化已经成为21世纪现代交通运输发展的方向。

1. 智能交通运输系统

智能交通运输系统是指综合利用信息技术、数据通信传输技术、电子控制技术以及计算机处理技术对传统的运输系统进行改造而形成的新型系统。这种以信息技术为基础的交通软件系统，包括交通监视指挥、交通疏导控制、交通信息服务、交通安全报警、交通事故勘查、交通电子收费等子系统。

2. 信息技术在智能交通运输系统中的作用

交通运输业的能源消耗是其主要支出成本，从发达国家的经验来看，利用信息技术提高交通运输业的效率，降低成本非常重要。

(四) 库存信息提升库存管理水平

要使库存既能保证生产的稳定性、连续性，提高用户服务水平，又能使库存量维持在最低限度、降低成本水平，就需要有效的库存管理，而有效的库存管理要靠畅通的信息流作为支撑。

第二节 物流信息技术

现代信息技术的快速发展在物流的各个环节都有广泛的应用，这也是现代物流发展的重要标志之一。物流信息技术主要包括：条码技术、电子数据交换(EDI)、地理信息系统(GIS)、全球定位系统(GPS)、射频识别(RFID)等。

一、条码技术

(一) 条码的概念

条码技术是在计算机应用中产生和发展起来的一种广泛应用于商业、邮政、图书管理、仓储、工业生产过程控制、交通运输、包装、配送等领域的自动识别技术。它最早出现在20世纪40年代，是"由一组规则排列的条、空及其对应字符组成的，用以表示一定信息的标识。"

条码自动识别系统由条码标签、条码生成设备、条码识读器和计算机组成。

条码由信息系统控制打印生成，主要有以下几个方面的优点。

(1) 录入速度快。条码可以瞬间录入数据，比键盘的录入速度大大提高，解决了快速输入数据的问题，在零售业得到广泛应用。

(2) 可靠性高。利用条码技术进行数据录入的出错率低于百万分之一，比键盘录入或其他人工方式的录入要可靠得多。

(3) 简单实用。条码标签制作简单，对设备和材料没有特殊要求，识别设备操作简单。

（4）采集信息量大。传统的一维条码一次可采集几十位字符的信息，二维条码更可以携带数千个字符的信息，并有一定的自动纠错能力。

条码的缺点主要表现在有时不能被读取，特别是条码在不平整或污损的情况下。

（二）条码的构成

一个完整的条码由两侧的静区、起始字符、数据字符、校验字符和终止字符组成，如图 7-2 所示。

| 静区 | 起始字符 | 数据字符 | 校验字符 | 终止字符 | 静区 |

图 7-2　条码的结构示意图

（1）静区：通常为白色，位于条码的两侧，其作用是提示阅读器准备扫描条码符号。

（2）起始字符：条码符号的第一位字符是起始字符，它的特殊条、空结构用于识别一个条码符号的开始。阅读器首先确认此字符的存在，然后处理由扫描器获得的一系列脉冲。

（3）数据字符：由条码字符组成，用于代表一定的原始数据信息。

（4）校验字符：在条码制中定义了校验字符。有些码制的校验字符是必需的，有些码制的校验字符则是可选的。校验字符是通过对数据字符进行一种算术运算而确定的。当符号中的各字符被解码时，译码器将对其进行同一种算术运算，并将结果与校验字符比较。当二者一致时，说明读入的信息有效。

（5）终止字符：条码符号的最后一位字符是终止字符，它的特殊条、空结构用于识别一个条码符号的结束。阅读器识别终止字符，便可知道条码符号已经扫描完毕。

起始字符、终止字符的条、空结构通常是不对称的二进制序列。这一非对称允许扫描器进行双向扫描。当条码符号被反向扫描时，阅读器会在进行校验计算和传送信息前把条码各字符重新排列为正确的顺序。

（三）条码的类别

条码有很多种类，按照条码的维数可以分为一维条码、二维条码和多维条码。

常用的条码

一维的条码目前最为常用，主要有 EAN 码、39 码、交叉 25 码、UPC 码、128 码、93 码等，其中 EAN 码主要用于商品识别，是国际通用的符号体系。

1 普通的一维条码

普通的一维条码自问世以来，很快得到了广泛应用。然而由于一维条码的信息容量相对较小，如商品上的条码仅能容纳 13 位阿拉伯数字，更多的商品信息只能依赖数据库的支持，离开了预先建立的数据库，这种条码对信息的代表作用就显得有所不足。

下面简要介绍一维条码中最常用的 EAN 条码。

EAN 条码有两种类型，EAN-13 码表示 13 位数据，即由 13 位数据组成，是国际商品编码协会在全球推广应用的一种商品条码；EAN-8 码则表示 8 位数据。

EAN-13 条码按功能结构主要由以下几部分组成：前两位（或三位数）为国家代码，表示此产品生产的国家或地区，接着的 5 位数代表制造商；再接下去的 5 位数代表此产品的代码，用以确认此产品的特征、属性等，由厂商自行编码；最后一位是校验码，用以校验厂商识别、商品项目代号的正确性，如图 7-3 所示。例如，我国的代码为 690～692，日本的代码为 49，澳大利亚的代码为 93 等。

2. 二维条码

二维条码除了具有普通一维条码的优点外，还具有信息容量大、可靠性高、保密防伪性强、易于制作、成本低等优点。

美国符号科技（Symbol Technologies, Inc.）公司于 1991 年正式推出名为 PDF417 的二维条码，简称 PDF417 条码，即"便携式数据文件"，如图 7-4 所示。

图 7-3　EAN-13 条码示例图　　　　图 7-4　PDF417 条码

拓展知识

PDF417 条码

PDF417 条码是一种高密度、高信息含量的便携式数据文件，是实现证件及卡片等大容量、高可靠性信息自动储存、携带并可用机器自动识读的理想手段。

PDF417 条码具有以下特点：信息容量大，比普通条码信息容量高几十倍；编码范围广，可数字化的信息有照片、指纹、掌纹、签字、声音、文字等；保密、防伪性能好；译码可靠性高；制作成本低；条码形状可以改变。

二维条码作为一种新的信息储存技术，现已广泛应用在国防、公共安全、交通运输、医疗、工业、商业、政府等领域。很多国家的驾驶证、医疗证及护照都采用了这种技术。二维条码将来会有广泛的应用前景。

（四）条码的识读设备

条码由专门的条码打印机打印制作，由条码扫描仪识读条码信息，在配送中心内，一般采用有线或无线条码扫描器，如图 7-5 所示。

图 7-5　条码扫描器

拓展知识

条码的识读过程

条码的识读过程是由从识读器光源发出的光线照射到条码符号上面,反射回来的光经过光学系统成像在光电转换器上,产生电信号,信号经过电路放大以后产生模拟电压,该电压与反射回来的光的强度成正比,产生与模拟型号对应的方波信号,经过译码器解释为计算机可以直接接受的数字信号。

常见的条码识读设备有掌上型条码扫描仪、便携式条码识读器、光笔式条码识读器、台式条码扫描仪、激光自动识读器等几种。其中,便携式条码识读器带有键盘、显示屏、声响指示等,这种识读装置具有用户编程功能,可以脱机单独使用,便于流动采集资料,特别适合像仓库盘点这样的流动性作业采集资料。数据采集以后暂存在自带的内存中,一定时间以后再转移到计算机中。

二、电子数据交换

(一)电子数据交换的概念

电子数据交换(electronic data interchange,EDI)产生于20世纪60年代,EDI的含义是指"按照标准化的格式,利用计算机的网络进行业务数据的传输和处理"。EDI是商业贸易的一种工具,它将商业文件如订单、发票、装箱单、运单、报关单等单据按照统一的标准化的格式编制成计算机能识别和处理的格式,在计算机之间进行传输。

EDI具有以下特点。

(1) EDI是企业之间传输商业文件数据的一种形式,EDI的使用对象是有经常性业务联系的单位。

(2) EDI所传送的资料是一般业务资料,如发票、订单等,而不是指一般性的通知。

(3) 传输的文件数据采用共同的标准且具有固定格式,如联合国EDI FACT标准,这也是与一般E-mail的区别。

(4) 通过数据通信网络(一般是增值网和专用网)来传输,由收送双方的计算机系统直接传送、交换资料,尽量避免人工的介入操作。

(5) EDI与传真或电子邮件的区别表现在:后者需要人工的阅读判断处理才能进入计算机系统,需要人工将资料重复输入计算机系统中,浪费人力资源,也容易发生错误。

(二)EDI的优势和局限性

EDI的优势主要在于节省时间、提高质量和降低成本。在节省时间方面,EDI相对于人工传送的传送时间已经明显缩短,并且由于不需要人工的干预,因此也降低了成本,同时避免了因人工接收而产生的错误,提高了质量。

企业要实现传统的EDI,商业伙伴必须采取以下步骤:达成称为商业合作的某种协议;选取某种增值网;然后,商业伙伴订购或自己编写客户软件,对双方所使用的两种数据集合的格式进行映射;每当有新的商业伙伴加入时,都要编写新的软件,以便将发送方的数据集合翻译成接收方所能识别的格式。当一个新的商业伙伴加入时,上述步骤都要从头做起。

三、地理信息系统

（一）地理信息系统的概念

地理信息系统（geographical informational system，GIS）是由"计算机软硬件环境、地理空间数据、系统维护和使用人员四部分组成的空间信息系统，可对整个或部分地球表层（包括大气层）空间中有关地理分布数据进行采集、储存、管理、运算、分析显示和描述"。

GIS 是融计算机图形学和数据库技术于一体，用来储存和处理空间信息的高新技术，它把地理位置和相关属性有机地结合起来，根据用户的需要将空间信息及其属性信息准确真实、图文并茂地输出给用户，以满足城市建设、企业管理、居民生活对空间信息的要求，借助其独有的空间分析功能和可视化表达功能，进行各种辅助决策。

（二）GIS 的作用

GIS 应用于物流分析，主要是指利用 GIS 强大的地理资料功能来完善物流分析技术。

1. 设施定位模型

将 GIS 应用于物流网络模型分析，可以解决诸如：根据供求的实际需要并结合经济效益等原则，在既定区域内设立多少个仓库、每个仓库的位置、每个仓库的规模，以及仓库之间的物流关系等问题。

2. 网络物流模型

网络物流模型解决物流网点布局的问题。如将货物从 M 个仓库运往 N 个商店，每个商店都有固定需求量，因此需要确定由哪个仓库提货送到哪个商店所耗的运输代价最小。此为寻求最有效的分配货物路径问题。

3. 车辆路线模型

车辆路线模型用于解决一个起始点、多个终点的货物运输中如何降低物流作业费用，并保证服务质量的问题，包括决定使用多少辆车、每辆车的路线等。

4. 分配集合模型

分配集合模型可以根据各个要素的相似点把同一层上的所有或部分要素分为几个组，用以解决确定服务范围和销售市场范围等问题。如某一公司要设立 Y 个分销点，要求这些分销点要覆盖某一个地区，而且要使每个分销点的顾客数目大致相等。

四、全球定位系统

（一）全球定位系统的概念

全球定位系统（global positioning system，GPS）是由美国建设和控制的一组卫星所组成的，24 小时提供高精度的全球范围的定位和导航信息的系统。

> **小贴士**
>
> GPS 是 20 世纪 70 年代由美国陆、海、空三军联合研制的新一代空间卫星导航定位系统。其主要目的是为陆、海、空三大领域提供实时、全天候和全球性的导航服务。

GPS 由空间部分、地面监控系统和用户接收系统三部分组成。

1. 空间部分

由 24 颗卫星均匀分布在 6 条轨道面上组成空间卫星网,其中有 3 颗备用工作卫星,每条轨道面与地球赤道面的交角是 55°,轨道高度为 20 183 千米左右,运行周期约为 12 小时(717.88 分钟),发射频率为 1575.42 兆赫(L1 波段)和 1227.60 兆赫(L2 波段)。

全球各地用户随时可见 4 颗以上的卫星,捕获星上发出的距离码,并计算出自己的位置。卫星上有准确的时钟,可同时用于定时和时间同步。

2. 地面监控系统

地面监控系统由主控站、监测站、地面跟踪站组成。工作过程为:监测站负责接收卫星发播的信号,并将数据传送到主控站;主控站通过大型数据处理计算机,计算出每颗卫星的轨道和卫星改正值、卫星星历和钟差等;经过处理的数据由主控站传到地面跟踪站,每天发送给卫星一次。

3. 用户接收系统

用户接收机的功能是接收卫星发播的信号,并据此求得距离观测量和导航电文,计算出接收机的位置及速度。

GPS 的主要特点如下:全天候、全球覆盖、三维定速定时高精度、快速省时高效率以及应用广泛。

(二) GPS 的功能

GPS 融合了目前国际上最先进的信息技术和高科技成果,安装了网络 GPS 的车辆将会实现许多功能。

1. 实时监控功能

系统可以在任意时刻发出指令,查询安装了 GPS 的运输车辆所在的地理位置(经度、纬度、速度等信息),并在电子地图上直观地显示出来;车辆出车后就可立即掌握其行踪,若有不正常的偏离、停滞与超速等异常现象发生时,网络 GPS 工作站显示屏能立即显示并发出警告信号,并可迅速查询纠正,避免危及人、车以及货物安全的情况发生;货主可登录查询货物运送状况,实时了解货物的动态信息,真正做到让客户放心。

2. 双向通信功能

GPS 的用户可使用 GSM 的语音功能与司机进行通话,或使用安装在车辆上的移动设备的汉字液晶显示终端进行汉字消息收发对话,从而实现动态调度功能,进行科学调度,提高实载率,尽量减少空车时间和空车距离,充分利用运输车辆的运能。

3. 数据分析功能

用户可事先规划车辆的运行路线、运行区域、何时应该到达什么地方等,并将该信息记录在数据库中,以备随后查询、分析使用,进一步优化路线。管理人员可随时调出车辆以前的工作资料,并可根据各部门的不同要求制作形式不同的报表,使各管理部门能更快速、更准确地做出判断。

(三) 全球定位系统的应用

全球定位系统包括 GPS、北斗卫星导航等。GPS 在物流中的应用,主要是由 GPS 与电子地图、无线电通信网络及计算机车辆管理信息系统相结合组成的导航系统,它可以实现车辆跟踪和交通管理等许多功能,如图 7-6 所示。

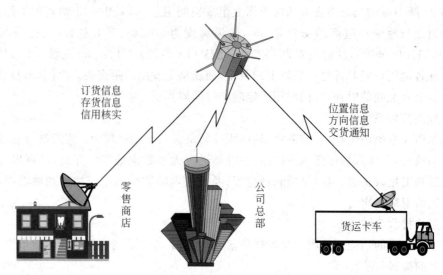

图 7-6 物流卫星通信系统

1. 车辆跟踪

利用 GPS 和电子地图可以实时显示出车辆的实际位置,并任意放大、缩小、还原、换图,使目标始终保持在屏幕上;还可实现多窗口、多车辆、多屏幕同时跟踪,利用该功能可对重要车辆和货物进行跟踪运输。

2. 提供出行路线的规划和导航

规划出行路线是汽车导航系统的一项重要辅助功能,如自动线路规划,由驾驶员确定起点和终点,由计算机软件按照要求自动设计最佳行驶路线,包括最快的路线、最简单的路线、通过高速公路路段次数最少的路线等;人工线路设计,由驾驶员根据自己的目的地设计起点、终点和途经点等,自动建立线路库。

3. 信息查询

为用户提供主要目标,如旅游景点、宾馆、医院等数据库,用户能够在电子地图上根据需要进行查询。查询资料可以文字、语言及图像的形式显示,并在电子地图上显示其位置。同时,监测中心可以利用监测控制台对区域内任意目标的所在位置进行查询,车辆信息将以数字形式在控制中心的电子地图上显示出来。

4. 话务指挥

指挥中心可以监测区域内车辆的运行状况,对被监控车辆进行合理调度。指挥中心也可随时与被跟踪目标通话,实行管理。

5. 紧急援助

通过 GPS 定位和监控管理系统可以对遇有险情或发生事故的车辆进行紧急援助。监控台的电子地图可显示求助信息和报警目标,规划出最优援助方案,并以报警声、光提醒值班人员进行应急处理。

北斗卫星导航系统是我国自行研制的全球卫星定位与通信系统(BDS),是继美国全球定位系统(GPS)和俄罗斯的 GLONASS 之后第三个成熟的卫星导航系统。北斗系统由空间端、地面端和用户端组成,可在全球范围内全天候、全天时为各类用户提供高精度、高可靠定位、导航、授时服务,并具短报文通信能力,已经初步具备区域导航、定位,定位精度优于 20 米。

目前多地都将北斗应用于物流业中,随着北斗的全面爆发,北斗与物流业的融合加快了构建智慧物流的步伐,全方位满足现代消费者的需求,使消费者享受到好产品、好价格、好服务、好体验。同时,也可以帮助物流企业大幅提高运营效率,北斗定位设备在物流行业中的应用主要包含对车辆、货物的监管,一方面,通过给物流车辆安装北斗 GPS 车载定位器,采集车辆实时位置、行驶轨迹、速度、停留时间等;另一方面,通过放置货物追踪器,采集货物位置、运输路线、温湿度等信息,确保货物安全准时送达,并对关键装卸、出入库等物流节点进行电子围栏设置,结合物流管理平台/APP,实现对货运车辆的远程监管,为客户提供实时位置查看的增值服务,货物运输途中更加放心。此外,通过数据报表,还可对车辆状况、物流路线、货物状况进行分析,提高物流管理效率,管控成本,让信息更加透明。

如近年来逐步在物流车辆上安装北斗设备,包含货车、挂车等多个车型,结合自身的物流大数据,进行了物流智慧管理。通过对车辆速度和路线的实时监控,保障驾驶安全;结合北斗卫星导航系统的地理位置数据,进行数据分析和挖掘,定制了仓储和站点急需上门接货的位置信息,定制服务线路,提高物流效率,管控成本,也让信息更透明,让查看物流信息的买家看到最便捷的配送路线。

2020 年 6 月 17 日,亚洲首个全流程智能柔性生产物流园——京东物流北斗新仓建成投用,该仓库位于天津市武清区,在软件、硬件及模式创新等方面拥有 100% 的自主知识产权。这是继亚洲一号智能仓库、地狼仓、天狼仓、全流程无人仓之后,电商行业新一代先进的大规模自动化仓储生产与管理体系。

五、射频识别

(一)射频识别的概念

射频识别(radio frequency identification,RFID)是指通过射频信号识别目标对象并获取相关数据信息的一种非接触式的自动识别技术。RFID 是出现于 20 世纪 80 年代,随后逐渐走向成熟的一项自动识别技术。

自动识别技术的目的是提供关于个人、动物、货物和商品的相关信息。与之相关的识别技术还有条码识别、语音识别、生物计数测量法识别、IC 卡识别等,各识别技术的主要特点对比如表 7-1 所示。

表 7-1 各识别技术的主要特点对比

系 统 参 数	条码识别	光学符号识别	语音识别	生物计数测量法识别	IC 卡识别	RFID
典型的数据量/字节	1~100	1~100	—	—	—	—
数据密度	小	小	大	大	很大	很大

续表

系统参数	条码识别	光学符号识别	语音识别	生物计数测量法识别	IC卡识别	RFID
机器阅读的可读性	好	好	费时间	费时间	好	好
个人阅读的可读性	受制约	简单容易	简单容易	困难	不可能	不可能
受污染/潮湿影响	很严重	很严重	—	—	可能(接触)	没有影响
受光遮盖影响	全部失效	全部失效	—	可能	—	没有影响
受方向和位置影响	很小	很小	—	—	一个插入方向	没有影响
用坏/磨损	有条件	有条件	—	—	接触	没有影响
购置费/电子阅读设备	很少	一般	很高	很高	很少	一般
工作费用(例如:打印机)	很少	很少	无	无	一般(接触)	无
未经准许的复制/修改	容易	容易	可能	不可能	不可能	不可能
阅读速度(包括数据载体的使用)	低	低	很低	很低	低	很快
数据载体与阅读器之间的最大距离	0~50cm	<1cm(扫描器)	0~50cm	直接接触	直接接触	0~5m 微波

(二)射频识别系统的组成与功能

射频识别系统(radio frequency identification system,RFID System)是指由射频标签、识读器、计算机网络和应用程序组成的自动识别和数据采集系统。

1. 射频标签

标签(tag)相当于条码技术中的条码符号,用来储存需要识别传输的信息。

2. 识读器

识读器有时也称为阅读器或银号接收机。识读器的基本功能就是提供与标签进行数据传输的途径。同时,识读器还提供相当复杂的信号状态控制、奇偶错误校验与更正功能等。识别数据信息和附加信息按照一定的结构编制在一起,并按照特定的顺序向外发送。

3. 天线

天线是标签与识读器之间传输数据的发射、接收装置。在实际应用中,系统功率、天线的形状和相对位置都会影响到数据的发射和接收,需要专业人员对系统的天线进行设计和安装。

(三)RFID在物流中的应用

从采购、储存、生产制造、包装、装卸、运输、流通加工、配送、销售到服务诸环节,是供应链上环环相扣的流程。在供应链的每个部分,企业必须实时地、精确地掌握整个供应链上的商流、物流、信息流和资金流的流向和变化,使这四种流以及各个环节、各个流程都协调一致、相互配合,才能发挥其最大经济效益和社会效益。

然而,由于实际物体的移动过程中各个环节都是处于动态之中,信息和方向常常不断变化,影响了信息的可获性和共享性,而RFID正好可以解决这些难题。

第三节 物流管理信息系统

一、物流管理信息系统的概念

物流管理信息系统是"由计算机软硬件、网络通信设备及其他办公设备组成的,服务于物流作业、管理、决策等方面的应用系统"。

从本质上讲,物流管理信息系统是利用信息技术,通过信息流将各种物流活动连接成一个整体。通过对物流中的各种信息进行实时、集中、统一管理,使物流、资金流和信息流协调运行,保证企业的正常运转。因此,物流管理信息系统是企业信息系统的基础,是企业信息化的基础,物流活动必须以信息为基础。

二、物流管理信息系统的基本要素和目标

(一)物流管理信息系统的基本要素

物流管理信息系统是企业管理信息系统的一个子系统,和一般信息管理系统一样,系统的主要结构包括信息输入、数据库管理和输出。

1. 信息输入

输入的信息可能来自多个方面,如公司运营记录、客户信息、公开的数据和公司的相关规定等。对于不同类型的企业,输入的信息可能又有所不同。如生产企业的物流信息管理系统中,输入的信息有原材料的采购、生产的状况以及销售的信息等;而作为第三方物流的管理信息系统,其主要的数据有订单处理、仓储配送管理和结算处理等。

2. 数据库管理

对数据库的管理涉及选择数据的储存、检索,选择所使用的分析方法,以及选择将采用的基本数据加工方法。数据处理是信息系统最基本的特性。当人们最早将计算机引进商业时,其目的在于减少那些重复且工作量巨大的工作,如计算发票并编制会计记录。

3. 输出

输出部分是物流信息系统中最重要的要素,也是用户与系统接触的界面。输出通常有多种类型,并以多种形式传输。最常见的输出类型就是一定形式的报告,或是单据,也可能是一些决策所需要的分析结果。管理人员根据管理信息系统的输出数据做出科学决策,提高企业的竞争优势,为组织创造新的价值。

(二)物流管理信息系统的目标

物流管理信息系统的总体目标就在于从企业的商流和由商流引发的物流中提取与物流相关的信息,进行储存、处理、汇总、分析和流程控制,从而得到经过提炼的、物流企业所需要的信息,一方面服务于物流企业自身的经营管理需要;另一方面服务于客户的需要。

三、物流管理信息系统的功能

物流管理信息系统所包含的功能往往受企业的管理思想和理念的影响,同时也受到

企业管理方式与业务模式的制约,其一般功能如图 7-7 所示。

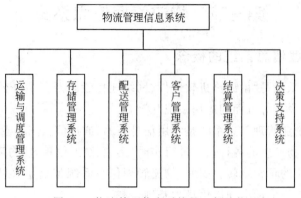

图 7-7　物流管理信息系统的一般功能

(一) 运输与调度管理系统

运输与调度管理系统包括运输任务的生成,如装运单、运单的制作,条码的制作等;运输过程的管理,如信息的查询、车辆的定位、货物的签收情况等;费用结算的管理,如对每一票业务的结算报表制作,以及收费状态的处理。

(二) 储存管理系统

储存管理系统包括采购计划的制订、查询和打印报表;采购合同的管理,如合同录入、合同生成、合同查询、合同审核等;出入库管理,如出入库的单据录入、查询、修改、调整以及统计报表的打印输出等。

(三) 配送管理系统

按照即时配送(JIT)原则,可以满足生产企业按照合理库存生产的原材料配送管理,满足商业企业小批量多品种的连锁配送管理,满足共同配送和多级配送管理;支持在多供应商和多购买商之间的精确、快捷、高效的配送模式;支持大容量并发配送模式;支持多种运输方式;结合先进的条码技术、GPS/GIS 技术和电子商务技术,实现智能化配送。

(四) 客户管理系统

通过对客户资料的收集、分类、存档、检索和管理,全面掌握不同客户群体的客户性质、客户需求、客户信用等信息,为客户提供最佳服务,如解决方案、价格、市场、信息等各种服务内容,及时处理客户在合作中遇到的各类问题,妥善解决客户合作中发生的问题,培养长期的忠诚的客户群体。

客户管理系统包括客户登录管理、客户资料管理、会员管理、客户身份验证、客户查询等功能模块。

(五) 结算管理系统

对企业所有的物流服务项目实现价格集中管理,包括多种模式的仓储费用、运输费用、装卸费用、配送费用、货代费用、报关费用、三检费用、行政费用、办公费用等的计算,根据规范的合同文本、货币标准、收费标准自动产生结算凭证,为客户以及物流企业(仓储、配送中心、运输等企业)的自动结算提供完整的结算方式。

(六)决策支持系统

及时地掌握商流、物流、资金流和信息流所产生的信息并加以科学的利用,在数据仓库技术、运筹学模型的基础上,通过数据挖掘工具对历史数据进行多角度、立体的分析,实现对企业中的人力、物力、财力、客户、市场、信息等各种资源的综合管理,为决策者提供分析问题、建立模型、模拟决策过程和方案的环境,调用各种信息资源和分析工具,帮助决策者提高决策水平和质量。

图 7-8 所示为中海物流企业的物流信息系统模型示意图;图 7-9 所示为该企业的信息平台架构示意图。

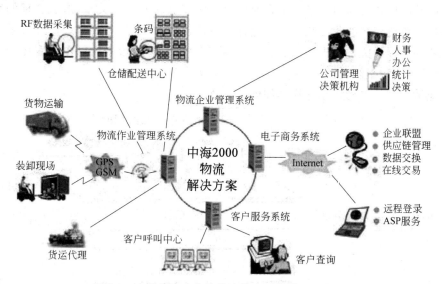

图 7-8 中海物流企业的物流信息系统模型示意图

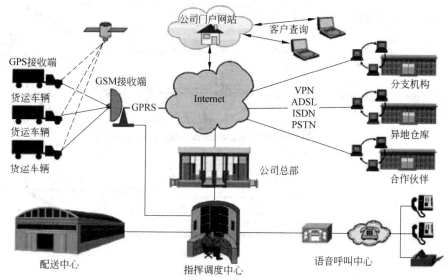

图 7-9 中海物流企业的信息平台架构示意图

第四节 供应链的构建与优化

一、供应链构建的体系框架

供应链构建包括供应链管理组织机制的建立、管理流程的设计与优化、物流网络的建立、合作伙伴的选择、信息支持体系的选择等诸多内容。供应链构建是一个庞大而复杂的工程,也是十分重要的管理内容。

(一)供应链管理的组织架构模型

供应链的构建必须同时考虑本企业和合作伙伴之间的管理关系,形成合理的组织关系以支持整个供应链的业务流程。在进行供应链设计时,首先需要考虑的内容就是供应链上企业的主客体关系。根据核心企业在供应链中的作用,恰当设计出主客体的权利与义务。其次,完整组织设计,支持主客体关系的运作。

供应链管理体系构建总体模型如图 7-10 所示。

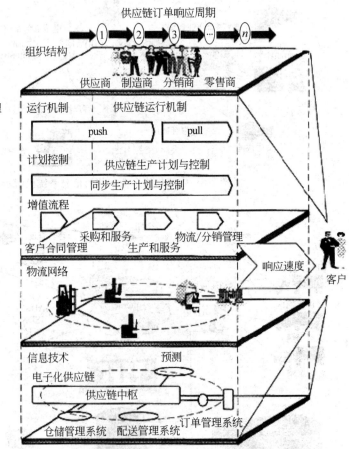

图 7-10 供应链管理体系构建总体模型

（二）供应链管理的组织管理

1. 供应链环境下的运作内容

供应链能够取得单个企业所无法达到的效益，其关键之一在于它动员和协调了整个产品设计、制造与销售过程的资源。但并不是只要将所有企业"捏合"到一起就可以达到这一目标。

其中核心问题就是能否将所有企业的生产过程实现同步运作，最大限度地减少由于不协调而生产的停顿、等待、过量生产或者缺货等方面的问题。因此，供应链构建的问题之一是如何构造适应供应链环境的生产计划与控制系统。

2. 供应链环境下的物流管理

与同步制造相呼应的是供应链管理下的物流组织模式。它的目标是如何寻找最佳的物流管理模式，使整个供应链上的物流管理能够准确响应各种需求（包括来自客户的需求和合作伙伴的需求等），真正体现出物流是"第三利润源泉"的本质。

为此，在构建供应链时，必须考虑物流网络的优化、配送中心的选择、运输路线的优化、物流作业方法的选择与优化等方面的内容，充分应用各种支持物流运作管理决策的技术与方法。

二、供应链的结构模型

（一）供应链拓扑结构模型

1. 供应链的模型Ⅰ——静态链状模型

综合供应链的定义和结构模型，不难得出这样一个简单的供应链模型，如图 7-11 所示，称其为模型Ⅰ。模型Ⅰ清楚地表明产品的最初来源是自然界，如矿山、油田、橡胶园等，最终去向是用户。

图 7-11　模型Ⅰ——静态链状模型

产品因用户需求而生产，最终被用户所消费。产品从自然界到用户经历了供应商、制造商和分销商三级传递，并在传递过程中完成产品加工、产品装配形成等转换过程。被用户消费的最终产品仍回到自然界，完成物质循环（见图 7-11 中的虚线）。

2. 供应链的模型Ⅱ——动态链状模型

模型Ⅰ只是一个静态模型，表明供应链的基本组成和轮廓概貌。进一步地，可以提出供应链的模型Ⅱ，如图 7-12 所示。模型Ⅱ是对模

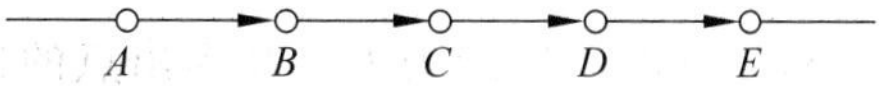

图 7-12　模型Ⅱ——动态链状模型

型 I 的进一步抽象,它把商家都抽象成一个个的点,称为节点,并用字母或数字表示。节点以一定的方式和顺序联结成一串,构成一条供应链。

在模型 II 中,若假定 C 为制造商,则 B 为供应商,D 为分销商;同样,若假定 B 为制造商,则 A 为供应商,C 为分销商。在模型 II 中,产品的最初来源(自然界)、最终去向(用户)以及产品的物质循环过程都被隐含抽象掉了。

从供应链研究便利的角度来讲,把自然界和用户放在模型中没有太大的作用。模型 II 着力于供应链中间过程的动态研究,它是一个动态的链状模型。

1) 供应链的方向

在供应链上除了流动着物流(产品流)和信息流外,还存在着资金流。物流的方向一般都是从供应商流向制造商,再流向分销商。本书依照物流的方向来定义供应链的方向,以确定供应商、制造商和分销商之间的顺序关系。模型 II 中的箭头方向即表示供应链的物流方向。

2) 供应链的级

在模型 II 中,定义 C 为制造商时,可以相应地认为 B 为一级供应商,A 为二级供应商,而且可以定义三级供应商、四级供应商等。同样,可以认为 D 为一级分销商,E 为二级分销商,并定义三级分销商,四级分销商等。一般来讲,一个企业应尽可能考虑多级供应商或分销商,这样有利于从整体上了解供应链的运行状态。

3. 供应链的模型 III——网状模型

事实上,在模型 II 中,供应商可能不止一家,而是有 B_1、B_2 等 n 家,分销商也可能有 D_1、D_2 等 m 家。动态地考虑,C 也可能有 C_1、C_2 等 k 家,这样模型 II 就转变为一个网状模型,即供应链的模型 III,如图 7-13 所示。

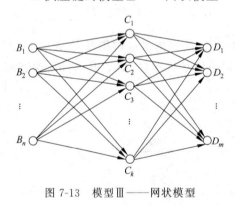

图 7-13 模型 III——网状模型

网状模型更能说明现实世界中产品的复杂供应关系。在理论上,网状模型可以涵盖世界上所有厂家,把所有厂家都看作其上面的一个节点,并认为这些节点存在着联系。当然,这些联系有强有弱,而且在不断地变化着。通常,一个厂家仅与有限个厂家相联系,但这不影响我们对供应链模型的理论设定。网状模型对供应关系的描述性很强,适合于对供应关系的宏观把握。

1) 入点和出点

在网状模型中,物流做有向流动,从一个节点流向另一个节点。这些物流从某些节点补充流入,从某些节点分流流出。我们把这些物流进入的节点称为入点,把物流流出的节点称为出点。入点相当于矿山、油田、橡胶园等原始材料提供商,出点相当于用户。图 7-14 中 A 节点为入点,F 节点为出点。

对于有的厂家既为入点又为出点的情况,出于对网状表达的简化,将代表这个厂家的节点一分为二,变成两个节点:一个为入点,一个为出点,并用实线将其框起来。如图 7-15 所示,A_1 为入点,A_2 为出点。

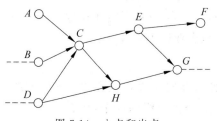

图 7-14 入点和出点

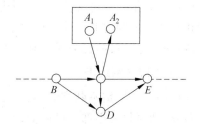

图 7-15 包含出点和入点的厂家

同样,对于有的厂家对另一厂家既为供应商又分为分销商的情况,也可将这个厂家一分为二,甚至一分为三或更多,变成两个或多个节点:一个节点表示供应商,一个节点表示分销商,也用实线将其框起来。如图 7-16 所示,B_1 是 C 的供应商,B_2 是 C 的分销商。

2)子网

有些厂家规模非常大,内部结构也非常复杂,与其他厂家相联系的只是其中一个部门,而且内部也存在着产品供应关系,用一个节点来表示这些复杂关系显然不行,这就需要将表示这个厂家的节点分解成很多相互联系的小节点,这些小节点构成一个网,称之为子网,如图 7-17 所示。

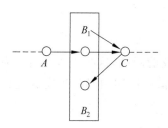

图 7-16 包含供应商和分销商的厂家

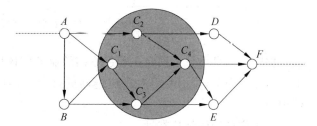

图 7-17 子网模型

在引入子网概念后,研究图 7-17 中 C 与 D 的联系时,只需考虑 C_2 与 D 的联系,而不需要考虑 C_3 与 D 的联系,这就简化了无谓的研究。子网模型对企业集团是很好的描述。

3)虚拟企业

借助以上对子网模型过程的描述,可以把供应链网上为了完成共同目标、通力合作并实现各自利益的这样一些厂家形象地看成一个厂家,这就是虚拟企业,如图 7-18 所示。虚拟企业的节点用虚线框起来。

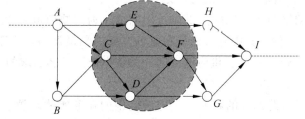

图 7-18 虚拟企业的网状模型

虚拟企业是在经济交往中,一些独立企业为了共同的利益和目标在一定的时间内结成的相互协作的利益共同体。虚拟企业组建和存在的目的就是为了获取相互协作而产生的效益,一旦这个目的已完成或利益不存在,虚拟企业即不复存在。

(二)供应链网模型

在产品生命周期不断缩短、企业之间的合作日益复杂以及顾客的要求更加严格的今天,市场驱动原料或零部件供应商、产品制造商和分销商组织起来,形成了供应—生产—销售的供应链。实际上,供应链中的供应商常常为多家,分销商也有多个。

供应商、制造商和分销商在战略、任务、资源和能力方面相互依赖,构成了较复杂的供应—生产—销售网,这就是供应链网。供应链实质上应该是一个网链结构。供应链网的一般结构如图 7-19 所示。

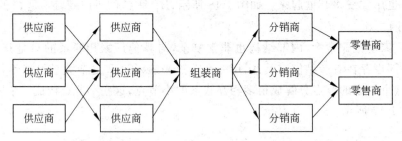

图 7-19　供应链网的一般结构模型

供应链网是由一系列自主程度不同的业务实体所构成的网络,这些实体之间互为上下游企业。而且,可以专门对供应链网进行分类,研究在供应链网中对订货完成过程的管理。

1. 供应链网的结构特性

(1) 供应链网的结构具有层次性特征。从组织边界的角度来看,虽然每个业务实体都是供应链网的成员,但是他们可以通过不同的组织边界体现出来。

(2) 供应链网的结构表现为双向性。从横向看,使用某一共同资源(如原材料、半成品或成品)的实体之间既相互竞争又相互合作。从纵向看,供应链网的结构就是供应链结构,反映从原材料供应商到制造商、分销商及顾客的物流、信息流和资金流的过程。

(3) 供应链网的结构呈多级性。随着供应、生产和销售关系复杂化,供应链网的成员越来越多。如果把供应链网中相邻两个业务实体的关系看作供应—购买关系,那么这种关系是多级的,而且涉及的供应商和购买商也是多个。供应链网的多级结构增加了供应链管理的难度,同时又有利于供应链的优化与组合。

(4) 供应链网的结构是动态的。供应链网的成员通过物流和信息流而联结起来,他们之间的关系是不确定的,其中某一成员在业务方面的稍微调整都会引起供应链网结构的变动。而且,供应链成员之间、供应链之间的关系也由于顾客需求的变化而经常做出适应性的调整。

(5) 供应链网具有跨地区的特性。供应链网中的业务实体超越了空间的限制,在业务上紧密合作,共同加速物流和信息流,创造了更多的供应链效益。最终,世界各地的供应商、制造商和分销商被联结成一体,形成全球供应链网(global supply chain network, GSCN)。

 小贴士

供应链管理的特性

供应链管理在企业中的应用,将使得大量的客户集中化、产品寿命周期更短、周转更快、成本降低、产品国际化。

(1) 协同整合:所有供应链参与者(包括供货商、配销商、生产商、零售商等)彼此资源共享与信息交流,减少信息不对称的程度,降低不必要的浪费,提升经营的效率。

(2) 非核心业务外包:供应链成员分工与核心能力界定,同时彼此间的作业与经营流程依各成员的核心能力分工。

(3) 减少长鞭效应:增加供应链成员彼此之间互动的程度,使上下游企业的资源得以联结,做到实时反应顾客的需求、市场的状况。

(4) 实时、最佳化:通过电子化供应链管理,企业整合所有组装中心、厂区营运情况的全球实时信息,做出正确决策并借此模拟情境,快速反应客户需求以达到98%的订单在3天内交货,降低全球库存的成本及风险。

2. 供应链网结构分析的现实意义

(1) 明确了供应链网的概念,有助于人们加深理解供应链的内涵和外延。供应链网强调的是供应链的网状结构,使人们能够从宏观和微观两方面正确认识供应链和供应链管理的本质。

(2) 对于供应链网结构特性的分析有助于企业制定恰当的供应链构建策略。例如,企业可以对供应链网进行层次区分,确定主干供应链和分支供应链,建立起最具有竞争力的供应链网。另外,从供应链网的多级性特征来看,企业又可以对供应链进行等级排列,对供应商进一步细分,进而制定出具体的营销组合策略。世界著名的耐克公司之所以取得全球化经营的成功,关键在于它分析了公司供应链网的多级结构,有效地运用了供应商多级细分策略。

(3) 供应链网结构研究能够区分不同行业的供应链网,为企业建立合适的供应链网提供了参考。企业应该根据自身的行业特点、业务规模和业务流程来选择最佳的供应链网。

(4) 供应链网结构研究分析了不同行业供应链网管理的主要问题,有利于改进供应链管理。尤其是,供应链网结构研究强调供应链网成员的共同目标和改进重点,为企业提高管理水平指明了方向。

三、供应链构建的设计策略与方法

(一) 供应链构建的设计策略

1. 基于产品的供应链设计策略

不同的产品类型对设计供应链有不同的要求。可以将产品分为边际利润高、需求不稳定的创新型产品和边际利润低、需求稳定的功能型产品。其中,功能型产品一般用于满足用户的基本需求,变化很少,具有稳定的、可预测的需求和较长的生命周期,但它们的边际利润较低。为了获得比较高的边际利润,许多企业在产品式样或技术上革新以刺激消费者购买,从而使产品成为创新型的产品,这种创新型产品的需求一般不可预测,生命周期也较短。正因为这两种产品的不同,才需要有不同类型的供应链去满足不同的管理需求。基于产品的供应链设计步骤如图 7-20 所示。

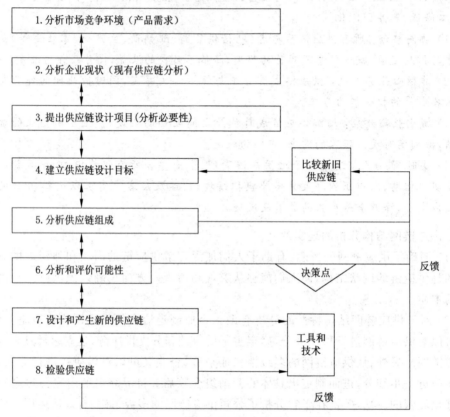

图 7-20　基于产品的供应链设计步骤

2. 基于多代理的集成供应链模式的设计策略

随着计算机、网络等信息技术的发展,供应链除了具有由人、组织简单组成的实体特征外,也逐渐演变为以信息处理为核心、以计算机网络为工具的人—信息—组织集成的超智能体。

基于多代理的集成供应链模式(见图 7-21)是涵盖两个世界的三维集成模式,即实体世界的人—人、组织—组织集成和软件环境世界的信息集成(横向集成),以及实体与软件环境世界的人—机集成(纵向集成)。

(二)供应链构建的技术与方法

1. 供应链分析诊断技术

在进行供应链构建的设计与重建过程中,必须对现有的企业供应链模式进行诊断分

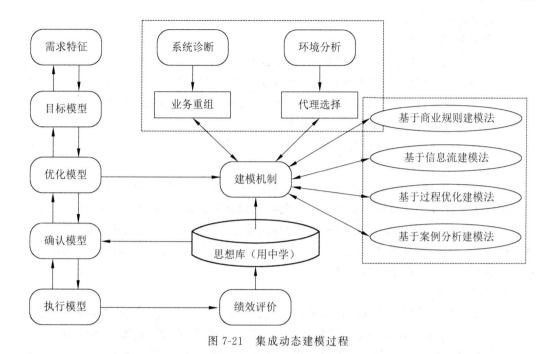

图 7-21 集成动态建模过程

析,在此基础上进行供应链的创新技术。通过系统诊断分析找到企业目前存在的主要问题,为新系统设计提供依据。

1) 供应链不确定性分析

"牛鞭效应"是经济学中的一个术语,又称"需求变异加速放大原理",举个例子来说,当经营者接到消费者发出的订单后,会根据本期从下游经销商收到的订单发出货物,并以此为依据参考销售记录预测未来需求的变化,结合本期期末库存量向上游供应商发出订单。订单的传递和货物的运送都需要两个经营周期,那么每个经营者从发出订单到得到该订单的订货需要四个经营周期。当消费者需求出现变化时,零售商、批发商、分销商的订单及库存量会自发出现波动,并且越是处于供应链的后端,需求变化幅度越会被放大。以形状而言,这就像西部牛仔挥舞的牛鞭,鞭轻轻一抖,鞭梢便会大幅度抖动,划出一道美丽的圆弧,这就是所谓供应链管理中的"牛鞭效应"。

"牛鞭效应"反映出供应链上需求的不同步现象。它揭示了供应链库存管理中的一个普遍现象:"看到的是非实际的"。这种效应导致需求信息失真,扭曲的信息使供应链中的成员对市场和顾客的预测出现偏差,会造成批发商、零售商的订单和生产商产量峰值远远高于实际客户需求量。

2) 供应链的性能定位分析

供应链的性能定位是对现有的供应链做一个全面的评价,如订货周期、预测精度、库存占用资金、供货率等管理水平,以及供应链企业间的协调性、用户满意度等。如果用一个综合指数来评价供应链的性能定位,可以用以下公式表示:

供应链综合性能指数＝价值增值率×用户满意度

可以通过对用户满意度的测定结合供应链的价值增值率来确定供应链管理水平,为供应链的重构提供参考。

3）供应链的诊断方法

诊断方法是一个值得研究的课题,目前还没有一个普遍适用的企业诊断方法。随着企业改革的发展,企业诊断已成为许多企业策划的必不可少的内容,企业诊断不同于传统的可行性研究报告,它是企业从特定的需要出发,为企业的改造或改革提供科学的理论与实际相结合的分析,提供战略性的建议和改进措施。

2. 供应链构建的设计方法与工具

1）网络图形法

供应链设计问题有以下考虑方式:一是单纯从物流通道建设的角度设计供应链;二是从供应链定位（supply chain location）的角度选择在哪个地方寻找供应商、在哪个地方建设一个加工厂、在哪个地方设立一个分销地点等。设计所采用的方法主要是图形法（如用网络图表示）,能够直观地反映供应链的结构特性。在具体的设计中,可以借助计算机辅助设计等手段进行网络图的绘制。

2）数学模型法

数学模型法是研究经济问题普遍采用的方法。把供应链作为一个经济系统问题来描述,可以通过建立数学模型来描述其经济数量特征。最常用的数学模型是系统动力学模型和经济控制论模型。特别是系统动力学模型,更适合供应链问题的描述。

系统动力学最初的应用也是从工业企业管理问题开始的,它是基于系统理论、控制理论、组织理论、信息论和计算机仿真技术的系统分析与模拟方法。系统动力学模型能很好地反映供应链的经济特征。

3）计算机仿真分析法

利用计算机仿真技术,将实际供应链构建问题根据不同的仿真软件要求,先进行模型化,再按照仿真软件的要求进行仿真运行,最后对结果进行分析。计算机仿真技术已经非常成熟,这里不多做介绍。

4）CIMS—OSA 框架法

CIMS—OSA 是由欧盟 ESPRIT 研制的 CIM 开放体系结构,它的建模框架基于一个继承模型的四个建模视图:功能视图、信息视图、资源视图和组织视图。

CIMS—OSA 标准委员会建立了关于企业业务过程的框架,这个框架将企业的业务过程划分为三个方面:管理过程、生产过程和支持过程。可以利用这个框架建立基于供应链管理的企业参考模型,特别是组织视图和信息视图,对供应链的设计和优化很有帮助。

3. 供应链设计的模型

1）螺旋循环设计模型

模型设计通常表现出的特征如下:设计目标及设计要求是很难清楚描述的;设计是一个无止境的过程;设计总有缺陷;设计与人的判断价值有关;设计问题的解决与问题的出现同时存在;不存在最优设计方案;设计的目的是为了实施。

从设计的行为特征来看,系统设计过程是一个开放性的过程,是一个螺旋上升的过程。供应链的设计过程其实也是一个螺旋设计过程,同样可以采用相关的理论。

2) 组织元模型

(1) 含义。供应链的每一个节点都是以信息处理为中心、以计算机网络为工具的人、信息和组织的集成体,用 Agent 来描述。Agent 有狭义的和广义的定义。

从狭义来讲,Agent 是指一个智能体(或代理),一般是一个软件或信息系统,称之为软件世界的智能体。但从广义来讲,Agent 是指分布的独立的相互合作的网络中的成员。在宏观上,它就像加盟供应链的"代理商",基于多 Agent 集成的供需合作机制指的也是基于这层意义上的代理机制。组织元模型也就是 Agent 模型。

供应链建模或设计最为重要的就是组织元的确定。在供应链结构中要区分上游组织元和下游组织元,因为这两种组织元的功能不同,因而其评价的标准也不同。

例如,可以用 AHP 法对组织元进行评价,其基本框架如图 7-22 所示。通过评价模型对组织元的评价,优选出满意的 Agent 组织元。

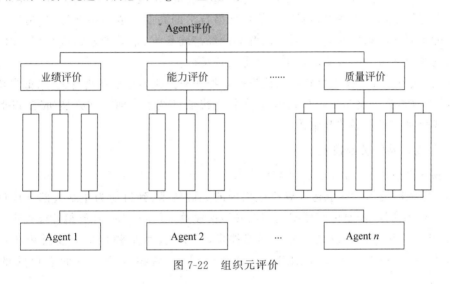

图 7-22 组织元评价

(2) 流程的合理性布置。在选定组织元之后,生产组织方式上采用团队合作的工作方式,并进行业务流程重组。为实现最简捷的流程及时间最短的单元组合,需要建立一个流程分析模型。

(3) 任务协调与匹配。选定组织元和流程之后,就要对企业的资源从供应链的整体进行合理配置,特别是保持企业内部和企业之间的综合平衡。首先是委托实现机制的建立,然后是采用面向对象的 QFD(产品质量功能配置)和制造决策、MRPⅡ及作业计划的制订等。

第五节 物 联 网

一、物联网概述

(一) 物联网的概念

物联网是利用局部网络或互联网等通信技术把传感器、控制器、机器、人员和物等通过新的方式联结在一起,形成人与物、物与物相连,实现信息化、远程管理控制和智能化的网络。物联网是互联网的延伸，包括互联网及互联网上所有的资源，兼容互联网所有的应用，但物联网中所有的元素（所有的设备、资源及通信等）都是个性化和私有化的。

 小贴士

2008年爆发全球性金融危机，直接或间接地推动了以物联网为核心的第三次信息技术革命。物流业最早接触物联网理念，是2003—2004年物联网第一轮热潮中被寄予厚望的一个行业。中国物流技术协会于2009年10月开始全面倡导智慧物流变革。

（二）发展物联网的意义

物联网一方面可以提高经济效益，大大节约成本；另一方面可以为全球经济的复苏提供技术动力。物联网将是下一个推动世界高速发展的"重要生产力"，是继通信网之后的另一个万亿级市场。物联网是新一代信息网络技术的高度集成和综合运用，是新一轮产业革命的重要方向和推动力量，对于培育新的经济增长点、推动产业结构转型升级、提升社会管理和公共服务的效率和水平具有重要意义。

美国、欧盟等都在投入巨资深入研究探索物联网。我国也正在高度关注、重视物联网的研究，工业和信息化部会同有关部门，在新一代信息技术方面正在开展研究，以形成支持新一代信息技术发展的政策措施。

（三）物联网的关键技术

在物联网应用中，有以下三项关键技术。

（1）传感器技术。这也是计算机应用中的关键技术，到目前为止绝大部分计算机处理的都是数字信号，需要传感器把模拟信号转换成数字信号之后，计算机才能处理。

（2）RFID标签。它也是一种传感器技术，RFID技术是融合了无线射频技术和嵌入式技术为一体的综合技术，RFID在自动识别、物品物流管理方面有广阔的应用前景。

（3）嵌入式系统技术。它是综合了计算机软硬件、传感器技术、集成电路技术、电子应用技术为一体的复杂技术。经过几十年的演变，以嵌入式系统为特征的智能终端产品随处可见，小到人们身边的MP3，大到航天航空的卫星系统。

嵌入式系统正在改变人们的生活，推动着工业生产以及国防工业的发展。如果把物联网用人体做一个简单比喻，那么传感器就相当于人的眼睛、鼻子、皮肤等感官，网络就是神经系统用来传递信息，嵌入式系统则是人的大脑，在接收到信息后要进行分类处理，这个例子很形象地描述了传感器、嵌入式系统在物联网中的位置与作用。

 **拓展知识**

事实上，传感技术、RFID技术都仅仅是信息采集技术之一。除传感技术和RFID技术外，GPS、视频识别、红外、激光、扫描等所有能够实现自动识别与物物通信的技术都可以成为物联网的信息采集技术。因此，传感网或者RFID网只是物联网的一种应用，但绝不是物联网的全部。

二、物联网与物流行业的关系

1. 物流是物联网发展的基础

作为一种古老的经济活动,物流随商品生产的出现而出现,也随商品生产的发展而发展。物联网的发展离不开物流行业的支持。早期的物联网称为传感网,而物流业最早就开始有效应用了传感网技术,如 RFID 在汽车上的应用,都是最基础的物联网应用,可以说,物流是物联网发展的一块重要的土壤。

2. 物流公司是物联网的重要应用领域

物联网的运用主要集中在物流和生产领域。有观点称,物流领域是物联网相关技术最有现实意义的应用领域之一。特别是在国际贸易中,由于物流效率一直是整体国际贸易效率提升的瓶颈,是提高效率的关键因素,因此物联网技术的应用将极大地提升国际贸易流通效率,而且可以减少人力成本、货物装卸、仓储等物流成本。

由 RFID 等软件技术和移动手持设备等硬件设备组成物联网后,基于感知的货物数据便可建立全球范围内货物的状态监控系统,提供全面的跨境贸易信息、货物信息和物流信息跟踪,帮助国内制造商、进出口商、货代等贸易参与方随时随地掌握货物及航运信息,提高国际贸易风险的控制能力。

3. 物联网使整个供应链呈现了透明、高效、精准的特点

由于物流企业在供应链中的特殊位置而对信息资源的掌握相对集中,物流企业参与了物品的所有配送、仓储、包装加工、运输等环节,这是物流企业能全面获得物流信息的基础。物联网使用电子标签对物品进行唯一标识,将物流过程中不同的货品、集装箱、托盘和仓库进行分层级编码,当读写器得到大量的不同层级的标签信息时,系统就可以明确地辨认出它们的信息,并根据需要对有关信息进行处理,达到快速分级处理的效果,同时可以对具体物品进行监控,并利用网络数据库将该物品的任何信息进行分享,突破了传统信息传播模式的障碍,克服了信息传播途中的延误,以供供应链的各环节利用,物流企业可以对所提供的物流信息进行准确无误的跟踪,掌握物品市场的供求变化等情况以供决策。

三、物联网在物流业中的应用

物联网将我们带入智能时代,所以现在有了智能家居、智能家务、智能电网甚至是智慧地球的说法。在物流业中,物联网主要应用于以下三个方面。

1. 智能配送的可视化管理网络

这是基于 GPS 卫星导航定位,对物流车辆配送进行实时的、可视化的在线调度与管理的系统,以实现物流作业的透明化、可视化管理。建立全自动化的物流配送中心,实现局域内的物流作业的智能控制、自动化操作的网络。

2. 智能可追溯网络系统

基于 RFID 等技术建立的产品的智能可追溯网络系统,这些智能的产品可追溯系统为保障食品安全、药品安全等提供了坚实的物流保障。目前,在医药、农业、制造等领域,产品追溯体系都发挥着货物追踪、识别、查询信息等方面的巨大作用。

3. 企业的智慧供应链

智慧供应链用于满足客户大量的个性化的需求与订单。这些都对物流业的发展意义

重大。可能最初的时候由于成本问题,很多大宗商品物流不能使用物联网,即物联网的优势不能在其身上得到很好的体现,如木材、机电、油品等。率先使用物联网的应该是烟酒、奢侈品、汽车等高附加值的物流产业领域。但目前,沃尔玛在供应链管理环节、上海联华便利配送中心等都开始应用物联网技术,预计将来进一步推广,甚至诞生以物联网物流供应、联网与结算为一体的销售终端或交易中心,以形成专营物联网产品的智能超市。

四、物联网在物流业的发展趋势

物联网发展推动着中国智慧物流的变革。随着物联网理念的引入、技术的提升、政策的支持,相信未来物联网将给中国物流业带来革命性的变化,中国智慧物流将迎来大发展的时代。未来物联网在物流业的应用将出现以下四大趋势。

1. 智慧供应链与智慧生产融合

随着 RFID 技术与传感器网络的普及,物与物的互联互通,将给企业的物流系统、生产系统、采购系统与销售系统的智能融合打下基础,而网络的融合必将产生智慧生产与智慧供应链的融合,企业物流完全智慧地融入企业经营之中,打破工序、流程界限,打造智慧企业。

2. 智慧物流网络开放共享,融入社会物联网

物联网是聚合型的系统创新,必将带来跨行业的应用。如产品的可追溯智能网络就可以方便地融入社会物联网,开放追溯信息,让人们方便地实时查询、追溯产品信息。今后其他的物流系统也将根据需要融入社会物联网络或与专业智慧网络互通,智慧物流也将成为人们智慧生活的一部分。

3. 多种物联网技术集成应用于智慧物流

目前在物流业应用较多的感知手段主要是 RFID 和 GPS 技术,今后随着物联网技术的发展,传感技术、蓝牙技术、视频识别技术、M2M 技术等多种技术也将逐步集成应用于现代物流领域,用于现代物流作业中的各种感知与操作。例如,温度的感知用于冷链、侵入系统的感知用于物流安全防盗、视频的感知用于各种控制环节与物流作业引导等。

4. 物流领域物联网创新应用模式将不断涌现

随着物联网的发展,更多的创新模式会不断涌现,这才是未来智慧物流大发展的基础。目前就有很多公司在探索物联网在物流领域应用的新模式。例如,有一家公司在探索给邮筒安上感知标签,组建网络,实现智慧管理,并把邮筒智慧网络用于快递领域;当当网在无锡新建的物流中心探索物流中心与电子商务网络融合,开发智慧物流与电子商务相结合的模式;无锡新建的粮食物流中心探索将各种感知技术与粮食仓储配送相结合,实时了解粮食的温度、湿度、库存、配送等信息,打造粮食配送与质量检测管理的智慧物流体系等。

 案例讨论

智慧物流供应链一体化

一、企业简介

山东京博物流股份有限公司成立于 2012 年,是一个以危化品物流为核心,集海上运输、铁路货运、公路汽运、管道运输、港口储运及电商物流、金融供应链物流、外贸物流、汽

车后市场于一体,坚持"转方式、调结构、创新发展"的现代物流企业。

公司自有车辆 450 余辆,可调动各类社会车辆 4000 余辆;拥自主产权的铁路专用线 8 条,公路配送中心 2 处,油品罐区 70 余万方,危化品综合物流服务能力位居山东省前列。为进一步降低黄三角区域生产制造业物流成本,提高其货物流通效率,增强核心竞争力,公司充分利用并放大自有铁路专用线、油品罐区的优势,联融港口、铁路、管输等资源,搭建港口进出海平台,发展港铁联运、管道输送、陆海联运、国际班列等多式联运模式,打造以降本增效为核心的"管家式"服务模式,实现物流方案的最优化。

未来,公司将以"仁孝"文化为根基,以安全、风控为基础,以"稳中求进、风控改善、联融创新、高质量经营"为工作总基调,以一站式服务和联融思维为核心,搭建物联网＋金融商贸物流一体化平台,构建供应链物流生态圈!

二、项目背景

1. 行业背景

随着我国互联网和供应链的蓬勃发展和互相渗透,物流业正经历从产业供应链、平台供应链到供应链生态圈的演进升级,供应链管理的模式不断创新,有力地促进了商贸融通和实体经济发展。智慧物流将引领供应链变革,带动互联网深入产业链上下游,以用户需求推动产业链各环节强化联动和深化融合,助推"协同共享"生态体系加快形成。

2. 公司发展需求

公司致力于用先进的物联网技术与专业的物流运输服务能力,打造新供应链生态圈,为物流行业提供高效公共服务,引领行业的发展。公司以满足客户的需求为导向,深入企业客户的生产、采购、仓储、装卸、销售等产业全链条,整合企业内外部物流资源,为客户架起与世界各地无缝衔接、高效运转的海、铁、公、管等联运物流黄金通道,打造高效、灵敏、协同的一体化物流及供应链运营体系,进一步推动区域经济更好更快发展。

三、信息化建设

智慧物流供应链一体化平台是以安全、风控为基础,以一站式服务和联融思维为核心,借助物联网＋大数据＋现代信息化手段,依托核心物流服务向供应链上下游扩展,建立国内领先的一站式"供应链一体化智慧平台",实现对供应链信息流、物流、资金流、商流的整合,建设开放性的京博物流智慧物流生态体系,平台主要由以下组成:供应链电商平台、OTM 智慧物流平台。

公司投资建设的 MRO 工业品电商平台,利用 O2O 模式,实现工业备品备件的集采、代理、自营、撮合等交易模式,同时实现供应商的生命周期管理及质量考核体系,以咨询行业资讯和维保服务为特色,配套线下展厅产品展示与技术交流场景,依托共享仓储＋物流配送＋金融的三角支撑,做区域最专业的制造业供应链整合与服务平台。

智慧物流平台(OTM)由三部分组成:智能调度中心、客户中心、承运中心。利用"捷运互联"无车承运平台整合车源,做精做透大宗商品行业,推行全程物流服务,搭建物联网＋金融商贸物流一体化的供应链物流生态圈,作为大宗商品"孵化器",孕育煤炭、钢铁、纸张、粮油等大宗商品。基于客户提出的复杂、多元化的运输需求,系统通过对所有运输、仓储资源的监控和调配，自动生成最优运输方案，无缝处理复杂的运输线路，包括跨运力（陆海空、铁路、内河）跨中转，降低人工成本和沟通成本。

四、平台效益

1. 直击行业痛点，打破信息孤岛

智慧物流平台有效解决传统物流行业"小、散、乱、差"问题，使他们管理、运输、协同都走上正轨，同时带来了大量的业务订单和共享车辆，从而更好地支持实体经济发展；通过互联网平台整合全国范围内的货源、运力资源，打破原有物流行业的"熟人经济"与"物流区域化"限制，形成覆盖全国的货源、运力资源池。

2. 赋能降本增效，提升资源管理能力

公司创新地将"运费议价功能"与"无车承运人模式"结合，创造了集专业司机运力、全运途可视化监控、全流程规范化财务、全时段专业化客服为一体的物流运力交易共享平台，推动物流运输与管理标准化、智能化，降低公司产业运营成本，提升产业运行效率。

3. 提供优质服务与安全保障

智慧物流平台通过智能园区与车载智能终端系统集成，实现社会车辆集中调度管控，建设多维度监控中心，通过采集安全防御系统、GPS、各智能调度系统业务数据，实现运输环节全流程数据可视化、运输车辆集中管控、综合调度、预警展示，保证安全运行及高效生产。特别是对危险品物流的统一、规范的标准化管理，使得危险品运输更加安全、优化、准时、实效。

4. 降低社会物流成本，缓解城市交通压力

平台成功运营后大大降低制造业、物流业等各行业的物流运输成本，提高企业的利润。利用信息平台对多个运输订单进行优化配送，根据路况、车辆健康情况、货物状况，合理安排运输路线，实现货运任务的最低运输成本，缓解城市交通压力。承运人可以通过本平台获取可行的回程任务，有效降低车辆的空驶率，减少尾气排放，推进绿色环保产业发展，同时避免更多交通事故的发生。

（资料来源：智慧物流供应链一体化［EB/OL］.2020-06-01.［2020-06-18］. http://www.chinawuliu.com.cn/）

讨论题：

(1) 山东京博物流为什么要打造供应链物流一体化？

(2) 山东京博物流信息解决方案的主要内容是什么？取得了哪些效益？

本章思考题

(1) 简述电子数据交换技术的优势和局限性。

(2) 简述全球定位系统的构成和主要特点。

(3) 简述物流管理系统的目标。

(4) 简述物流信息的地位和作用。

(5) 简述物流信息系统的开发所应遵守的基本原则。

（6）简述供应链构建的原则。
（7）简述供应链设计的步骤。
（8）简述集成动态建模的过程。
（9）简述供应链构建的设计方法。
（10）简述构建供应链的方法和步骤。
（11）简述物联网与物流的关系。

实践课堂

网上搜索海尔供应链发展，总结其优化供应链的方法和关键所在。

参 考 文 献

[1] 刘华.物流采购管理[M].2版.北京：清华大学出版社,2012.
[2] 陆佳平.包装标准化和质量法规[M].北京：印刷工业出版社,2013.
[3] 王金妍.物流运输管理实务[M].北京：清华大学出版社,2014.
[4] 彭影.现代物流综合实训教程[M].成都：西南交通大学出版社,2014.
[5] 凌海生.国际物流单证操作实务[M].武汉：武汉大学出版社,2014.
[6] 杨霞芳.国际物流管理[M].2版.上海：同济大学出版社,2015.
[7] 薛威.仓储作业管理[M].北京：机械工业出版社,2015.
[8] 沈默.现代物流案例分析[M].南京：东南大学出版社,2015.
[9] 刘华.物流管理基础[M].2版.北京：清华大学出版社,2016.
[10] 李晓晖.应急物流规划与调度研究[M].北京：经济科学出版社,2016.
[11] 彭宏勤,杨淑娟.综合交通发展与多式联运组织[M].北京：人民交通出版社股份有限公司,2016.
[12] 李洁,翟树芹.进出口报关实务[M].广州：华南理工大学出版社,2016.
[13] 李学工.冷链物流管理[M].北京：清华大学出版社,2017.
[14] 张良卫.国际物流实务[M].3版.北京：电子工业出版社,2017.
[15] 姜湄,何岩松.国际物流与货运代理实务[M].大连：大连海事大学出版社,2017.
[16] 王欣兰.现代物流管理概论[M].北京：北京交通大学出版社,2018.
[17] 刘华.物流仓储与配送实务[M].2版.北京：清华大学出版社,2019.
[18] 中国物流与采购联合会.中国物流年鉴(2019)[M].北京：中国财富出版社,2019.
[19] 田振中.国际物流与货运代理[M].2版.北京：清华大学出版社,2019.
[20] 文丹枫.智慧供应链[M].北京：电子工业出版社,2019.
[21] 李联卫.物流案例精选与评析[M].北京：化学工业出版社,2019.
[22] 中国物流与采购联合会,中国物流学会.中国物流发展报告(2018—2019)[M].北京：机械工业出版社,2019.
[23] 张良卫.国际物流学[M].北京：机械工业出版社,2019.
[24] 白世贞.冷链物流[M].北京：中国人民大学出版社,2019.
[25] 顾永才.国际物流与货运代理[M].4版.北京：首都经济贸易大学出版社,2019.
[26] 王强.现代物流管理概论[M].北京：水利水电出版社,2019.
[27] 魏学将,王猛,张庆英.智慧物流概论[M].北京：机械工业出版社,2020.

推荐网站：
[1] 中华人民共和国交通运输部网：http://www.mot.gov.cn.
[2] 中华人民共和国商务部网站：http://www.mofcom.gov.cn.
[3] 中华人民共和国海关总署：http://www.customs.gov.cn.
[4] 国家市场监督管理总局：http://www.samr.gov.cn.
[5] 中国应急物流网：http://www.cnel.cn.
[6] 中国物流与采购联合会网：http://www.chinawuliu.com.cn.
[7] 110法律咨询网：http://www.110.com.